基于学生视角的大学英语教学改革研究

陈丽竹　刘露营　著

中国纺织出版社

内容提要

大学英语是大学本科课程体系的有机组成部分，大学英语教学是培养和提升大学生文化素养的重要途径之一。随着社会的发展和对外交流的需要，我国大学英语教学改革已取得很大进步，但是仍然存在诸多问题。本书选择从学生的视角入手，通过对大学英语教学的工具理性取向的批判和语言学习过程本质的再认识，提出工具性和人文性和谐统一应当成为大学英语教学改革的方向，使学生掌握英语这种交际工具是教学的基础，通过掌握英语这种语言工具培养学生的人文精神、提高他们的综合文化素质是教学的更高目标。

图书在版编目（CIP）数据

基于学生视角的大学英语教学改革研究 / 陈丽竹，刘露营著 . -- 北京 : 中国纺织出版社 , 2018.3

ISBN 978-7-5180-3896-1

Ⅰ . ①基… Ⅱ . ①陈… ②刘… Ⅲ . ①英语－教学改革－研究－高等学校 Ⅳ . ① H319.1

中国版本图书馆 CIP 数据核字（2017）第 188126 号

责任编辑：武洋洋　　责任印制：储志伟

中国纺织出版社出版发行

地址：北京市朝阳区百子湾东里 A407 号楼　邮政编码：100124

销售电话：010-67004422　传真：010-87155801

http://www.c-textilep.com

E-mail:faxing@e-textilep.com

中国纺织出版社天猫旗舰店

官方微博 http://www.weibo.com/2119887771

北京虎彩文化传播有限公司印刷　各地新华书店经销

2018 年 3 月第 1 版第 1 次印刷

开本：787 × 1092　1/16　印张：13

字数：320 千字　　定价：65.00 元

前 言

大学英语是大学本科课程体系的有机组成部分，大学英语教学是培养和提升大学生文化素养的重要途径之一。随着社会的发展和对外交流的需要，我国大学英语教学改革已取得很大进步，但是仍然存在诸多问题。主要问题之一是由于受到社会上实用主义和功利主义思想的影响，我国大学英语教学“重技能、轻人文”的现象相当普遍——重视语言知识、技能的教授，忽视学生的情感、态度、价值观等人文素养的养成，人文精神的培养在大学英语教学设计和实践里被有意无意地忽略了。理性乃是所有哲学思维的一般前提，什么样的理性决定什么样的思维方式。以纯工具理性为价值取向的大学英语教学采用的思维方式以客体化、对象化的方法对待学生，这本质上是以对待“物”的方法来对待学生。

2007年教育部高教司颁发《大学英语课程教学要求》(以下简称《课程要求》)标志着我国大学英语教学改革的全面展开。纵观大学英语教学大纲的演进历程，可以看出，工具性与人文性的和谐统一是当前大学英语教学改革的方向，大学英语教学的理念逐步彰显出更多的人文关怀，在强调英语的工具性功能的同时，应更着眼于通过大学英语教学来培养学生综合应用英语的能力，满足他们发展的需要，提高他们的综合文化素养，使他们成为适应社会需要的全面发展的人才。

雅斯贝尔斯曾说，“教育是人的灵魂的教育，而非理智知识和认识的堆集。”大学英语教学不只是教给学生语言基础知识和技能，更是为了实现人的价值和开发人的潜能、为了人的全面发展。将大学英语教学的工具性与人文性价值有效地融合，这才是大学英语教学的正确取向。

本书选择从学生的视角入手，通过对大学英语教学的工具理性取向的批判和语言学习过程本质的再认识，提出工具性和人文性和谐统一应当成为大学英语教学改革的方向，使学生掌握英语这种交际工具是教学的基础，通过掌握英语这种语言工具培养学生的人文精神、提高他们的综合文化素质是教学的更高目标。因此大学英语教学有必要在转变教学思想、革新教学模式、创新教学策略、优化教学评估的基础上，寻求更大的进步与发展。

编者

2017年10月

目　录

第一章　大学英语教学内涵与现状

我国的英语教学为社会的发展、人才的培养做出了重大的贡献。但是，语言是随着社会的发展而不断演进的，相应的英语教学也要在时代的背景下进行调整与提高。由于英语是我国的第一外语，因此在英语教学过程中需要不断结合我国实际进行改革，本章就对大学英语教学进行介绍，并分析教学改革的相关内容。

第一节　英语教学的内涵及要素

英语教学是一种综合性的语言教学活动，下面对其内涵与要素进行说明，从而为下文的展开打下基础。

一、英语教学的内涵

（一）教学的定义

在了解英语教学的内涵之前，首先需要对教学这一概念进行了解和掌握。由于对教学的关注点不同，不同学者的定义也有所差异。

学者胡春洞 (1999) 认为，“教学”应该包含两个层面的关系：① 教与学是一种并列的关系；② 教学是一种教授学习的使动关系。从两个角度出发，能够看出教学的辩证关系和双向关系。教与学是息息相关的，教应该以学为基础，从学的角度出发，并以学为目标。教的规律和学的规律在一定程度上是统一的。

《英汉双解·现代汉语词典》(2002) 给出的教学的定义是：教师把知识、技能传授给学生的过程。该定义是一种狭义的理解，把“教学”当作一个术语来理解。

《朗文词典》(Longman Dictionary of Contemporary English，2003) 将 teaching 定义为：work，or profession of a teacher，也就是教书、教学的意思。此外，它还对 teachings 进行了阐述：that which are taught, esp. the moral, political, religious beliefs taught by a person of historical importance，也就是“教导、学说、教义”的意思。可见，teaching 与 teachings 是两个完全不同的概念。但是，这两个定义都没有全面覆盖“教学”的真正含义。

综合上述关于教学的定义，教学应该包含三层含义，即教学 (teaching)；“教”与

“学”(teaching and learning)；教如何学习(teaching how to learn)。

（二）英语教学的定义

由于英语是我国的第一外语，因此缺乏一定的语言使用环境与使用对象，这就对英语教学提出了难题。可以说，英语教学能够直接影响学习者的英语水平和语言运用能力。

英语教学是一种教育活动。对教师而言，教学是引导学生学习的教育活动；而对学生来说，教学则是在教师的引导下的学习活动。学生是否得到发展是教学能否实现其目标的关键。教学是一个师生互动的过程，是教师教和学生学，共同完成预定任务的双边统一的活动。具体来说，英语教学的内涵主要体现在以下几个方面。

（1）英语教学是有目的的活动。英语教学的不同阶段有着不同的目标，而教学目标又具体分为不同的领域与层次。

（2）英语教学带有系统性和计划性。这种系统性主要体现在其制定者主要为教育行政机构、教研部门和学校的教学管理者等。英语教学的计划性指的是对英语基础知识的计划性教学，如英语语音、词汇、语法、写作、阅读等具体知识和技能的传递。

（3）英语教学需要采取合理的教学方法和教育技术。英语教学经过深厚的历史积淀，形成了大量有效的教学方法。现代科学技术，尤其是信息技术的发展，为英语教学提供了可以借助的多种教育技术。

综上所述，我们可以将英语教学的内涵概括为：教师依据一定的英语教学目的与教学目标，在有计划的系统性的过程中，借助一定的方法和技术，以传授和掌握英语知识为基础，促进学生整体素质发展的教与学相统一的教育活动。

（三）英语教学的本质

英语教学不仅仅是一种语言教学，同时也是一种文化教学。下面对这两个方面进行分析。

（1）英语教学是一种语言教学。英语是一种重要的国家交际语言，因此对其的教学便是一种语言教学。语言教学的目的是培养学生使用语言的能力。对于中国人来说，英语作为第一语言，是一门外语，英语教学也就是外语教学。从人类外语教学的发展历史来看，外语教学离不开外语知识教学，以外语知识为基础的外语教学有利于学生运用外语能力的培养。因此，英语教学作为语言教学，其本质应该是培养学生综合运用英语的能力。

需要特别指出的是，一些以学习语言知识而进行专门研究的语言教学并不是以运用语言为目的，因此对其的教学并不属于语言教学的范畴，如古希腊语的研究、古汉语的研究等。这些语言在当今社会几乎不再使用，因此这种语言学习需要和语言教学区分开。

（2）英语教学是一种文化教学。文化孕育语言，语言反映文化，二者有着密切的联系。在进行英语教学的过程中，不仅需要学习者了解基本的语言知识，同时也需要培养和提高其英语思维能力，从而便于日后的语言使用。从这个意义上说，英语教学也是一种文化教学。

二、英语教学的要素

教学是一个庞大的系统，由不同的要素组成。对于英语教学的要素，可以从实体与非实体两个角度进行划分。

从实体的角度出发，英语教学的要素主要包括教师、学生、教学媒介。由于我国的英语教学是第二外语教学，因此主要依靠的是教师的课堂教学活动。教师是英语教学的指导者与引导者，对学生英语水平的提高有着直接的影响作用。学生是学习的主体，是教学系统中不可或缺的基本要素。教学媒介是保证教学质量的重要影响因素，主要包括教材、教具和其他设施。

从非实体的角度出发，教学要素主要包括教学目标、教学内容、教学方法、教学评价、学生学习能力、学生的思想道德情感意志的发展状况、教师的教学水平、学校的校风等。

在教学研究过程中，对教学元素的了解与掌握是研究的前提。我国的英语教学由于受到传统教学模式的影响，注重的是英语基础知识的传授，而忽视了学生能力的长远发展。学生是教学元素中不可替代的重要组成部分，在教学改革中重视学生主体地位的发挥，能够深化教学体制改革，促进人才的长远发展。

第二节　英语教学的理论基础

英语教学是一种科学性的教学，是建立在一定的理论之上的。但是，由于理论研究者的侧重点不同，所形成的理论对英语教学也有着不同的影响作用。对英语教学理论基础的了解能够提高英语教学的有效性和科学性。下面对几种常见的理论基础进行总结。

一、结构主义理论

结构主义理论对于英语教学有着重要的影响作用。这一理论是在 19 世纪到 20 世纪中期兴起的，下面以美国和英国的研究为例进行阐述。

（一）美国的结构主义理论

美国的结构主义理论研究首先是从研究印第安人的口头语言开始的。语言学家通过符号语言将印第安人口头的话如实记录，进而对这些口语样本进行不同层面的分析，找出语言之间的结构与特征。最后，美国的语言学家认为语言可视为一个把意义编成了语码的系统。

在这个语言系统中主要包含着和结构相关的成分，如音位、词素、单词、结构和句型。一个语言系统包括它的音位系统、词素系统和句法系统。在音位系统里，应该对音位、音位变体、音位组合的规则进行描述。在词素系统里，应该描述词素、词素变体、自由词素和粘着词素等成分和结构。在句法系统里，词的分类、短语分析、直接成分分析和句型的类型也应描述清楚。

在随后的研究中，美国结构主义语言学家使用对印第安口语的研究方法对其他有文字的语言的结构进行分析与描述，并发现口语与传统语法带有不一致性。

美国结构主义语言学家认为：有些口头常讲的话语受到传统语法的谴责并被视为错误的表达方式是不对的。他们认为，口语是活的语言，学习语言先要学习口语。而学习口语就是要学习操该种语言的“当地人”所说的话，不是按某些语法书所说的那样，哪些不该说，哪些该说。美国结构主义语言学家在研究和分析其他一些语言的过程中，还发现很多语言有它们自己独特的语言结构，不同的语言有其不同的词素系统、音位系统和句法系统。不同的语言在上述三个系统中的成分、结构都可能是不同的。因此说，在语言的学习过程中要注意到语言的差异性。

美国结构主义的语言研究成果对于外语教学改革的发展有着重要的影响作用，并为其提供了理论基础。

1961 年，美国语言学家威廉 · 莫尔登 (William Mouton) 在为第九届国际语言学家会议准备的报告上总结出了教学法应该遵循的主要原则：“语言是口语，不是书面语 (Language is speech，not writing)……语言是一套习惯 (A language is a set of habits)……教授语言，而不是教授有关语言的知识 (Teach the language，not a bout the language)……语言是讲那种语言本族语的人所说的话，而不是某人认为他们应该怎样说就怎样说 (A language is what its native speakers say, not what someone thinks they ought to say)……各种语言不尽相同，存在着差异 (Languages are different)……”。

上述话语是对结构主义语言观的具体描述，同时也可以说是学者对当前结构主义语言学观的总结与具体描述。这些原则的叙述直接影响着听说法的建立与发展，并逐渐成了听说法的语言观。

（二）英国的结构主义理论

对于语言结构的研究，英国语言学家也做出了重大的贡献，并取得了重要的成果。英国语言学家对语言结构的研究主要关注的是句型结构。

英国语言学家帕尔默 (Palmer)、霍恩比 (Hornby) 和其他的语言学家从 20 世纪 20 年代开始，便共同致力于对英语句型特点的研究。在研究过程中，这些学者将英语的语法结构以句型的形式进行总结与归纳，这些研究成果最后体现在了霍恩比著的《英语句型和惯用法》(Guide to Patterns and Usage in English) 一书中。

霍恩比在《英语句型和惯用法》一书中，将英语动词句型进行了总结，并最终确定为 25 种，其中包括 6 种名词句型和 3 种形容词句型。这本书在论述过程中使用了大量的语言实例来说明句型的意义和解释句型与句型之间的可转换性，从而增加了本书的实用性与应用性。

现在新出版的《牛津高级现代英汉辞典》(Oxford Advanced Learner's Dictionary of Current English with Chinese Translation) 就沿袭了霍恩比等人对英语句型的分类和描述。这也反映出英国语言学家对语言结构的研究对外语学习所产生的影响。英国语言学家对语言结构、句型结构的研究成果最后也成为口语法（情景教学法）的理论基础。

二、二语习得理论

二语习得理论也是英语教学的重要理论基础，下面分别从国外和国内的研究角度对其进行分析。

（一）国外二语习得的研究

根据相关研究资料，可按照时间发展顺序将国外二语习得的研究分为以下五个阶段。

1．20 世纪 50 年代以前

20 世纪 50 年代以前，人们对母语与第二外语的认识仅仅源于行为主义理论。在这个阶段，语言学家发表了大量与行为主义相关的作品。但是，诺姆·乔姆斯基 (Noam Chomsky) 却在行为主义的大背景下发表了与这种观点相悖的理论，并且对行为主义进行了猛烈的抨击。

不过，乔姆斯基的理论并未真正引起广泛重视。在这一阶段最盛行的还是行为主义论和对比分析论等，第二语言习得研究此时尚未形成一门独立学科。

2．20 世纪 60 年代

20 世纪 60 年代早期，在第一语言习得理论的研究实验中，对儿童的内在语法进行了关注，这些研究对于第二语言习得的发展有着积极的促进作用。

在这个时间段，乔姆斯基的理论主导了语言习得领域，创造出了著名的“独立语法设想语言习得机制”模式：初期输入（语言信息）——LAD——生成语法（语言能力）。从 20 世纪 60 年代晚期开始，第二语言习得的研究取得了飞速的发展。因此可以说，第二语言习得的研究是从这个阶段真正开始的。在这个阶段，研究者对第二语言关注的重点是语言教学法，并热衷于提高第二语言的教学质量，以及对人类如何学习语言展开研究。

3．20 世纪 70 年代

从 20 世纪 70 年代起，第二语言研究的重点从教师转向了学生。在这个阶段中，二语习得认知理论，如中介语理论的出现在全世界范围引起了轰动，有人称之为“第二次学习革命”。

4．20 世纪 80 年代

从 20 世纪 80 年代开始，第二语言习得研究的重心又发生了很大的变化。人们把目光由描述第二语言习得理论的确立转向解释第二语言习得理论的测试，且与此有关的出版物也相继问世。

在这一阶段，两种理论得到了充分的发展，即普遍语法和第二语言习得理论。越来越多的人开始对第二语言习得研究感兴趣，其中包括对第二语言习得理论的研究，很多语言学家和应用语言学家为第二语言习得研究花费了大量心血。为了找出第二语言习得和语言教学之间的关系，许多研究者做了大量的实证研究。

5．20 世纪 90 年代以后

20 世纪 90 年代以后，许多研究者继续研究并试图解释人们获得第二语言的过程。同时，研究者也提出了很多不同的第二语言习得理论。有的研究者对语言理论和第二语言习得的关系感兴趣，有的研究者则热衷于研究第二语言习得理论、语言教学法和语料库语言学三者之间的关系。

进入21世纪后，有一批研究者把研究的重点又从强调学习者的内在因素转向了研究学习的社会文化因素，并出版发表了很多相关的作品。这一阶段的二语习得理论主要是认知理论和社会文化理论。

（二）国内二语习得的研究

中国的二语习得研究由于起步晚，其成果也远远落后于国外的研究，这是历史原因造成的。根据相关研究，国内二语习得研究可分为三个阶段。

1．1984年到1993年期间

此期间是二语习得理论的介绍、探讨和初步应用的阶段。中国真正开始进行二语习得理论的研究是在20世纪80年代。北京外国语大学胡文仲教授在《外国语》1984年第一期发表了“语言习得与外语教学——评价克拉申关于外语教学的原则和设想”，这是国内学者发表的介绍二语习得理论的第一篇文章，标志着二语习得研究在我国的正式起步。

随后，我国的各类期刊上陆续发表了关于二语习得理论的文章，主要涉及理论和研究综述、中介语研究、二语学习者认知机制研究、二语学习者个体差异研究、二语习得的外部因素研究、课堂教学与二语习得研究等。

2．1994年到2004年期间

在这个阶段中，我国的二语习得研究已经全面覆盖了理论基本框架中的主要方面。这一时期的研究主要包含以下几个方面。

（1）从研究类别看，涉及理论研究和应用研究。

（2）从研究方法看，有逻辑式、思辨式和经验型的文献性研究和基于第一手资料来源、手段趋向科学化的实证性研究。

（3）从研究层面看，已从语素、语音、语法层面发展到话语和语用层面。

（4）从研究面向的对象来看，分为英语为第二语言、外语和以汉语为第二语言的习得研究。很多学术研讨会还专门设立了第二语言习得研究专题以进行专门讨论。

在这个时期，大批关于二语习得的著作与论文得以发表，同时在高等院校中专门设立了第二语言习得研究方向专业。

3．2004年至今

从2004年至今，二语习得研究从过去的单纯认知方面研究转向了认知与社会文化相结合的研究阶段。

社会文化理论的重要性近年来得到了很多学者的关注和研究，因此其对于二语习得理论的发展也有着重要的影响作用。

不可否认，中国学者的相关研究和探索也有力地推动了世界范围内二语习得研究的发展。但是，相关领域还有很多问题没有解决，二语习得的研究任重道远，需要继续努力和探索。

三、行为主义理论

行为主义诞生于20世纪20年代，其早期的代表人物是华生(J.B. Watson)。华生对行为主义的研究主要集中在动物和人的心理。他主张用客观的方法研究可以直接观察到的行为。华生认为人和动物的行为有一个共同的因素，即刺激和反应。心理学只应该关心外部刺激怎样决定某种反应，而不应去管行为的内部过程。在华生看来，动物和人的一切复杂行为都是在环境的影响下由学习而获得的。他提出行为主义心理学的公式：刺激——反应(S-R)。

早期的行为主义没有用实验的方法系统地研究过语言和言语行为，但他们的S-R模式对结构主义语言学产生了很大的影响。结构主义大师布龙菲尔德(L.Bloomfield)的代表作《语言论》(Language)就是以行为主义的"刺激—反应"模式为其理论依据的。他在《语言论》一书里，用杰克(Jack)让吉尔(Jill)摘苹果的例子，说明了S-R的语言行为模式。在阐释过程中，布龙菲尔德抛开杰克和吉尔的意识，特别重视作为声音言语行为的研究，他认为是物理的声波，由此引申到语言教学过程的理论，即在语言教学中教师对学生进行声音刺激，学生对声音刺激进行反应。

美国学者斯金纳(B.F. Skinner)对华生的行为主义进行了继承和发展。他在1957年发表了《言语行为》(Verbal Behavior)一书，提出了行为主义关于言语行为系统的看法。斯金纳认为人们的言语、言语的每一部分都是由于某种刺激的存在而产生的。这里讲的"某种刺激"既可以是言语的刺激，也可以是外部的刺激或是内部的刺激。在他看来，人的言语行为像大多数其他行为一样，是一种操作性的行为，它通过各种强化手段而获得。在某一语言环境中，别人的声音、手势、表情和动作等都可以成为强化的手段。例如，教师可以通过语言表达赞扬、肯定、满意，从而使学生的某种言语行为得到强化。言语行为不断得到强化的同时，孩子们就能逐渐地学会使用与其语言社区相适应的语言形式。如果没有强化，语言是不能学习到的。在学习时，只有反应的"重复"出现，学习才能发生。因此，"重复"的出现在学习中是相当重要的。行为主义的学习模式如图1-1所示。

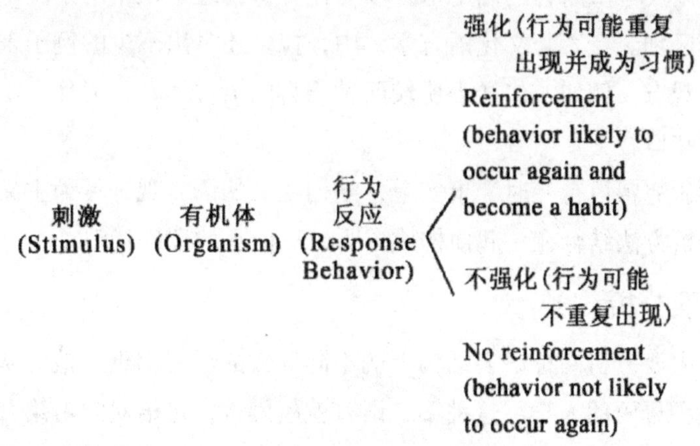

图1-1 行为主义的学习模式

行为主义和听说法有着密切的联系。行为主义中的语言学习理论为听说法的建立奠定了理论依据。行为主义研究认为，语言技能的掌握必须通过一定的“刺激—反应—强化”的过程。因此，在具体的学习过程中，学生会对教师讲授的语言知识进行反应。教师应该强化学生的反应，并使正确的反映重复出现。同时，教师在教学中还要注意学生学习习惯的养成，并对学习中的错误进行科学的处理。

四、对比和错误分析理论

对比和错误分析理论对于英语教学的发展也有着重要的引导作用。下面对其进行分析介绍。

（一）对比分析与迁移

对比分析 (contrastive analysis) 的心理学理论基础是行为主义心理学中的刺激—反应理论和联想理论。

对比分析是一种应用性对比分析研究的理论，其通过运用对比分析的方法，能够对外语教学过程中的难点进行分析，从而找出难点的原因，最终提高语言学习的质量。

20 世纪 60 年代以前，对比分析在欧美行为主义心理学和结构主义语言学的基础上产生。该理论认为外语学习是一种从母语习惯向外语习惯转移的过程。如果教师已经把外语与学生的母语进行了比较，那么就能更清楚地知道真正的问题所在，也能为教授这些难点做好准备。当时人们认为，只要知道了母语和目的语的异同，就可以预测出在目的语的学习中会出现什么错误，而一旦产生错误，也可以用对比分析的方法做出分析和解释。

美国语言学家拉多 (R. Lado，1957) 的著作《跨文化语言学》(Linguistics Across Cultures) 是关于对比分析的专著。拉多认为，母语的干扰是困难出现和错误发生的根源。进一步讲，母语与所学外语的结构上的不同是症结所在。所以，在外语教学中，应该集中精力解决语言结构上的差异问题。一般来说，语言之间的差异与学习中的困难是成正比的，也就是说，两种语言的差异越大，对学习造成的困难就越大。拉多建议，教学大纲的设计、教材内容的选择以及考试内容的确定都要以对比分析为理论依据。不同母语的学生使用的教材也应该有所区别。在《跨文化语言学》中，拉多还举出不少的例子来解释对比分析的做法和阐述他的观点。例如，怎样去比较两种语言的语音体系，为什么学生在学习英语时总是带有某种特殊口音等。

对比分析的研究曾风行一时。事实上，结构主义的语言观、行为主义的语言学习模式和对比分析的分析方法结合在一起便构成了听说法创立的理论基础。

（二）错误分析

对比分析论主要分析两种语言结构上的不同导致的学习困难。他们认为，二语与母语差别越大，讲这种母语的人学习这种第二语言就越困难，母语对学习第二语言的干扰也就越大。如果外语教师了解了这些，那么就可以清楚地知道，这种语言的哪些方面可能对讲某种母语的人造成特殊困难。这样，教师在讲授语言时，就能集中教授对学生最有益的语言结构（Wedell 等）。但人们后来发现，母语不是造成学习外语困难和错误的唯一因素，甚至对比分析没有预测到的错误发生了，但预测到的学习错误却没有发生。因此，有的语言学家就开始研究外语学习者的错误，总结、归纳他们错误的类型，在此基础上分析和总结出现错误的原因。

学习者的错误可以分为“行为错误”(behavioral mistakes) 与“系统错误”(systematic mistakes)。例如：

The thought of those poor children were really... was really bothering me.

想到那些穷孩子就使我烦恼。

She teached me English.

她教我英语。

第一句话中的错误被称为“行为错误”，指的是语言使用层面上的失误。即英语使用者不但觉察到了其言语行为中不符合英语语法之处，而且及时纠正了它，在语言能力层面上使用者是知道关于某一特定语言项目的正确用法的。

第二句话中的语言使用不当在心理语言学研究中被称为“系统错误”或“能力错误”。即学习者并没有意识到自己错在哪里，所以它与学习者的语言能力 (linguistic competence) 有关，而非语言使用 (linguistic performance) 层面上的问题，因此被称为“系统错误”。

不同的学习理论对错误有不同的看法，行为主义心理学将人类对语言知识与技能的掌握看成是刺激与反应的产物，将语言学习看作是一套习惯的形成。他们认为学生在使用外语的过程中产生的错误是由于学习者尚未形成正确的习惯所造成的，外语学习的目标之一就是要使学生克服和纠正语言错误，比如教师在课堂上常使用的句型操练法。

（三）对英语教学实践的启示

“语言迁移”指一个人在母语习得环境中获得的知识趋于向外语学习的迁移。由于外语学习者开始学外语时大都已是青少年或成年人，他们已基本掌握了第一语言。于是，这已掌握的语言就一直在起作用，影响其外语学习，这种影响就是“语言迁移”的作用。按照产生的结果，迁移可区分为正迁移和负迁移。当外语接近于母语时往往发生的是正迁移。当外语和母语在某些地方相似而在其他地方又不同时，就很容易产生母语的负迁移。

正迁移是指对学习有利的语言习惯转移，在母语与外语有相同形式时会出现这种情况，语言的正迁移可帮助学习者习得新语言。例如：

汉语：他们是教师。英语：They are teachers.

汉语：我们喜欢他。英语：We like him.

负迁移也叫“干扰”(interference)，它是由于套用母语模式或规则而产生的不符合外语规则的用法而带来的副作用，会干扰新语言的学习。母语负迁移的情况很普遍。其中，成人学习者的母语对其外语发音的影响显得尤为突出，他们经常会把母语的语言规则运用到外语学习中去，而语用错误的出现说明学习者的母语交际能力也会发生负迁移。初学者在开始接触英语时，会完全根据汉语结构翻译英语，也就是我们常说的“中式英语”。例如：

有个学生站起来。

There is a student stand up.（错误）

A student is standing up.（正确）

三长两短

three long and two short（错误）

unexpected misfortune; something unfortunate, especially death（正确）

两面三刀

two faces and three knives（错误）

play a double game; be a double-dealer; be double-faced; be two-faced; carry fire in one hand and water in the other; double cross; double dealing; have two faces; say one thing and do another（正确）

行为主义心理学认为，学生在外语学习过程中产生的错误是由于正确的习惯还未形成，因此他们主张学生必须克服和纠正语言错误，教师最好把学生的错误消灭在萌芽状态，无论错误大小，有错必纠，因为错误作为正确言语行为的偏差是不可接受的，更不会有什么积极意义。而事实上，这种做法并不是明智之举，因为根据错误分析的观点，不是一切错误对交际的影响都是一样的，有的根本不影响交际，因此教师应当允许学生出现错误。根据教学目的的不同，对不同的重点进行强调。例如，在训练句型时，教师应该集中精力识别整体错误，而不是关注局部错误，然后针对整体错误做针对性的练习。

五、输出理论

在语言学习过程中，输出理论也有着重要的影响作用。下面对其进行分析。

（一）斯温纳的输出假设

斯温纳（Swamn）认为，在第二语言习得过程中，输出有着重要的影响作用。斯温纳是在其进行的“浸泡式”教学实验基础上提出她的假设的。浸泡式教学的主要原则是将第二语言作为其他学科的工具，而语言获得则是理解这些学科信息及内容的“伴随产品”。斯温纳在加拿大进行的浸泡实验表明：尽管她的学生通过几年浸泡，获得的语言输入不是有限的，但他们并没获得如本族语者那样的语言产生能力。她认为，造成这种情况的原因不是学生获得的语言输入有限，而是他们的语言输出活动不足。她认为她的学生没有被给予足够的机会在课堂环境中使用语言。再者，他们没有在语言输出活动中受到“推动”。斯温纳认为语言输出有三个作用。

（1）提供学习者进行检验自己提出假设机会的功能。

（2）促进学习者对语言形式注意的功能。

（3）提供学习者有意识反思机会的功能。

斯温纳主要是对上述三个功能进行论证。斯温纳认为当学习者产生语言活动时，他们可能会碰到一些语言方面的问题，这些问题会使他们注意到某一个他们不懂或只懂得部分的语言项目。这样学习者会注意到他们所需表达的意思和他们能用语言形式来表达该意思的差距。这种对语言形式的注意能帮助他们习得某一语言形式，因为这种对语言形式的注意会激活他们的认知活动 (trigger cognitive processes)，而这种认知活动有助于学习者巩固旧知识，学习新知识。

语言输出活动指的是学习者以交际为目的进行的新的语言形式与结构的尝试活动。他们可以通过语言输出看看他们提出的结构和形式是否行得通。从这个意义上来说，语言输出活动为学习者尝试提出自己的假设，检验自己的假设提供了机会。如果没有语言输出，学习者就不知道自己提出的假设正确与否。

斯温纳指出，语言输出能够促使学习者进行有意识的反思活动。当我们说输出有检验假设作用时，我们认为输出本身就是假设。因此，语言输出就是学习者对如何使用语言形式去表达某一意义的猜测。这里我们没有提问过教学者他们的假设是什么，但我们从他们的语言输出去推测他们的假设；在某种情况下，学习者不但揭示了自己的假设，而且用语言对假设进行反思。这种使用语言对语言进行反思的活动，能促进学习者对语言进行控制和内化。

（二）输出假设对外语教学的启示

语言的输出活动能够帮助学习者提高语言使用的熟练程度，使学习者了解自己在学习过程中存在的问题。同时，这种学习活动能够激发学习者对自己假设的验证，促进其对学习的翻译活动。具体来说，输出假设对外语教学的启示主要表现在以下几个方面。

首先，从认知的角度进行分析，语言输出对二语习得是十分必要的。在外语教学的过程中，对语言输出活动的恰当安排能够提高语言学习的效率，因此有利于学习者掌握正确的语言形式。同时需要注意的是，这种多层次的交际性语言输出活动无论是在教学过程中还是教材编写上都有着重要的影响作用，因此能够提高学生的语言能力。

其次，在教材编写过程中设计和安排语言输出活动，如 *Senior English for China* 中就编写出各种各样实际性的语言输出活动，如角色扮演、小组讨论、就一个话题发表意见等。

第三，语言输出活动对语言学习的重要性被认识以后，不少优质课的教师都设计了较多的交际性的口头或笔头的语言实践活动来进行教学，如让学生复述、开展辩论、小组讨论等。

（三）克拉申的输入假设

输入假设是克拉申 (Stephen D. Krashen) 语言习得理论的核心部分之一。克拉申认为，只有当习得者接触到“可理解的语言输入”，即略高于他现有语言技能水平的第二语言输入，而他又能把注意力集中于对意义或对信息的理解而不是对形式的理解时，才能产生习得。这就是他著名的 i+1 公式。i 代表习得者现有的水平，1 代表略高于习得者现有水平的语言材料。理想的输入应该具有以下四个特点，即可理解性；既有趣又有关联；非语法程序安排；要有足够的输入 (i+1)。其中，可理解性是语言习得的必要条件，不可理解的输入对学生来说是没有用的；非语法程序安排指的是语言习得关键在于要有足够的可理解的输入，按语法程序安排的教学存在一定的不足之处。

按照输入假设，人们可以流畅地说话的能力是靠大量的听和读的练习，通过接触大量的语言输入后自然习得的，而不是直接通过学习获得的。因此，说的练习不能帮助习得。

（四）输入假设对英语教学实践的启示

输入假设对于英语教学实践也有着重要的影响作用，主要表现在以下几个方面。

1．强调学生的主体地位

普遍语法的目的只是描述和解释语言，即研究语言。它和外语学习及外语教学没有直接联系，即使它在外语学习领域里很有影响，也只是和外语学习及外语教学间接相连。毫无疑问，普遍语法在外语学习研究中很有影响并富有成效。正是乔姆斯基挑战了当前的传统教育观念，他提出，学习是一个习惯形成的过程，是由句型练习和结构训练共同造就的，在此过程中使学习者对语言学习产生一个全面的理解，知道了它是一种有效的认识和创造过程。

普遍语法理论直接启发了以普遍语法为基础的外语学习理论。普遍语法原始的研究与语言教学实践之间没有直接关系，然而长期以来这一领域的研究者及其所从事的国际语言理论研究却对语言教学有着一定的影响。此时，乔姆斯基在语言学领域的 TG 语法间接地对外语教学产生了巨大的影响，主要是因为他主张有必要划分表层结构和深层结构。在外语教学过程中，强调学生的作用，学生第一，教师第二；在强调输入的同时，重视学习者的输出；关注学习者的学习动机和学习效果；鼓励学生自主学习和创造性地学习；关注学习者是如何学习的；支持合作学习；重视激发学生内在的学习机制。

2．先听后说，先读后写

克拉申的输入假设重视输入活动，从微观层面对这个理论进行分析，可以看出其强调先听后说，先读后写，这与我国中学阶段外语学习的状况（小学强调先听说，后读写）不谋而合。原因包括以下几个方面。

（1）大多数中国人学外语的目的不是为了口语交际，而是为了提高阅读和视听能力。还有相当一部分是为了考试过关、得高分（包括出国学习），并且目前大部分重要的考试只考阅读和听力，不考口语。这就要求在听说读写顺序上，听读领先，说写跟上。说只是学外语的一项附属能力，而不是主要的考查点。

（2）在实际的教学中，班容量大，重视听读有利于教学活动的开展，有利于对学生进行大量输入。

（3）语言的输入主要是听和读，在外语学习中，听和读既是手段（即通过听和读掌握外语），又是目的，因为听和读本身就是能力。

（4）阅读在操作上方便、简单、易行，有时间、有书就行，听也相对容易。

综上所述，在外语学习中，听、说、读、写四种能力相比，按由易到难的顺序排列，依次是读、听、写、说，换句话说，说最难。

在现阶段，我们还是要大力提倡重视阅读，因为对中国学生来说，现在不是书读得多，而是读得太少。常言道："读书破万卷，下笔如有神"。在我国，阅读的重要性无论如何强调都不过分。对学生的阅读要求若只拘泥于课本是不够的，必须加大学生的课外阅读量。在重视阅读的同时，还要重视听，因为听不懂就无法和别人交谈，实际上也就影响了输入，大量的听读有利于学习者说写能力的提高。传统的"语法翻译法"尽管可以给予学生大量的输入，但情感过滤严重，监察过多，不利于语言习得；而"听说法"则输入量小，机械的句型操练占去了大量时间，情感过滤也比较严重，不利于语言习得。基于此，教师在教学过程中，为了给学生大量的输入，除了规定一定量的课外听、读材料外，在课堂上也要将"沉浸法""沉默法""自然法"等引入课堂教学。

克拉申的"输入假设"理论对我国外语教学的消极影响也不容忽视，如有些教师在外语教学中过分强调输入（听读），而忽略了输出（说写），从而影响了学习者外语能力的全面提高。在克拉申看来，语言输出不是语言习得的必要条件，只有关注语言输入的理解，语言输出才会水到渠成。而实际上，语言习得是一种输出和输入相互影响的过程，输出的过程，也是学习者验证对输入理解的过程。虽然习得语言主要是通过输入（听读），而不是通过输出（说写），但输出对语言习得确实起到间接作用。

3．重视课堂教学的质量

克拉申认为，对初学者来说，即使有了合适的环境，但接收的若是大量的不理解输入，听不懂，就等于浪费时间，还容易失去信心。根据这一观点，我们应重视课堂教学，因为理想输入应该具备两个很重要的条件。

（1）可理解性。为了增加语言输入的可理解性，在课堂教学过程中，教师应该注意发音的准确性、清楚性，同时应该注意语言的语速，从而增加学生的理解；多用规范语言，少用俚语；多用常用词，少用生僻词；多用简单句，少用复合句；给学生提供难易适中的阅读材料。

（2）输入应引起学生的兴趣。教师在讲解时，输入要由浅入深，由易到难，其中包括讲话和阅读材料的提供。难度太大，学习者会被迫用汉语理解其内容或经常分析语法形式以便弄懂词义、句义，而不是用外语思考，从而影响学生的学习兴趣。如果生词过多，学生靠频繁查词典理解语义，那就会影响他们的学习兴趣。这与克拉申提出的 i+1 理论相一致。他认为，只有难度适中时，学习者才有可能直接理解外语。

4．合理使用母语

根据克拉申的"自然习得语法顺序的假设"可以知道，学习者学习外语时，母语和外语几乎有完全相同的习得语法顺序。他重新评价了第一语言在第二语言教学中的作用，对以前夸大第一语言在二语学习中起干扰作用的理论进行了纠正。我国外语学习者大都是在汉语环境中习得外语的。若把汉语视为学外语的障碍而在教学活动中不许使用汉语，那在有些情况下势必影响大量的输入和输出。

需要指出的是，外语学习的过程并不是要求学习者要彻底放弃母语，而需要借助母语来更好地学习外语。在英语教学过程中，教师通过汉语的使用能够使学生增加语言的理解程度。例如，在解释难理解的定语从句时，与其用学生听不懂的外语讲解多遍，不如用学生能听懂的汉语讲解一遍。

5. 重视习得和学习相结合

克拉申认为，运用第二语言的流利程度不是通过学习语言规则达到的，而是在合适的输入环境中慢慢形成的。学习第二语言时，习得是首位的，学习是第二位的。根据中国外语教学的现实，学生不可能在外语环境中习得外语，最终获得的外语能力主要来自课堂上有限时间内的学习，对他们来说，学习和习得同等重要。当然，外语教师要尽量创造和利用外语学习环境，使习得与学习更好地结合起来。例如，老师可以鼓励学生们参加英语角活动，或者与外国友人交朋友。

六、中介语理论

“中介语”来自英语 interlanguage，又称“过渡语”“语际语”或“第二语言学习者的语言”。interlanguage 的出发点就是学习者的母语，目的地是地道的目的语，中间部分是中介语。interlanguage 是英国语言学家塞林格 (Larry Selinker) 于 1969 年在其论文《语言迁移》(Language Transfer) 中首先使用的。1972 年，他又在论文《中介语》(Interlanguage) 中，对其进行了比较全面的阐述，确立了它在第二语言习得研究中的地位。在这之前，有些学者曾用过类似的术语，如“近似语言系统”“过渡能力”和“特殊的语言”等。然而，影响最大且使用最普遍的还是 interlanguage 这一说法。

中介语理论是在外语学习过程中形成的一种理论系统。其不同于学习者的母语，同时也和外语有所差异，是随着学习的发展向目的语的正确形式逐渐靠拢的一种动态的语言系统。它是介于第一语言和目的语之间的一种过渡的语言系统，因此也被称为“过渡语”。对于中介语的研究是为了探索第二语言学习的本质，从而揭示其规律性，为英语教学的安排提供科学的理论依据。

中介语研究一般集中在两方面：母语和目的语的对比分析；学习者的错误分析。在外语学习过程中使用中介语能够使学习者不断接近目的语，直至对目的语进行熟练掌握。从某种意义上说，应该将中介语视为学习者外语水平发展的一个必经阶段，它是一个动态的连续体，如图 1-2 所示。

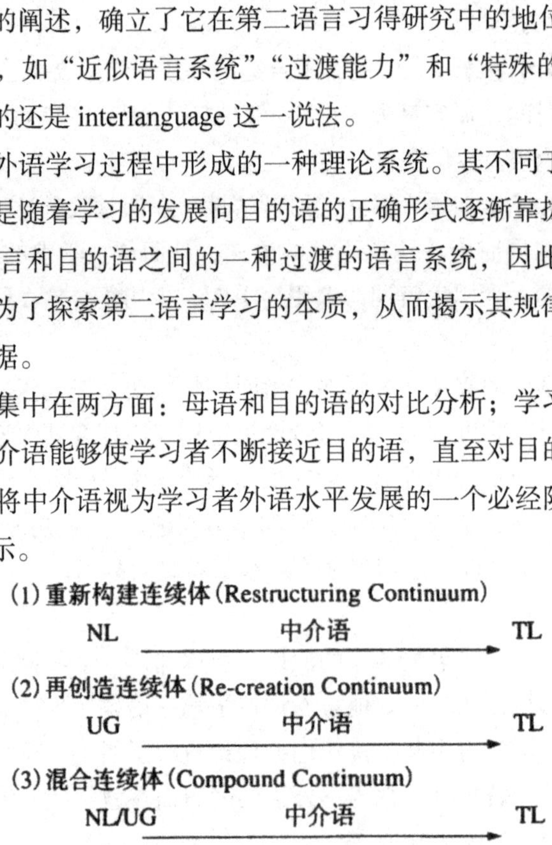

(1) 重新构建连续体 (Restructuring Continuum)

NL —— 中介语 ——→ TL

(2) 再创造连续体 (Re-creation Continuum)

UG —— 中介语 ——→ TL

(3) 混合连续体 (Compound Continuum)

NL/UG —— 中介语 ——→ TL

图 1–2 连续体示意图

上图中，3 种不同的连续体显示了三种不同的观点。

（1）说明连续体的开端是外语学习者的母语。

（2）说明连续体的开端是普遍语法。

（3）说明连续体的开端是学习者的母语和普遍语法。

按照重建连续体的观点，中介语既受到母语的影响又受到外语的影响，在这个连续体里，由母语到中介语，再到目的语。它们之间的关系如图 1-3 所示。

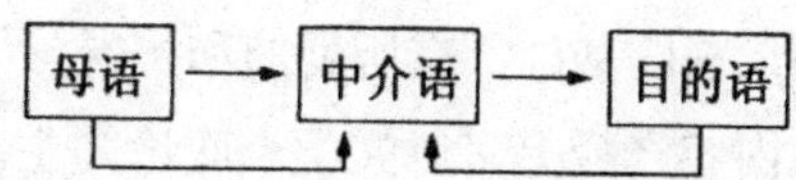

图 1-3　母语、中介语和目的语之间的关系示意图

通过对中介语理论的分析可以认为，学生在外语学习中的错误能够反映出中介语的发展情况。在教学过程中，教师不应过分苛责学生语言学习中的错误，应该从宏观上进行指导，而不必逢错必究。学习者在学习过程中能够通过自己的认知纠正一些语言错误，如果教师过分纠正会在一定程度上影响学生语言学习的积极性。

研究表明，在错误产生的背后，过渡语在持续地发生、活动、变化和发展着，由此构成了中介语连续体。这种过渡语连续体贯穿第二语言习得的始终。在第二外语学习过程中，应该允许错误的存在，并科学地分析错误不断演进的过程，从而使学习者的中介语不断向地道的第二语言过渡。

第三节　英语教学的现状分析

我国的英语教学受到传统教学方法的影响，在发展过程中出现了很多问题。下面对英语教学的现状进行分析，从而更加科学地指导教学工作的展开。

一、教学模式单一

在我国很多地方的英语教学中，存在着教学模式单一的问题。在教学过程中，教师是教学的中心，通过黑板、粉笔、课本进行固定的教学活动。虽然随着多媒体技术的发展，英语教学活动变得相对多样，但是教师的教学仍然采取的是单向的知识灌输方式，忽视了学生在学习中的主体地位和中心作用。

这种现象最主要的原因是教师没有从根本上摆脱传统教学思想观念的束缚。在这样单调乏味的教学模式中，教师基本采取“满堂灌”的教学方法，课堂教学不能互动起来，学生的交际能力也无法得到有效的培养与提高。对于教师而言，教学过程变成了简单的重复，缺乏创新。而处于被动地位的学生由于接受知识的过程枯燥无趣，其课堂学习效率十分低下。

二、教材选用不当

教材是英语教学的纲领性材料，对教学质量和学生语言能力的提高有着重要的影响作用。但是，纵观我国使用的英语教材，其中的一些问题影响着教学质量的提高。

教材的编写受到教学大纲的限制，其所附录的词汇在很大程度上与大学之前的词汇重复。有关调查显示，在《英语教学大纲》规定的要求掌握的4200个单词中，有1800个是重复中学词汇。随着学生学习阶段的不断推进，英语词汇表中的词汇也应该是全新的，或者在释义上至少要在中学词汇表的基础上有所延伸和拓展。

另外，当代英语教材在内容选择上多以文学、政论为主，而忽视了实用性内容，这不利于培养学生的英语应用能力。教材的更新速度非常缓慢，有的教材可以连续使用十几年。此外，由于传统英语教学对口语要求很低，所以教材中很少有实用性很高的口语练习。虽然现在越来越多的重视实用性的新教材不断出现，但是有些教材太过简单，不利于学生提高英语水平；有些教材一味地增加口语练习，导致与上一阶段的学习脱节，这些都不能达到理想的教学和学习效果。

三、能力培养失衡

众所周知，语言具有两套系统：表达形式和表达功能。但是，目前我国的英语教学过程中过分重视语言表达形式的教学，而忽视了对学生语言表达能力的培养。虽然《英语教学大纲》对大学英语的教学目标提出了明确的要求："培养学生具有较强的阅读能力和一定的听、说、读、写、译能力，使他们能用英语交流信息。"但是，有相当大一部分学生实际运用英语的能力并不强，听、说方面的能力很差，造成学生在实际应用中"听不懂，说不出"的尴尬局面。

此外，"费时低效"的现象在英语教学中特别明显。英语教学"费时低效"问题是李岚清同志于1996年的一次座谈会上提出的，"我国目前的外语教学水平、教学方法普遍存在费时较多，收效较少的问题，亟待研究改进。"大学英语作为一门大学公共课，一般在大学一二年级开设，时间跨度为两年。据有关学者分析，很多大学生几乎把前两年大学生活一半的时间和精力花在了英语学习上，但效果却并不理想。造成"费时低效"局面的原因是多方面的，主要原因如下。

（1）学生出现哑巴英语的现象与大学英语四、六级考试这种纯分析性的考试密切相关。

（2）与教学中一直以来强调的记忆式学习有关，教学中只注重英语知识的积累，却忽视了让学生运用这些知识去交流。

（3）与我们所处的社会环境有关，学生在课堂上学习到的英语知识没有机会在实际生活中得以运用。

总的来说，英语教学严重忽视了对学生语言表达功能的培养，导致学生语言能力发展失衡。当前的社会是一个信息型社会，英语作为获取外语信息的主要语言工具之一，其主要的功能必须引起我们的重视。

四、师资力量匮乏

目前，我国高等教育扩招的数量越来越多，这必然会造成英语教师师资不足。英语教师的教学任务十分繁重，大部分英语教师都是超负荷工作。一位普通的大学英语教师一周至少是 12 课时，同时还要进行备课、设计教学、批改作业、课后答疑解惑及科研任务等，过重的教学工作和任务使教师失去了很多自修的时间，很少有机会进行教师的专业进修和休息调整。这些对英语教师提高工作效率和改善身心健康都极为不利。

同时，在这样的状况下，也导致英语教师的门槛越来越低。一些高校只能招聘英语本科毕业生做教师，这就使英语教师的教学水平参差不齐。

五、文化意识淡薄

目前，我国英语教学活动还是停留在传统的语言教授层面，文化教学涉及的很少。造成这一现象的原因主要有以下几个方面。

（1）教师自身所受的教育是传统的英语教育，因此教师的教学观念存在一定程度上的偏差。在课堂教学中，大部分英语教师只关注学生掌握语言形式的正确性，很少介绍英语文化知识及如何正确运用语言形式。有些教师担心文化教学会增加学生的学习负担，课堂时间紧张而宝贵，因此教师很少把时间花在文化教学上。还有些教师认为学生记住单词，掌握语法知识就算是学好了英语，没有必要教授文化知识。

（2）英语作为第二语言，教师缺少英语学习的社会环境，教师本身掌握的跨文化知识比较零散琐碎。

（3）教师的教学任务十分繁重，教师很少有时间和精力进行文化教学研究。

六、忽视主体作用

在我国的英语教学中，长期贯彻着“以教师为主”的原则，忽视了学生的主体作用。一般情况下，教师对知识的讲授占去了课堂的主要时间，很少给学生提供参与的机会，使学生成了语言知识的消极接受者，使学生的学习变成了被动的学习。英语教学的主要任务是学生的“学”，而不是教师的“教”。正如科德 (Corder) 所说：“有效的语言教学不应违背自然过程，而应适应自然过程；不应阻碍学习，而应有助于学习并促进学习；不能令学生去适应教师和教材，而应让教师和教材去适应学生。”在这里，“自然过程”指的就是让学生成为英语语言知识主动积极的接受者，积极主动地去学习。

英语课是一门实践性很强的课程。学生只有经过大量的实践活动，才能培养和提高其语言技能，因此它的教学效果应以学生的学习效果为依据，而学习效果在很大程度上取决于学生的主观能动性和参与性。认知理论认为，英语学习的过程也就是新的语言知识不断结合的过程，也是语言能力从理论知识转换为自动应用的过程。而这种结合与转换都只有通过学生的自身活动才能实现。

七、忽视兴趣培养

英语教学还普遍存在忽视对学生学习语言的兴趣培养的问题。乏味的填鸭式教学，成千上万个单词，繁杂的语法规则无不让学生对学习望而生畏，更谈不上学习兴趣了。同时，现在的学生还要面临各种各样的考试的压力，使学生疲于应付，长期埋首于题海中无法脱身。在这样的学习环境下，学生只会把学习语言当作任务和沉重的负担，而不是需要和享受，学生提到英语学习就会产生紧张、害怕的情绪。这样，是很难学好语言的。

八、偏离教学目标

虽然英语教学与大学英语四、六级考试之间并无必然联系，考试只是院校自主选择参加的，用于评定英语教学质量的方式之一。但是，由于大学英语四、六级考试是国家组织的全国性考试，同时也成为用人单位评聘人才的重要依据之一，所以考试的通过率成为很多高校英语教学的主要目标。一些学校片面利用大学英语四、六级考试结果来评价英语教学工作，这些观念在一定程度上左右着英语教师的教学工作，给贯彻执行《英语教学大纲》所规定的教学目标和要求造成障碍，同时也增加了教师的心理负担。

为了应付考试，教师花大部分时间在讲授语法和词汇上，而学生则把时间花在做大量的模拟试题上面，大搞题海战术。在这个学习过程中，学生只是追求标准的答案，过分依赖教师的讲解，忽视课堂讨论等交际活动，结果导致学生应试技能较强，而交际能力却不能得到提高。虽然学生在考试中游刃有余，但是在真正需要和英语国家人士交流时，却显得手足无措。

总之，当代英语教学的现状不容乐观，存在很多问题。过分注重表达形式而忽视表达功能，造成了“以教师为中心”的教学模式；教学中对学生主体作用的忽视，必然造成学生学习的被动性和依赖性；“满堂灌”的教学方法不仅不利于培养学生的学习兴趣，学生的语言表达能力也无法得到提高等。这些问题是造成当代大学生学习英语中出现“费时低效”“哑巴英语”的主要因素。现阶段的英语教学现状和效果远远不能适应面对 21 世纪国际竞争态势的要求，迫切需要对英语教学进行改革。

第四节　英语教学改革的历程及必要性

为了提高我国英语教学的有效性，同时增加人才培养的实用性，我国积极进行着英语教学的改革工作。下面对其改革历程与重要性进行总结与分析。

一、英语教学改革的历程

（一）大学英语教学发展的第一和第二阶段

新中国成立后至 1978 年是大学英语教学发展的第一阶段。此阶段的大学英语课一直被称作“公共英语课”。大学英语教学发展的第二个阶段是从 1978 年至 1984 年。第二阶段的英语教学发展历程主要有：大学英语教学开始逐渐恢复，教育部召开了全国性的外语座谈会并形成了《加强外语教育的几点意见》，大学英语教学开始步入正轨，既开展了公共英语教师培训计划，又设立了公共英语教师的培训中心，成立了高等院校理工科公共外语教材编审委员会，编写了教学大纲和通用教材，成立了中国公共外语教学研究会。

（二）大学英语教学发展的第三阶段

从 1985 年至 2001 年是大学英语教学发展的第三个阶段。此阶段的英语教育事业取得了长足的进步，具体体现在以下两个方面。

（1）教育部颁布了《大学英语教学大纲（高等学校理工科本科用）》，从此，“公共英语”这个名称逐渐被“大学英语”所取代；成立了大学外语教材编审委员会，并设立了大学英语编审组，之后又成立了高等学校大学外语教学指导委员会；这一阶段还出版了大学英语教材以及《大学英语教学大纲词汇表》，如杨惠中和张彦斌的《大学核心英语》、董亚芬的《大学英语》等。

（2）随后，又相继出版了《大学英语教学大纲通用词汇表（1 ~ 4 级）》和《大学英语教学大纲通用词汇表（5 ~ 6 级）》；同时，成立了大学英语四、六级标准考试设计组，这对大学英语教学及其改革影响极大，为了更好地推动大学英语教学的发展，大学英语四、六级考试也在进行着不同程度的改革。

（三）大学英语教学发展的第四阶段

大学英语教学发展的第四阶段是从 2002 年至今。随着我国各项事业的蓬勃发展，这一阶段的英语教育事业也进入了鼎盛时期，特别是为了解决高校不断扩招引发的各种问题和挑战，大学英语教学改革又迈出了坚实而有力的步伐。这一阶段，经过不断的修订和改善，最终制订了《大学英语课程教学要求》；启动了包括“大学英语网络课程”的“高等学校教学质量和教学改革工程”和“新世纪网络课程建设工程”；实施了基于计算机和课堂的新型英语教学模式，诸多大型出版社共同开发了“大学英语教学软件”；为了使改革更加深入和彻底，原教育部高教司司长张尧学发表了《加强实用性英语教学，提高大学生英语综合能力》等文章，对大学英语教学提出了有价值的合理化建议；教育部还设立了大学英语教学改革联络办公室，并创办了“开创英语新时代”网站，为大学英语教学改革交流提供了重要的平台。

二、英语教学改革的必要性

英语教学改革尤其必要，不仅是时代发展的要求，同时也是提高英语教学质量、进行人才培养的要求。下面从教学的不同角度对其必要性进行分析。

（一）教学内容改革的必要性

受传统英语教学的影响，我国对英语人才的培养过分注重语言表达形式的教学而忽视语言表达功能的教学。也就是说，英语教学只注重语音、单词、语法的学习，师生都过分重视形式，教师大多是逐词逐句讲解词语句子的含义，着重讲解词法、句法、语法，而学生在课堂上的主要任务就是听教师讲课、记笔记，在这过程中教师和学生都忽略了语言的实践活动。因此，在这种教学方法的影响下，学生的英语学习提高的只是其“语法能力”，而不是其“应用能力”。这在很大程度上限制了学生语言能力的发展。

众所周知，英语教学的目的是为了进行语言的应用，而不仅仅是阅读，更不仅仅是为了掌握单词的意义、明白语法规则，如果不能用英语进行交流，学习英语就失去了意义。要培养学生的英语综合应用能力，就需要在教学内容上进行改革，增加课堂上的语言实践活动，让学生有开口说英语的实践机会，也只有在实践中不断锻炼，学生才能真正提高英语的应用能力，才能够学以致用，达到英语教学的目的。因此，改革英语教学的内容十分有必要。

（二）教学方法改革的必要性

教学方法一直是教学研究的重点，也是我国英语教学改革的关键环节。常见的英语教学方法包括语法翻译法、听说法、直接法、认知法、交际法、情景法等，这些教学方法都曾经对英语教学理论和实践的发展做出了巨大贡献。但是，这些教学方法往往是在一定历史条件下为达到当时的教学目的的产物，它们一方面从各个侧面充实和丰富了外语教学法体系的完整性，另一方面又过分强调了某个侧面，所以有其不完善之处。随着社会的不断进步与发展，社会对人才的需求也会不断变化，因此在不同时期，教学理论也有所不同，教学方法也会有所变化。

传统的语法翻译法由于过于重视书面语的掌握，忽视口语表达能力的培养，并把口语和书面语分离开来，使学生即使具备了较强的阅读和翻译能力，也可能不具备起码的听、说能力，给教学过程带来很大的障碍。因此，虽然语法翻译法在历史上曾经大大促进了外语教学的发展，但是随着时代的发展它已经无法满足社会的需求，必然会被其他的教学方法所取代。

随着国外一些新的教学方法的引入，我国英语教师的视野得到了拓宽，广大英语教师也积极投身到英语教学理论特别是教学方法的改革、研究和实践之中，使英语教学方法得到不断地完善。但是，随着教育事业的发展，不少英语教师认识到外国引进的教学方法并不适合我国的英语教学实际需要，英语教学法的研究和实践在某种程度上陷入了一些误区。因此，英语教师应该根据具体的教学情况，运用各种教学法中最有效最适用的部分，根据具体的英语教学需要，研究出适合本校、本班学生的教学方法。我国英语教学的改革强调以学生为本，突出学生的主体地位，这需要在教学中重视学生的个性，在采用教学方法时重视对学生兴趣的挖掘。因此，在教学改革中我们需要认真地研究有利于激发学生学习兴趣的教法。

（三）教学形式改革的必要性

测试是英语教学中的重要环节，是检验学生学习效果和教师教学效果的必要手段。英语作为一门语言课，应通过听、说、读、写、译五个环节来学习，才能够收到预期效果。因此，在对英语教学质量及学生学习效果进行考核时，也应综合测试学生听、说、读、写、译五方面知识和能力的掌握情况。

但是，目前我国的英语考试仍以笔试为主，通常用一张试卷就考查了学生对英语知识的掌握情况，很少甚至没有其他形式的语言测试方式，可谓一锤定音。然而，这种仅凭一支笔、一张纸一次性判断出学生学习效果的方式很难全面地了解学生的听、说、读、写、译的能力，更难以反馈学生真实的英语实际水平及能力。可见，单纯的笔试既不能实事求是地反映学生的学习状况，也不能对教师的英语教学起到积极的指导作用。同时，这种考试在某种程度上也挫伤了学生的学习热情，使学生对英语学习失去兴趣和信心。此外，这种考试也忽视了对学生听说能力的考查，但对英语而言，听说能力才是核心技能。

以我国大学英语四、六级考试为例。一直以来，我国大学学生的英语听力水平和口语水平的发展极不平衡。这主要是由于大学英语四、六级考试主要注重读、写、译能力的考核，大多数学生都是为了通过英语四、六级考试而将大多数精力放在了这三方面的学习上。时时，教师为了保证英语四、六级考试的通过率也仅注重这三个方面知识和技巧的传授。尽管近年来英语四、六级考试中增加了听力试题，也逐渐引入口语考试。但是，由于我国对英语听说能力教学的长期忽视，导致师生都认为要提高英语听说能力是事倍功半、付出大收益小的事，因此学生和教师仍然将精力放在对付笔试上。

然而，由于英语语言学习的测试应主要侧重于学生的英语交际能力上，即听、说、读、写、译等综合的能力上，如果仅用一次笔试来测定学生英语水平的高低，显然是有缺陷的。因此，这种考试方式对英语这个特殊学科来说有一定的局限性，应该加以改革。为更好地把握学生的英语语言领悟能力、英语语言理解程度、英语交际水平，教师应安排听力考试、英语口语和英语交流等方式来填补笔试考试的不足。总而言之，只有科学、合理的考试形式才能完整全面地检测教师教学的科学性和学生的英语知识和交际能力。

第二章　基于学生视角的大学英语教学模式改革

英语教学的主要目的是使学习者能够熟练使用语言，从而达到交际的目的，为社会输送更多的英语人才，在社会环境与国际环境变化的形势下，对大学英语教学模式进行改革成为提高英语人才素质的重要方式。本章对从学生视角对分级教学模式、模块教学模式、研究性学习教学模式、网络教学模式进行分析，探讨英语教学模式改革的相关问题。

第一节　分级教学模式

所谓“分级教学模式”指的是以学习者的学习水平和学习潜能为标准，将学习者划分为不同的层次，并在此基础上开展相应的教学活动。因此，分级教学模式体现了因材施教的教学理念，其最终目的是让不同层次的学习者在自己的起点上取得进步。

一、分级教学模式的理论

分级教学模式是教学者根据科学的教学理论开发出来的，主要包括 i+1 语言输入假设理论、学习迁移理论、掌握学习理论。下面对这些理论进行论述。

（一）i+1 语言输入假设理论

分级教学模式以克拉申的 i+1 语言输入假设理论为重要的理论依据。这个理论对分级教学模式的影响主要表现在以下两个方面。

（1）从课程理论角度来看，i+1 理论不仅注重知识的获得，更注重学习者获得知识的途径。具体来说，i+1 理论强调学习应采取循序渐进的步骤、方法和过程，这正是分级教学的精髓。

（2）从教学实践来看，分级教学根据学习者在性格、动机、态度、认知风格、语言技能等方面的差异来确立不同的教学目标、要求与方法，符合 i+1 理论的要求（杜秀莲，2011）。

（二）学习迁移理论

学习迁移指的是已学得的学习经验对如今学习的影响，一般包括两种。当之前的学习经验对学习起到促进作用时，便是正迁移；反之，起到抑制或干扰作用时，则属于负迁移。

奥苏伯尔的认知结构迁移理论认为，学习者头脑内的知识结构就是认知结构。当学习者对新知识进行同化时，其原有认知结构在内容与组织方面的特征就是认知结构变量。奥苏伯尔提出了影响新的学习与保持的三个认知结构变量，通过操纵与改变这三个认知结构变量可以进行新的学习与迁移。以奥苏伯尔的认知迁移理论为基础，把对原有知识掌握水平相当的学习者安排在一起组织教学，即采取分级教学模式，能够促进学习的正迁移，取得较好的教学效果。

（三）掌握学习理论

美国心理学家布鲁姆 (B.S. Bloom) 的掌握学习理论认为，学习者成绩不理想不是因为学习者的智慧欠缺，而是由于欠缺完备的设施与合理的帮助。当具备适当、合理的学习条件时，绝大部分学习者的学习能力、速度与动机等都会变得十分相似。因此，采取分级教学模式可为不同潜质的学习者提供多样化、个性化的教学手段，从而尽可能地将学习者潜能挖掘出来。

二、分级教学模式的原则

分级教学模式在具体实施之中需要遵循一定的原则，主要包括循序渐进原则和因材施教原则。

（一）循序渐进原则

循序渐进源自宋朝朱熹的《朱子大全·读书之要》。朱熹在总结自己的读书方法时提出，“循序而渐进，熟读而精思”“未得乎前，则不敢求其后，未通乎此，则不敢志乎彼”。

遵循循序渐进原则，就是指教师在传授知识时既要尊重知识的内在规律，又要采取相应程度的学习者可以接受的教学形式。分级教学模式使教师得以在学习者英语知识体系的基础上进行教学，采取适合他们的教学方法，从而使学习者逐步提高语言技能。

（二）因材施教原则

孔子曾提出“柴也愚，参也鲁，师也辟，由也嚷”。朱熹将其概括为“孔子教人，各因其材”，由此产生了因材施教的说法。所谓因材施教，是指教师要从学习者的实际出发，有的放矢地进行教育。

由于环境、教育、学习者本身的实践等方面的不同，学习者之间必然存在一定的差异性。近年来，随着扩招政策的推进，越来越多的学习者得以接受高等教育，但不同学习者在英语水平方面的差异却不容忽视。在这种情况下，如果不对这种差异性进行充分考虑就把英语水平悬殊的学习者安排在同一班级，很容易出现程度差的学习者“吃不消”，程度好的学习者“吃不饱”的尴尬局面，进而造成教学资源的巨大浪费。而分级教学模式承认学习者之间的个体差异，可以为学习者提供满足其自身需要的教学条件，从而取得理想的教学效果。

三、分级教学模式的实施

分级教学模式的实施可以从以下几个方面着手。

（一）合理科学进行分级

分级教学不要求全体学习者达到同一目标，而是按照不同的级别制订不同的教学目标。因此，进行合理、科学的分级是分级教学模式取得实效的前提。

为此，应采取科学的分级试题和分级标准。具体来说，应以《大学英语课程教学要求》中的各级词汇量为基础来组织分级试题，同时应注意题目的层次性。分级标准则应对分级测试结果、个人实际水平、个人意愿等因素进行综合考虑。

在具体的教学实践中，将学习者分为A级与B级两个级别较为合理。此外，为缓解B级班学习者的心理压力，调动他们积极的学习情感，可利用周末时间为他们补课。这样，B级班学习者可以尽快达到A级班学习者的水平，从而在同一起跑线上竞争。

（二）提高分级区分程度

高考英语成绩与摸底考试成绩是很多院校进行分级的标准。但是，常常有一些学习者因为几分之差甚至一分之差而没能进入A级班，而这几分之差往往很难说明英语水平的高低。因此，为了提高分级的区分度与合理性，可在分级时听取学习者本人的意见，进行双向选择。学习者往往对自己的实际英语水平与兴趣点有较好的把握，他们由被动接受转为主动选择可以增强主体地位，提高他们在后续学习过程中的自觉性与积极性。

（三）实施升降调整机制

实施升降级调整机制，就是对学习者的学习程度进行动态管理，使学习者的级别随学习的兴趣、成绩以及能力的变化而变化。具体来说，B级班的学习者取得进步，达到A级班水平时，教师可将其升人A级班，以激励学习者取得更大的进步。A级班的学习者未能取得进步，且成绩滑落到B级班程度时，教师也可将其降人B级班，以给予其适当压力。

需要注意的是，进行升降级的调整应坚持选拔与自愿相结合的原则，且应在一定范围内定期调整，不可过于频繁。

（四）制定科学评价标准

在分级教学模式下，不同级别应采用不同难度的试卷，这就很容易造成一种不良现象，即英语水平高的学习者所取得的英语成绩竟然低于部分水平低的学习者。因此，为提高评价的科学性，可采取以下两种措施。

（1）采取总结性评价与形成性评价相结合的方式来确定最终成绩，具体办法是增加平时表现在总评成绩中的比重。

（2）根据各级别试卷的难度设定一个科学的系数，通过加权算法从宏观上调整两个级别的分数。

（五）尽量避免负面影响

任何事物都是优势与缺陷的集合体，分级教学模式也不例外。作为英语教学改革中的新生事物，分级教学模式不可避免会带来一些负面影响，如操作过程较为复杂、考勤管理较为烦琐、学习者产生不良情绪、班级归属感降低等。这些问题不及时解决，会对分级教学模式的推进带来阻碍。因此，教育管理者需要制定相应的制度规范并根据遇到的问题及时调整，从而将分级教学模式的不良影响控制在最小范围，将其优势最大限度地发挥出来。

第二节　模块教学模式

模块教学模式是大学英语教学改革的重要组成部分。这是一种系统性的教学模式，以大学英语教学为系统，将其分为知识、技能、拓展三大模块，并在不同的学期中进行有针对性教学，从而最终提高学生的综合语言应用能力。

一、模块教学模式的定义

随着英语教学改革的推进，英语教学系统发生了重大的改变。英语教学向着能力化、技能化、多样化、信息化的方向发展。英语模块教学模式就是在这种转变中被提出的，因此其在一定程度上反映了时代发展对大学英语教学的要求。

所谓模块教学，指的是通过一个能力和素质的教育专题，在教法上强调知能一体，在学法上强调知行一致。模块教学模式主张提高学生的素质和具体技能，教学中通过集中开展理论、技能、实践等活动来实现教学目标。

大学英语模块教学能够丰富英语课程，实现课程的多样化。同时对于学生来说，模块化的教学形式通过形式丰富的课程，便于提高学生对英语学习的兴趣，调动其学习的积极性。随着现代科学技术的发展，英语教学课程的固定化越难越适应社会形势。采用模块教学，也能在一定程度上使英语教学贴近时代发展，增强人才培养的时代性。

二、模块教学模式的展开

对《大学英语课程教学要求》进行分析可以看出，其对于英语水平的划分提出了不同的能力要求。在这种多层次的要求下，大学英语很难通过一整套教学实现人才的全方位培养。英语模块教学模式主张在一定时期内对学生进行阶段性目标的培养。这种观点正好迎合了教学要求。

由于模块教学模式是对整个教学系统的管理，因此其在实施过程中需要教学工作者进行科学设计。学者李晓梅、罗桂保对大学英语模块教学中的模块分类进行了划分，如表 2-1 所示。

下面以拓展模块为例，对模块教学模式进行分析。拓展模块主要是对学生的能力进行拓展，因此可以开展丰富多样的课程。具体可以包含以下几个方面。

模块 1：开设应用专业型英语后续课程，如时事新闻、商务英语、旅游英语、经济英语、法律英语、商务信函写作、实用英语写作等。

模块 2：开设实用技能型英语后续课程，包括日常口语提高、高级口语、听力提高、演讲、视听说、高级写作等。

模块 3：开设跨文化知识型英语后续课程，介绍西方各国文化、常识、思维方式、价值观、民俗、礼仪、历史、教育、宗教；对比传授中西文化、跨文化研究等。

模块 4：开设欣赏型课程，内容包括欣赏电影、音乐、神话、小说、诗歌、散文、演说等。

模块 5：开设综合考试型课程，包括继续通用英语的深入学习、考研英语、雅思等各类出国考试的培训。

上述模块依据学生和社会的需求，以语言实践为目的，实现提高学生的实际应用英语能力、语言能力和文化修养、专业信息获取能力、语言表达能力，从而适应社会需求。这样的拓展模块设计，细化了学生对大学英语教学的需求，在整体上建立和完善了与传统大学英语教学体系完全不同的大学英语拓展模块体系。

表 2-1 大学英语模块教学中的模块分类

基本分类	更细的模块分类
知识模块	语音模块
	词汇模块
	语法模块
技能模块	听说模块
	阅读模块
	写作模块
	翻译模块
拓展模块	各门外语类选修课
	第二课堂活动

第三节　研究性学习教学模式

教育部高等教育司 2007 年颁布的《大学英语课程教学要求》明确指出：“教学模式改革的目的之一是促进学生个性化学习方式的形成和学生自主学习能力的发展。”因此，在大学英语教学中充分利用网络资源，开展研究性学习，恰好与大学英语教学改革的总体要求相吻合。大学英语研究性学习是当前大学英语教学改革的大趋势，是培养创新人才的有效途径。它目前在很多大学得到推广和实施，并取得很好的教学效果。本节就重点介绍研究性学习教学模式。

一、研究性学习及其教学模式的定义

二十世纪五六十年代，美国芝加哥大学约瑟夫·施瓦布 (Joseph. J. Schwab) 教授在《作为探究的科学教学》的演讲中首先提出了研究性学习的概念。施瓦布认为学生的学习过程与科学家的研究过程在本质上带有相似性。因此，学生应该在日常学习过程中努力发现问题、解决问题，以期获得知识，提高自身的语言能力与研究技能。上述观点在 20 世纪 80 年代的国际教育界得到了广泛的关注。

关于研究性学习的含义，很多学者都给出了自己的看法。例如，钟启泉认为，研究性学习是学生在教师指导下，从学生生活和社会生活中选择和确定研究专题，主动地获取知识、应用知识、解决问题的学习活动。叶平、姜瑛俐认为，研究性学习教学，顾名思义就是学生在教师的指导下，以类似研究的方式进行学习，从而发挥主观能动性，进行知识的获得与吸收。这种教学模式的本质是让学生在“再次发现”和“重新组合”知识的过程中进行学习。本书认为，研究性学习基于建构主义心理学和发现说，是一种以学生为中心，以自主学习为主要路径，以能力培养为价值取向，重视探索、研究、发现等学习实践过程的一种开放式教学和学习方式。

总体来说，对于研究性学习的定义，学术界存在以下两种观点。

（1）研究性学习是在开放的教学环境中，以培养学生研究式学习方式为目标的定向培养课程。在研究性学习教学中，教师需要使学生了解不同的研究方法，从而提高学生的研究技能与学习能力。

（2）从狭义上讲，研究性学习是相对于传统的接受性学习而言的，其通过使用探究性学习和教学方法来提高学习者的学习能力。

研究性学习以自主性、探索性、开放性以及创造性为特点，通过学生亲身实践获取直接经验，养成科学精神和科学态度，掌握基本科学方法，提高综合运用所学知识解决实际问题的能力。和传统的英语教学模式不同，在研究性学习教学模式中，学生是学习的主体，是知识的主动建构者，教师是教学活动的组织者、引导者和促进者。在这种教学模式下，师生关系能够得到和谐的发展，师生通过主动的积极建构进行知识的学习。

总而言之，研究性学习教学模式，是指在创新性教育观念的指导下，以建构主义心理学和发现说为理论基础，坚持以学生为中心，以自主学习为主要路径，以能力培养为价值取向，重视探索、研究、发现等学习实践过程。

二、研究性学习教学模式的意义

研究性学习教学模式是一种新的知识观、教学观，是大学英语教学改革的重要模式之一。研究性学习教学模式主张学生的平等参与，对学生进行能力教育，同时其学习方式向着深度学习转变，使学生真正成为学习的参与者。下面对研究性学习教学模式的意义进行总结。

（1）研究性学习教学模式能够进行知识观的建立。

传统的英语学习是一种旁观性的学习，学生对知识的吸收主要通过被动的记忆与课堂教学。研究性学习教学展开的前提是对学生知识观进行改变，从而建立一种新型的主动的知识观。在研究性学习教学中，学生能够真正有效地参与课堂活动，从而将课堂知识内化为“个人知识”。在这种模式下，学生的参与意识得到激发，会在学习中注入自己的热情、经验、品位等。

（2）研究性学习教学模式能够建立一种新的课程观。

传统的大学英语教学主要受知识课程观的影响，教学中将关注点放于教学目标与结果的完成上，致使英语课程带有控制性与封闭性。而研究性学习教学模式则以能力课程观为指导，在教师的引导下，学生能够根据自己的兴趣爱好进行不同的课题研究，从中培养自主学习能力、独立创新能力。

研究性学习教学模式的能力课程观尊重并鼓励学生的个性化，主张在开放的教学环境中进行活动的展开，反对在教学中过多渗透成人的经验与文化，而以学生的经验为核心进行教学的展开与实践。学生角色的转变能够使学生对学习进行批评与反省，从而对知识进行重新理解与吸收。

（3）研究性学习教学模式能够建立一种新的教学观。

研究性学习教学主张对学生世界观、学习观和知识观的重新建构，通过在情景中展开教学，提高学生的主动性与社会性。这种教学模式以理解现实世界为目的，是一种应用性很强的教学形式。

在研究性学习教学中，教师通过探究的方式进行教学的组织与知识的传授。师生之间是一种平等、互助的关系。教师通过对教学的引导能够开发学生不同的特质，从而形成个性化的教学。

三、研究性学习教学模式的展开

研究性学习教学倡导以开放的教学环境为依托，以学生能力的提高为目标展开教学活动。因此其教学关键是对学生的实践能力与创造能力进行培养与提高。这种教学模式要求打破传统英语教学的束缚，关注学生的学习潜力与个性特点，从而使学生成长为拥有独立学习意识与自主钻研能力的学习者。通过对研究性学习教学模式的总体论述，下面对教学展开的几个重要方面进行总结。

（1）创设适合教学的问题情境。

研究性学习教学模式主张对学生学习积极性和主动性的开发，因此在教学过程中创设一定的问题情境十分有必要。

适合教学的问题情境要能够引起学习者的求知欲望，通过将教学内容与求知心理的结合，让学生主动将自己代入到学习中。同时在这种教学模式下，学习者能够清楚地了解教学目标，因此其研究的欲望就能得到激发。教师在设计教学问题的过程中，需要考虑到问题的趣味性、挑战性，并结合学生的年龄特点进行开放性和实践性的教学。

（2）注意独立研究与合作交流的结合。

研究性学习教学模式主张学生独立思维的培养，因此教学过程中学生能够根据自己的经验对教学内容中的问题进行研究与发现。这种独立研究能够动用学习者的思维，是其主动建构知识的过程。这个过程和传统英语教学中被动的知识接受不同，能够使学习者感受到获得知识的喜悦，从而加强学生的自主意识和独立研究能力。

在研究性学习教学模式中，还需要让学生在独立研究的基础上进行同学间或班级内的合作交流活动。在这种交流活动中，学习者能够展示自己的思维过程与研究方式，并吸收同学们研究的优秀之处。在交流与融合的过程中，学生的合作意识与语言运用能力都会得到提高，同时对班级凝聚力的形成也大有裨益。

（3）教师在研究性学习教学中的作用。

在研究性学习教学模式中，教师的角色得到了改变，成为教学的指导者与促进者。相比传统的教学，这种开放性的教学环境对教师的要求有所提高。

研究性学习教学模式是一种新兴的英语教学形式，因此学习者很难在最开始完全适应，同时也不能领会到这种教学的目的与意义。而在这个过程中，教师对学生的引导十分重要。教师需要保证一定的教学效果，同时还不能过分干预学生主体性的发挥，因此这对于教师能力是重大的考验。

为了提高研究性学习教学模式的效果，教师可以利用一些新兴的英语教学手段开展教学工作。例如，通过多媒体、网络进行教学内容的展示，引起学生对其研究的兴趣。在学生研究的过程中，教师可以从中引导，并教授学生常见的研究方法。在学习结束后，教师还需要对此次教学的目的、研究内容、研究意义进行总结，从而使学生的学习主人翁意识得到增强。

四、研究性学习教学模式在英语教学中的应用

大学英语教学是学生提升语言能力的关键一环，在这个过程中使用研究性学习教学模式能够提高学生语言运用的能力，为其以后走入社会进行语言交际打下良好的基础。

研究性学习教学模式是一种开放型的教学，在英语的不同学科中都能得到广泛应用。

（1）大学英语视听说课中研究性学习教学模式的应用。

在传统的英语试听说课中，学生主动学习的热情不高，因此教学效果不理想。众多学者主张将研究性学习教学模式应用到英语视听说教学过程中，初步构建以“策略引导——多元互动——立体化”为特色的大学英语“研究性学习”视听说教学模式，如图 2-1 所示。

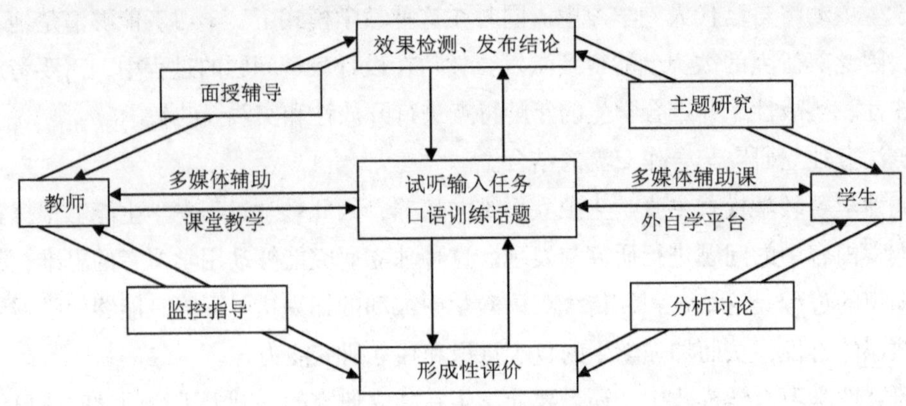

图 2-1 大学英语“研究性学习”视听说教学模式

通过对上述教学模式的分析，可以看出其教学的展开主要以学生为中心，教师在教学中起到引导作用。同时教学突破了课堂教学的限制，延伸到了课外，大大扩展了学生的学习范围。

（2）大学英语语法课中研究性学习教学模式的应用。

语法是一种规则性知识，因此对其的教学相对枯燥，需要学生进行记忆。因此在教学中提高学生的学习兴趣与学习主动性，成为提高教学质量的重要途径。在大学英语语法课中，教师可以采用原因探究的形式进行教学。这种教学方式是半控制教学，可以通过以下几个步骤展开。

① 教师创设需要解释的语法情景。

② 对教学活动任务进行解释说明，要求学生在后续练习中使用要学习的语法项目。

③ 教师提示不同的语法情况。

④ 学生根据自己的想象与语言基础进行解释。

这种研究性学习教学能够调动学生的积极性与想象力，对其语言使用能力的提高也大有裨益。

（3）大学英语词汇课中研究性学习教学模式的应用。

英语词汇具有一词多义的特点，在教学中无法穷尽每个词汇的每个含义，因此进行研究性词汇教学能够使学生自主探索词汇的含义与用法。这种方式在增加教学趣味性的同时，对学生词汇量的提高也有重要的作用。

研究性学习教学模式对大学英语教学有着重要的指导作用，教学者可以根据具体的教学实际与学生的特点展开有针对性的教学工作。

第四节　网络教学模式

随着计算机网络技术在大学英语教学中应用的不断深入和扩展，网络教学模式在具体操作的过程中积累了各种经验和教训，而这些都促进了对网络外语教学理论和实践的深入探讨和研究，从而有助于解决当前实践中的问题，也为今后的发展指明了方向。

一、网络教学模式的定义

网络教学模式是在一定的教学思想和教学理论的指导下，依托计算机网络技术，为实现一定的教学目标而构建起来的较为稳定的教学结构框架和教学方式。

二、网络教学模式的理论

任何教学模式的建构必须依据一定的教学理念和理论，教学理念和教学理论是网络教学模式的灵魂，也是构建网络教学模式的基石所在。总体上说，网络教学模式主要以语言监控理论和建构主义理论为依托展开教学。

（1）语言监控理论。

随着网络技术和资源辅助英语学习的趋向越来越明显，研究者们纷纷从不同角度来研究和探讨网络技术对外语学习辅助作用的理论基础，其中克拉申的第二语言习得理论中的语言监控理论是研究使用网络技术辅助外语学习必须依据的原理之一。

语言监控理论认为，在第二语言习得中，习得比学习更重要。为了能够习得语言，必须具备两个条件：一是能够理解的语言材料应该是“i+1”，即学习者在现有语言水平的基础上略提高一步的输入，且输入应该能被学习者所理解；二是心理障碍应该小，这样才能使输入易于吸收。

克拉申的第二语言习得理论中的语言监控理论所强调的输入语、习得、降低情感障碍的思想对于第二语言习得研究有很大的启发作用。因此，把克拉申的语言监控理论运用于大学英语网络教学，探讨语言监控理论与大学英语网络教学之间的关系，以及基于此理论指导下的网络教学模式应该怎样进行是非常有必要的。

（2）建构主义理论。

建构主义理论是 20 世纪 60 年代瑞士学者皮亚杰 (J. Piaget) 提出的。他认为人通过一定的刺激能够激发一定的认知结构，从而获得信息。随着这个理论的盛行，人们对教学的观点有所改观。建构主义认为知识是主观的，是通过自主建构意义而产生的，教师的责任是帮助学生有效建构对知识的理解，鼓励创新思维。这个观点对于网络教学模式的展开有着重要的指导意义。

总之，教学理念和教学理论是网络教学模式的灵魂，也是构建网络教学模式的基石所在。但历史发展的实践过程和逻辑论证都表明，没有哪一种教学理念或理论是完全正确的，每种理论都有优点和不足，因而都有其适用的领域。因此，我们在确定网络教学模式的理论指导之前，首先要正确理解各种思想理论的优点和不足以及适用的教学环境，包含教学对象、教学目标、教学内容、时间和经济预算等因素，然后根据自身的教学条件做出合理的选择。

三、网络教学模式的分类及其实施

基于不同的分类标准出现了不同的网络教学模式分类。每一种分类都有其依据和特点，这里以网络外语教学模式的教育学基础作为出发点，参考我国教育技术专家祝智庭教授(2001)提出的信息技术环境下的教学模式类型，探讨网络外语教学的模式分类。

（一）网络自主接受模式

网络自主接受模式一般由三种要素构成：①学习者个体；②学习内容，指网络课件，通过网络传输的、由计算机作为媒介呈现的图文声像等语言材料内容；③学习指导者，指计算机和教师。

网络自主接受模式所传递的主要是客观类的知识和技能，训练主要以选择、填空、拖动配对等具有明确答案的试题形式为主。通过设定计算机的识别和反馈程序，可以自动批改和矫正学习者的错误并提供解答。另外，还可以设定计算机程序使之自动探测学习者的学习背景和学习风格等，然后提供适合的学习材料和学习路径等，这里我们可以把计算机称之为智能导师，因为它实际上扮演了教师的角色。而对于学习者在学习过程中遇到的各种问题，尤其是一些个性化的难题，以及人际情感沟通方面的需要，教师则需要通过网络交流工具如学习论坛来帮助学习者解决问题。

（二）网络自主探索模式

网络自主探索模式的一般构成要素有：①学习者个人；②任务／问题；③参考资源；④教学指导者。

在这一模式中，学习的主要目标是提升学生的语言应用能力，而不是学习语法、词汇等客观确凿的语言知识，因此一般以完成某一具体完整的语言任务或针对某些问题阐明自己的观点作为学习的主要内容，如翻译某段文学作品或独立观看某段原版影片后写出影评等。在整个学习过程中学生会得到必要的提示和指引，一方面学生自己可以参阅网络资源或图书列表，另一方面教师会通过电子邮件、论坛等交流工具检查并督促学习者的进度，指导学生解决遇到的问题，并给予必要的评价和总结。

（三）网络集体传递模式

网络集体传递模式的一般构成要素是：①学习者群体；②学习资源；③教学指导者。

这一模式一般有两种教学过程。其一是完全虚拟的网络课堂，教师和学生群体在统一的时间登录特定的网络“班级”，教师讲解新课学习内容，组织练习、讨论等学习活动，解答学生的提问，给予必要的反馈指导。其二是自学加集体指导型，学生选择自己方便的时间自主观看教师布置的学习资源，如以图文声像等呈现的多媒体课件，然后在统一时间教师通过网络实时教学系统为学生提供集体指导、讲解和答疑。

（四）网络协作探究模式

网络协作探究模式的一般构成要素包括以下四种。

① 学习者小组。学习者扮演的角色是进行小组自主分工、制订协作计划、定期自查、完成计划、总结发言并提交作品。

② 任务 / 项目。这是网络协作探究模式的核心要素，主要教学理念是让学习者通过使用目标语言合作完成较为复杂的项目或任务，提高自身的语言综合应用能力和团队协作能力，其中项目或任务往往是与社会生活或工作紧密相关的，如策划一个产品的销售方案。

③ 参考资源。

④ 教学指导者。这里的教学指导者即教师。在项目或任务的完成过程中教师给予必要的引导，如协助小组进行分工、提供可能的资源索引、对语言应用的错误给予必要矫正、协调可能出现的矛盾、督促进度、组织评估等。

这种教学模式的宗旨就是构建一个虚拟的真实任务情境，帮助学习者在这个情境中通过使用目标语言来提高外语水平。任务 / 项目的选择视学习者的兴趣和语言程度而定，如果学习者小组的语言应用水平比较低，那么在设计任务、项目时也要与学习者的语言能力水平相适应，不能差之太远。

（五）网络综合教学模式

在实际的网络外语教学中，根据师资、教学目标以及技术开发水平等条件往往综合应用不同模式的各种教学手段。例如，大学英语综合教程某一单元的网上教学过程是：学生自主观看该单元的网络课件，完成网上的填空、选择、拖动配对等练习并得到计算机的自动批改反馈，如果该学生已经达到本单元客观知识技能的基本要求，则会进入本单元的自主探索部分，会要求他（她）研读一份额外的主题材料并完成一份评述报告，在研读和写作的过程中教师会通过电子邮件 / 学习论坛等方式给学生必要的引导和提示。

这一网络教学过程就融合了网络自主接受模式和网络自主探索模式的部分教学手段，我们将这种混合的应用称为网络综合教学模式。我们认为在设计和确定教学模式时，应该综合考虑教学目标、师资力量、学习者的学习风格等各种因素，选择应用合理的教学活动。只要有利于实现教学目标，就可以采用综合的网络教学模式。需要说明的是，这一模式的划分方法与其他分类方式并不矛盾，只是参考的角度不同而已。

第三章　基于学生视角的大学英语教学目标构建

第一节　大学英语教学目标的演变

大学英语教学目标是大学英语教学活动的出发点，因为教学目标的内涵及其定位直接关系着教学内容、教学模式、教学方法、教学评价及教材设计，它既是大学英语教学的起点，也是大学英语教学的最终归宿和评价依据。因此大学英语教学目标是整个大学英语教学活动的基础、根本和出发点。

20 世纪 60 年代以前，我国大学英语在教学思想、教学目标等方面缺乏有效的指导，当时对于外语教育应该教什么、怎么教、怎么评价等都处于完全自发的探索阶段。1962 年，教育部颁布了第一个高等工业学校本科五年制各类专业使用的《英语教学大纲（试行草案）高等工业学校本科五年制各类专业适用》，第一次明确提出了公共英语教学目标是通过公共英语学习为学生今后阅读本专业英语书刊打下较扎实的语言基础（上海交通大学外语教研室，1963：2）。尽管这份教学大纲从整体上看主要是依据公共《俄语教学大纲》来拟定的，其拟定的公共英语教学目标与俄文教学大纲的要求相仿，但是当时在公共英语教学实践缺乏相应教学理论指导的条件下，这份英语教学大纲为当时及以后的各高等院校公共英语教学实践提供了很重要的参考价值。自 1962 年确立了“为阅读本专业英语书刊打下较扎实的语言基础”的教学目标后，我国先后对大学英语教学大纲共进行了六次修订，每一次修订都对每一阶段的英语教学目标进行重新定位。从历次大纲对大学英语教学目标的表述和说明中可以看出，我国大学英语教学目标经历了从 2004 年前突出强调语言教学的工具性向 2004 年后注重语言教学的工具性和人文性融合的历史演变历程。

一、2004 年以前：突出强调语言教学的工具性

从历届大学英语教学大纲和教学目标的制定中可以发现，对学生阅读能力的重视和强调是我国大学英语教学的一贯传统。从 1962 年的第一份大学英语教学大纲把阅读当成唯一的教学目标开始，直到 1999 年大学英语教学大纲仍然把阅读看成是第一层次教学目标。

可见，在这几十年的英语发展历程中，我国大学英语教学始终把阅读放在首要的位置。因此，在某种程度上说，阅读教学主导着我国大学英语教学的全部。

建国初期，我国很多高校对公共英语教学还没有引起足够的重视。当时大部分高校主流的公共外语课教学是俄语教学，公共英语课的教学目标基本上是参照俄文的教学目标设置的，继承了俄文教学以“阅读为主”的教学目标。在1962年颁布的《英语教学大纲（试行草案）高等工业学校本科五年制各类专业适用》中规定：“为学生今后阅读专业英语书刊打下较扎实的语言基础……”“掌握阅读一般科学技术书籍所必需的语法知识；能借助词典不很困难地、独立地阅读内容为学生所能理解的一般科学技术书籍，并能正确地译成汉语；能阅读难易程度和第四阶段末的课文相仿的文章。”能阅读难易程度和第四阶段末的课文相仿的文章（生词10个左右），每课时速必须达到2200~2500印刷符号，笔译速度必须达到1000~1200印刷符号。“从第五或第六学期到第九学期要求阅读15~18万印刷符号，或笔译7~9万印刷符号；要求记忆1000个生词；每小时的阅读速度达5000印刷符号左右……”（上海交通大学外语教研室，1963：12-13）

在1980年的教学大纲中规定：“基础英语教学阶段为学生阅读英语科技书刊打下较扎实的语言基础。“专业阅读教学阶段使学生具备比较顺利地阅读有关专业的英语书刊的能力。”具体要求为：“基础阶段结束时能阅读与后期课文难易程度相当、内容可以为学生理解的科普或一般科技文章，理解正确，并能作中文摘要。阅读速度为每小时2500~3000印刷符号（生词不超过15个）。”“专业阅读阶段结束时，阅读有关书刊的速度应达到每小时4000~5000印刷符号。从基础阶段后期要注意快速阅读能力的培养。”（中华人民共和国教育部，1980:7）从以上两个教学大纲的规定中我们可以看出，与1962年英语教学大纲的教学目标相比，1980年的英语教学大纲中的教学目标有了一些变化。但从深层次上看，两者在本质上并没有多大的改变。我们可以发现两者都把“专业书刊阅读”确立为教学的唯一教学目标。究其原因主要是当时国家着力于恢复和发展经济，需要大批的翻译人才尤其是科技领域的外语人才，同时也与当时公共英语教学处于起步阶段、学生入学时英语基础水平较低及英语教学环境和条件都非常低下等实际情况相关。因此，在此意义上，“阅读专业英语书刊”的教学目标是和当时我国的实际发展状况相符合的。

20世纪80年代后，随着社会和教育现实的改变，大学英语教学目标也随之发生了很大的变化。国家进一步对外开放政策的实施使得社会对高校英语教学的要求不再仅仅局限于对学生阅读能力的培养，以往的单一培养学生阅读能力的教学目标无法适应时代发展的需求。1985~1986年的大学英语教学大纲在教学目标的表达中，确立了“阅读为主，兼顾其他”的基调：“将技能的训练分为三个层次，即较强的阅读能力、一定的听和译的能力、初步的写和说的能力，使学生能以英语为工具，获取专业所需要的信息，并为进一步提高英语水平打下较好的基础。”（大学文理科英语教学大纲修订组，1986：312) 1985~1986年的大学英语教学大纲中的教学目标为了更好地落实读、听、说、写等几个方面的能力，把教学目标具体划分为三个层次，呈现出以下几方面的显著特点：第一，对听、说、读、写的要求有所提高；第二，在1986年的教学大纲中的教学目标表述中取消了对“译”能力的要求；第三，提出了分级教学的要求。

20世纪90年代，为了满足社会对大学毕业生英语能力的要求，我国大学英语教学再一次掀起改革的浪潮。当时，用人单位对大学毕业生的英语综合能力普遍感到不满意，尤其是对学生的口语及写作能力则更为不满。经过十几年的改革开放和中学及大学英语教学的改革，大学生们迫切希望进一步提高口语和写作能力，因此，全面提高大学生的读、听、说、写、译等能力已显得日益重要(黄建滨，1998：20-22)。1999年《大纲（修订本）》将教学目标具体表述为：“培养学生具有较强的阅读能力和一定的听、说、写、译能力，使他们能用英语交流信息。大学英语教学应帮助学生打下扎实的语言基础，掌握良好的语言学习方法，提高文化素养，以适应社会发展和经济建设的需要。”(大学英语教学大纲修订工作组，1999：17)从以上的论述中可以看出，1999年《大纲（修订本）》的教学目标对大学生语言应用能力的要求从原理工科大纲和文理科大纲的三个层次变为两个层次，将听、说、写、译列为同一层次，这是本次大纲的一个重大修订。该目标中的“用英语交流信息”，比起原理工科大纲和文理科大纲提出的单向的“以英语为工具获取专业所需要的信息”的教学目标要求提高了许多，内容方面也进行了拓宽。同时，1999年《大纲（修订本）》还提出大学英语教学应帮助学生“掌握良好的语言学习方法”。因为学生是教学的主体，传授的知识要由学生加以理解、吸收，能力的培养要靠学生的实践(大学英语教学大纲修订工作组，1999：17)。另外，在1999年的英语教学《大纲（修订本）》中，阅读能力仍然是大学英语教学目标的首要能力，没有规定英语各项技能的均衡发展，没有明确提出语言交际能力的培养(郑磊，2005：21-25)。

二、2004年后：注重语言教学工具性与人文性的融合

1999年《大纲（修订本）》中大学英语教学虽然增加了“用英语交流信息”这一目标，但培养学生的阅读能力始终是《大纲（修订本）》的首要教学目标，听、说、写、译是亚于阅读的第二层次，同时，《大纲（修订本）》中并没有明确提出要培养学生跨文化交际能力这一目标。正因为如此，1999年《大纲（修订本）》的教学目标受到许多专家学者们的质疑。2002年和2003年，教育部曾积极酝酿新一轮的大学英语教学改革。教育部高教司司长张尧学曾撰文指出：“转变思想，把由培养学生阅读能力为重点转变到提高学生综合性实用能力上来。……我们必须把听力和交流放在英语教学的重要位置，并全面发展和提高学生的听、说、读、写能力。”（张尧学，2002：3-5，8）

2004年的《课程要求（试行）》规定：“大学英语的教学目标是培养学生英语综合应用能力，特别是听说能力，使他们在今后的工作和社会交往中能用英语有效地进行口头和书面的信息交流，同时增强其自主学习能力、提高综合文化素养，以适应我国经济发展和国际交流的需要。”（教育部高教司，2004:4）从以上的文件中可以看出，《课程要求（试行）》把教学目标确立为“培养学生英语综合应用能力，特别是听说能力”，这是英语教学改革

的一个重大突破，它在强调听、说、读、写、译各种能力协调发展的同时，把听和说放在英语教学的重要位置。另外，《课程要求（试行）》还强调了对学生文化素养的培养这一要求，很多人都意识到了大学英语教学不仅要教给学生英语知识，更为重要的是要提高大学生的人文素养。这一目标的确立不但体现了社会发展的要求，同时也体现了语言教学理论在实践中的具体运用。

另外，为了体现大学英语教学的灵活性和多样性的特征，满足不同层次、不同地域学校的不同要求，《课程要求（试行）》把教学目标以要求的形式分为三个层次：一般要求、较高要求和更高要求。这三个层次的要求都分别包含了英语语言知识、应用技能、学习策略和跨文化交际等方面的内容，并以定性和定量的描述体现大学英语教学的指导思想，即强调培养学生的英语听说能力，以及读、写、译等英语综合应用能力和专业英语技能（王守仁，2004：4-8)。

2007 年教育部正式颁布的《课程要求》明确指出：大学英语的教学目标是培养学生的英语综合应用能力，特别是听说能力，使他们在今后的学习、工作和社会交往中能用英语有效地进行交际，同时增强其自主学习能力，提高综合文化素养，以适应我国社会发展和国际交流的需要。与前几次大学英语教学目标改革相比可以发现，《课程要求》把教学目标确立为“培养学生英语综合应用能力，特别是听说能力”，是对《课程要求（试行）》的教学目标的进一步肯定，在强调听、说、读、写、译各种能力协调发展的同时，听和说的能力在大学英语教学中的地位较以前有了很大提升。另外，《课程要求》还重点强调了对大学生人文素养的培养和提高，这个目标的确立不但体现了顺应社会发展的要求，同时还体现了对语言教学本质认识的进一步深化。从以上的论述中可以看出，《课程要求》所提出的教学目标方面较以前有了质的提升和飞跃。

第二节　确立大学英语教学目标的依据

教学目标是选择教学内容、教学方法、教学模式、教学评价等方面的基本依据，因此，自 20 世纪以来，教学目标一直是课程和教学研究者所关注的焦点。由于教学目标自身的极端重要性和复杂性，不同学者对其有不同的认识和理解，由此导致了教学目标概念的多样性，其中杜威 (Dewey) 和泰勒 (R. W Tyler) 是教学目标的重要代表人物。美国著名教育家、哲学家杜威在《我的教育信条》(1897 年)、《学校与社会》(1900 年)、《儿童与课程》(1902 年) 等著作中阐述了他对教学目标的深刻见解，他认为：教学目标应该考虑到学生的发展、社会的发展及学科本身的发展等三方面因素。泰勒 1949 年在《课程与教学的基本原理》中用一种中立的态度把学习者的需求、社会生活的需要及学科本身的发展列为课程目标的三个来源，而且学习者、社会生活、学科三者之间是一种并列的关系。这种观点对以后确立教学目标产生了重要影响——很多教学目标的制定都以此作为自己的理论依据。大学英语教学目标的制定也深受这种观念的影响，而且把学生、社会生活及英语自身的发展特点确定为大学英语教学目标的来源。具体而言，对大学英语教学而言，研究学生意味着对学生心理发展的各个方面的特征及学生语言学习的特点等方面予以高度的关注；研究社会生活意味着对当代社会生活发展内容、需求等方面的特征进行相应的分析；研究英语发展意味着对英语这门学科自身的性质及发展现状进行相应的研究和了解，进而制定合理的英语教学目标。在制定英语教学目标的过程中，必须首先认清学生、社会生活、学科这三个要素之间是一种相互平行的关系。所以，在教学目标的制定过程中，如果过分强调其中的某一因素，就会造成顾此失彼的局面，有时甚至还会走向极端。大学英语教学目标的确定就是基于学生、社会生活及学科发展三位一体的融合。

一、对学习者的研究

分析大学英语教学目标的制定，必须从学生视角入手，了解当代大学生的心理特征、学习特点及英语学习状况等几个方面。

（一）当代大学生的心理特征

随着社会的进步和发展，我国大学生的年龄特征日益趋于“年轻化”，多数大学生处于18~24岁这一年龄阶段。这个年龄阶段的学生在生理发展方面虽然已接近完成，但心理发展还处于未成熟阶段，心理发展和生理发展两者间不是同步的。因此，如何使学生的心理和生理发展达到平衡，从而促进其健康地成长，是教学中应该考虑的重要问题。当代大学生的心理特征主要表现在以下几个方面。

一是智力发展达到高峰。大学生正处于青春发育关键期，思维活跃，记忆力和接受力都比较强。学生通过学习系统的专业知识和技能，其想象力和创造力等方面得到很充分的发展，智力水平总体上得到质的飞跃。同时，随着智力水平的提高，分析问题、解决问题的能力等方面也会逐步增强。这足以说明从心理发展的角度来讲，大学是一个人智力发展的高峰期。

二是自我概念的增强与认知能力发展不协调。青少年时期是一个人自我意识发展的高峰期和加速期，学生心理发展的各个方面都经历前所未有的变化。自我概念是自我意识发展的一个重要方面，其发展速度的快慢一方面与学生的年龄有关，另一方面还与学生的知识水平有关。据相关研究显示，学生的文化素养与其自我意识水平呈显性的正相关。基于这两个方面的原因，大学时期是学生真正认识自我的重要时期，许多学生尤其注重对自己的体型、外貌等各个方面进行自我评估，通常将自我分割开来，常常将自己划分为理想中的我与现实中的我及主体中的我和客体中的我等几个方面。他们不仅很在乎自己的外部特征，而且力图理解自己的内在情感，以期能对自己各个方面有更加全面的了解和希望别的同学能真正地理解自己，从而更好地设计自我发展模式和塑造自己的形象。另外，大学生是一个特殊的群体，对社会上的一些问题比较敏感，具有“正义”精神，自身具有较高的文化素质，对社会上的种种事情有着自己独特的见解。所以从某种程度上讲，大学生是一个具有很强责任心的群体，他们不仅关注当今社会发展趋势，还关注整个社会的发展和进步。另外，大学生还是社会的“活跃”分子，积极参与各项社会活动，对社会上的舆论发表自己的看法和观点。然而，由于受生活空间、人生阅历及社会实践等多方面的限制，大学生对一些社会、人生等问题的认识还比较肤浅，这就导致了大学生的自我概念和自我认识的不一致。

三是情感丰富但不稳定。情感是内心的真实体验和表达，其丰富性与人的情绪直接相关。大学生这一特殊群体对周围的人、事、物极其敏感．其内心情感体验随着文化知识、生活阅历等方面的拓展而不断丰富。虽然大学生喜欢追求个性化，但是其价值观念很容易受环境影响而时常“波动”，加上生理、学业、生活等方面的原因，他们的情绪波动性极大，这使得大学生生活在情感体验的丰富性与情绪极其不稳定的冲突之中。

四是大学生个体的社会化增强。人生活于社会中并时刻受到社会文化、政治、经济等诸多方面的影响和制约。行为主义学派认为，外部因素是影响人发展的重要方面，尤其是个人生存的周边环境对他的人格的发展具有重要影响。班杜拉 (Bandura) 是行为主义的主要代表人物之一，他认为个体的任何人格特质的形成，都是在社会环境中通过耳濡目染向他人学习获得的，其学习的主要手段是观察和模仿。学生升入大学以后，他生存的周围环境变了，大学校园的社会化程度远远高于中学阶段。因此，大学生个体适应性随着环境的变化而日益增强。从本质上来说，大学生个体的社会化程度增强是在主观要求和客观环境双重压力下共同作用的结果。

（二）当代大学生的学习特点

当代大学生的学习特点主要表现为以下几个方面。

一是自主性。大学和中学学习特点的重要区别在于学习的“主动性”和“被动性”。表面上看来，大学相对于中学自由许多，因为大学里除了上课时间外，其余大部分时间由学生自己控制，在学习上好像较中学轻松了些。但从实质上讲，大学里的学习不仅仅意味着“读书”，学习和读书在字面上好像没有多大的区别，但学习的范同较读书广泛得多。大学中的学习不仅仅意味着学书本知识，学习的范围扩展了——听一堂讲座、参加一项学校组织的活动等都是学习。所以大学里的学习具有自觉性、开放性等特征。

二是专业性。专业性是大学生学习的又一特征。大学生们除了学习一些公共知识外还要学习自己专业领域的专业知识。这意味着在报考学校之前首先要对自己报考的学校有所了解，然后再根据自己的兴趣、性格、职业偏好等因素来选择所要报考的专业，这样才能在进入大学后结合自己的个性特点更好地发挥自己的潜能，学好自己所选的专业。

三是多样性。这里所谓的多样不仅指大学生学习内容的多样，还意味着学习方式的多样等多个方面。大学的学习环境本来就是一个很多元的文化环境，在这种环境中，学生们通过专题报告、社会实践调研、网络资源等多种渠道自由地进行学习和探索。当然，这里的多样不是对个人独特性的否定，相反，正是这种多样的文化环境，大学生的独特性才能发挥到极致。

（三）当代大学生的英语学习状况

我国大学英语教学自新中国成立以来确实取得了一些显著的成绩，大学生的英语学习观念已从仅仅局限于对英语阅读能力的重视转变为注重听、说、读、写、译等综合英语能力，英语水平较以前有了很大提高。但总的来说，我国大学生英语学习状况在很多方面还有待改进和提高。

1. 各种基本语言能力有待提高

英语的基本能力主要包括听、说、读、写、译等几个方面。尽管大学生学习英语的时间从八年到十余年不等，但由于诸多方面的原因，大学生的英语水平仍然不尽如人意，尤其是学生的听说能力亟待提高。大部分学生对于英语的学习仍然停留在阅读的层面——主要目的是为了考试、过级等。学了十年左右的英语，“哑巴英语”现象依然比较突出。同时，大学生的英语阅读、写作和翻译的能力也有待提高。阅读是大部分学生的优势，但对于一些难度较大、句子结构较复杂的文章，很多学生由于词汇量、阅读方法和背景知识等原因而无法理解；对于写作和翻译，很多学生都把这两者看成是考试的“分内事”，平时很少用英语写作或翻译文章（少数人除外）。所以大学生英语基本能力虽然较以前有所提高，但还需不断地完善。

2. 英语学习的“僵化现象”较为严重

“僵化现象”是高校学生学习英语的普遍现象。僵化现象指大学生在学习英语过程中，当英语水平达到某种程度的时候就处于一种停滞不前甚至倒退的现象。导致这种现象的原因是多方面的，如学生的认知、情感、价值观方面等。最后不少学生失去对英语的学习兴趣，甚至形成逆反心理而无法完成学业或找到一份比较满意的工作，这一方面反映了英语的重要地位，另一方面也反映出学生对英语学习态度的偏离。学习本身就是一个持续发展的过程，只有起点而没有终点，这种“僵化现象”是一种“自我满足”的“慰藉”。学生想学好英语，教师想有效教学，首先必须铲除这种“僵化现象”。

二、对社会生活的研究

对当代社会生活特征和需求的分析理应是大学英语教学目标的重要来源之一。正如联合国教育、科学及文化组织（简称联合国教科文组织）的报告书《学会生存》所指出的：“现在，教育在全世界的发展正倾向于先于经济发展，这在人类历史上大概还是第一次。……现在，教育在历史上第一次为一个尚未存在的社会培养新人。”（联合国教育、科学及文化组织国际教育发展委员会，1996：35-37）这就意味着大学英语教学目标的设置不仅要反映现实社会的需求，还要符合未来社会的发展趋势。因此，在大学英语教学目标体系的建构中，一方面要对社会生活需求作为教学目标取向而对社会生活内容加以分析，另一方面还应对当代社会生活的显著特征加以深层次的探讨。

（一）知识经济社会已经来临

社会经济的发展是促使教学改革的重要原因，大学英语教学的发展也必然与社会经济的发展步伐相协调。对人类社会经济的发展可以分为不同的阶段进行考察。知识经济是建立在知识的生产、交换、分配、使用和消费基础上的一种新的经济类型，知识经济与传统的以土地资源为基础的农业经济及以原材料、能源为基础的工业经济在很多方面都具有不同的特点。知识经济主要是以高科技产业为第一支柱产业，以知识的不断积累、进步为首要依托。在知识经济的影响下，经济增长的动力、方式及结构等方面发生了根本的变化。知识经济的出现不仅改变了经济结构本身，而且对社会结构的改变也产生重要影响。知识、智力等因素在知识经济中无疑具有决定性的作用。在生产领域中，知识经济主要是以高科技产业为支柱，而高科技又是高技术产业得以实现的重要资源依托。在知识经济社会中，人们的消费标准也相应地发生了重要改变，消费品主要是以高技术产品和通过信息产生的知识为主。所以知识经济在内容上主要表现为信息科学技术、生命科学技术、新能源与可再生资源、空间科学技术、海洋科学技术等方面。这种知识形态不仅可以促进人与自然的协调发展，更为重要的是这种知识形态为人的可持续发展提供了新的视角，而创新是知识经济社会中最为本质的特点。

可见，知识经济主要强调的是个体对知识和信息的占用和应用，而创新是对一个人发展的基本要求。有学者认为，生活在知识经济社会中的人需要三张通行证，即学术性通行证，包括读、写、算的能力；职业性通行证，就是在急速发展的世界里工作所需要的职业素养和技能；开拓技能的通行证，强调思维、规划、合作、交流、组织、解决问题和追踪等不同的能力（靳玉乐，2003:4）。由此可以看出，知识经济时代对人的素质要求是很全面的，同时社会经济的发展对教育的影响及冲击也是全方位的。由此，知识的内涵在知识经济社会中也得到了拓展，其中包括了西方 20 世纪 60 年代以来关于求知的“4 个 W”概念，即“知道是什么 (Know-What)”“知道是谁 (Know-Who)”“知道为什么 (Know-Why)”“知道怎么做 (Know-How)”。这样，知识就不再仅仅是强迫学生接受事实性的概念和原理，而变成可以探究的问题。知识经济社会的最大特征就是高科技的高速发展，许多高科技产业在知识社会中不断涌现。知识经济社会不仅要求每个人具备自主学习的能力、自我选择的能力，而且还要求个体拥有知识技能，掌握学习过程与方法，并且形成良好的情感态度和正确的价值观，做到全面和谐的发展。对于大学生而言，应努力做到以下几个方面的统一：① 是基础性学力与创造性学力的统一；② 是科技素质与人文素质的统一；③ 是智力因素与非智力因素的统一；④ 是全面提高与个性发展的统一；⑤ 是书本知识与实践能力的统一；⑥ 是体格健壮与心理健康的统一；⑦ 是教师辅导与自主学习的统一 (安焕晓，原玉廷，2001: 15-17)。知识经济对教育的要求也必然反映到大学英语教学中来，所以大学英语教学理应与知识经济社会发展对人的各方面素质要求相适应。目前，我国大学英语教学中有许多方面与时代发展的步伐不相适应，这从客观上要求我们必须对大学英语教学现状进行全面反思，以促使大学英语教学与知识经济的发展变化相协调、相适应。

（二）全球文化多样性的价值诉求

人类一直在进行发明创造，进行相互间的文化交流。20 世纪 50 年代以来，随着世界经济与科技的迅猛发展，全球化的进程日益加快。信息技术的快速发展把世界紧密地联系在一起，这也促使全球文化的多样性得以不断的延续和更新。随着 21 世纪的到来，历史翻开了新的一页，世界人民正在书写新的历史。迅捷而全球化的交流、旅游和网络，为人们体验和发明一起生活的新方式创造了前所未有的空间。各地的人们正在广阔的全球共有土地上，重新调整自己，以便保存自己的部分传统，同时从事文化交流，重新确定在这个小小的星球上与邻居的关系（联合国教育、科学及文化组织，2002:9）。全球化不仅带来了经济的快速发展，而且促使了技术的更新换代，经济全球化在带给人类经济繁荣的同时，也带来了许多社会和民族问题，而影响最为深远的则是对人类文化价值观的影响，在带给人类文化多元化的同时也带来了不同民族、国家之间的文化冲突。所以，在当前国际背景下，文化多样性的延续和更新面临着新的挑战。全球化在为文化交流创造新机遇的同时，新的容忍方式和新的入侵方式也悄然出现。仇恨外国人、种族主义、民族战争、偏见、耻辱、种族隔离、种族和性别歧视等正在世界各地产生暴力，使人民遭受种种的苦难。联合国教科文组织在 2000 年发布的世界文化报告的标题——多样性、冲突与多元并存，清楚地阐释了当前全球文化所面临的机遇与挑战。心理学家克里珀 (Kripper) 曾说：“我们是自己文化资产的受益人，也是文化狭隘的受害者。”我们不但要学会资讯的连接，也要学会人与人的联结。我们现在越来越清楚：这个世界上从来没有一个文化、历史上从来没有一个时代能解答所有问题。我们现在正努力从过去、从整个地球汇集我们集体的智慧（陈美如，2000:1）。

教育与文化自古以来就有着密切的关系。关于教育与文化关系的论述有多种方式，如教育有选择文化的功能、教育有传递文化的功能、教育有创造文化的功能、教育有整合文化的功能及教育有改造文化的功能等。所以，从这些论述中可以看到，教育中的各个方面都深深地打上了文化的烙印。在面对全球文化所带来的机遇与挑战的时候，大学生必须.掌握英语的“跨文化交流能力”。“跨文化交流能力”与“跨文化交际能力”在概念上有很大差别。跨文化交际能力主要指的是大学生将英语作为一种交际工具来进行掌握和理解，在设定的言语环境中，按照特定的交际目的来学习英语，最终掌握并运用英语与不同文化背景的人进行交际的能力。英语教学的跨文化性，决定了这一交际能力具有更广泛的内涵，它应使大学生在学习英语的过程中，不仅从学习英语知识的具体层面来进行理解，更应上升到文化理解、文化洞察与分析的抽象和理性的层面。因此，大学英语教学不应把培养具有跨文化交际能力人才的教学目标局限于培养交际工具个体，而应把学生培养成为“跨文化交流”的使者，使学生拥有对不同文化的敏锐洞察力和进行分析比较的能力。

三、对学科发展的研究

在我国，大学英语指为非外语专业的大学生开设的英语课程，是一门重要的基础课。1949~1985 年这段时期，大学英语课一直被称为公共英语课；1985 年 2 月教育部批准印发《大学英语教学大纲（高等学校理工科本科用）》后，"公共英语"才被"大学英语"所替换。教育部于 1985 年 11 月设立了大学外语教材编审委员会，替代了原有的理工科公共外语教材编审委员会。1986 年 11 月，中国公共外语教学研究会更名为中国大学外语教学研究会。"公共英语"逐步被"大学英语"这个名称所替代。

在经济全球化和文化多元化浪潮的猛烈冲击下，语言全球化的趋势表现得非常明显，英语几乎成了世界上大多数非英语国家的第一外语。总体上看，我国国民整体的英语水平相对于改革开放以前已经有了显著的变化和提高。随着我国高校学生自身素质的变化，大学英语学科自身及大学英语教学方式也要随之做出相应的改革。大学英语学科发展的应然趋势要求大学英语教学除了注重向学生传授英语及与之相关的知识外，还要注重向学生传授人文性知识，为学生开设相应的知识性、文化性等方面的课程。但是，传统的大学英语教学出现过分偏重英语知识和技能、重视英语教学的工具化等不良趋向，英语教学中的人文性被严重地忽视了。这样的教学现实与英语学科发展的应然趋势是相违背的。

大学英语教学质量和学生的英语学习素养要想真正得以提高，必须注重对学生人文素养的培养，实现工具性和人文性的协调发展。

第三节 基于学生视角下大学英语教学目标体系建构

大学英语教学目标与其他学科的教学目标相比，既有共性，又有独特性。在对大学英语教学目标特点及当前大学英语教学目标中存在的问题进行了解的基础上，笔者拟站在学生的视角对当代大学英语的教学目标体系从总体和具体两个方面进行建构。

一、大学英语教学目标的特点

（一）发展性

教育是一个动态性的、发展性的系统工程，与社会文化的发展紧密相关。教学作为教育系统中的一个重要组成部分，其目标的制定、修正、完善等都是与社会文化的客观需求及学科自身的发展变革相联系的。英语教学作为一种文化的存在，理应随着社会文化的发展而不断发展、更新，所以大学英语教学目标的制定不能仅仅停留在英语知识学习的层面上，而更应该致力于提高学习者的人文素养这一最终目标。通过英语学习，一方面可以了解到他国文化，另一方面可以更好地把中华文化介绍到世界各地，与来自不同国家、民族的人士进行跨文化交流和学习。这在客观上要求在制定大学英语教学目标的过程中必须考虑到国内外政治、经济、文化、教育等各方面的发展状况和现实境遇。从历次英语教学大纲的制定中可以明显地发现英语教学目标的这种动态、发展的特性。所以，无论从自身的发展过程还是从外部文化环境分析，发展性是大学英语教学目标的首要特征。

（二）统整性

大学英语教学目标是学生通过学习可能或定能达到的结果，可分为总目标和若干亚目标，而各亚目标构成英语教学的总目标体系。从我国英语教学大纲目标的演进历程来看，其制定是一个从不协调到协调的过程，即由以前的阅读为主导的英语教学目标逐步演变为以听、说、读、写、译等几个方面协调融合的目标体系，而这正是英语教学目标的真正特点所在。有学者认为："教学的艺术在于把一个复杂的最终产物分解为必须分别并按某种顺序达到的组成部分。教授任何一种事物，便是在向着终极目标前进时，一面记住所要达到的最终模型，一面集中力量走好每一步。"（布卢姆，1987：14）这充分说明教学目标统整性的重要意义。对大学英语教学目标的分析和理解，可以先从人自身发展的角度来进行理解。人的发展可以视为人各个发展方面的协调，从学生的视角来看人的发展，可以把人视为一种整体文化精神的存在。反映到大学英语教学中就是人的各个方面的全面协调发展，即学生在英语学习的过程中，不仅要培养阅读能力，还要注重听、说、读、写、译等几个方面的协调发展；不仅要注重英语学习的结果，还要注重在英语学习中的内在体验；不仅要注重英语学习的实用性，还要注重英语学习的人文性等。所以在大学英语教学目标的制定中，我们理应从人发展的协调性方面进行多方面考虑，把大学英语教学视为一种整体性的存在，即在大学英语教学目标制定的过程中，既要关注对学生英语知识、能力（包括跨文化交流能力）的培养，又要关注学生的情感、态度、价值观等方面，从而实现大学英语工具性目标与人文性目标的协调发展。

（三）层次性

关于层次性，不同的人对其有不同的认识和理解。从学生的角度对教学目标进行分析和理解可以发现，大学英语教学目标从一定程度上看，可以被视为一个由多维目标所组成的整体系统，但各个教学目标并不处于同一个层面之上，而是分级存在的。也就是说大学英语教学目标可以分解为诸个亚目标，如听、说、读、写、译等几个方面，然后对每个亚目进行再次分解。当然，这是从大学英语教学目标所蕴含的内容方面进行的划分，与前述的统整性教学目标并不矛盾，而是白成一体性的关系，这是因为大学英语教学目标的层次性是其统整性的重要组成部分。较低层次的教学目标是较高层次教学目标的分解或具体化，较高层次教学目标的实现以较低层次教学日标的实现为基础。各项教学目标的实现都要遵循从易到难、从简到繁，一级一级地向上发展。当教学达到某一目标时，便为实现高一级的目标打下了基础，并向终极目标迈进了一步。越过较低层次教学目标而直接实现较高层次的目标是不现实的，难以取得理想效果(田慧生，李如密，1999: 73)。所以层次性也是大学英语教学目标的一个重要特点。

二、大学英语教学目标的缺陷

(一)大学英语教学目标的理性化与单一化

教学目标的最终目的是促进学生的全面、和谐发展，全面性、和谐性理应成为大学英语教学目标的价值诉求。但在大学英语教学目标的实际制定中却发现，理性化和单一化是主导我国大学英语教学目标的两大因素。目前，大学英语课程追求的是精确的教学目标，在很多大学英语教材中的每章节中都有明确的教学要求，并以教师的教学大纲、教学案例等多种形式反映出来。如对大学生的听、说、读、写、译等方面的能力要求或训练通常被人为地分割成几段而被单一地提出来，这就导致了学生需要在各个不同的时期内严格地按照教材上的要求而训练、强化或巩固一个个规定好的知识目标，以此来“促进”人的发展。在这种理性化教学目标的教学体系中，学生的内在情感、人格等非理性方面的发展被严重地忽视了。这从笔者对两位教师的访谈可以看出。

访谈 1：

A 教师是有二十五年高校教龄的教师。笔者观察了她的两节读写课程教学后，就本次教学活动的目标对她进行了访谈。

笔者：请问您本次教学目标是什么?

A 教师：首先复习上次教学内容，以帮助学生巩固并运用所学的语言知识。然后通过生词学习和课文讲解让学生能掌握、运用更多新的语言知识。

笔者：请谈一谈您确定这次教学活动目标的依据是什么?

A 教师：课文内容。

笔者：您的意思是说您通常是根据某次教学活动的内容来设定教学目标的?

A 教师：是的，教学目标主要是让学生掌握、运用语言知识。

笔者：在教学过程中，您是否会通过教学内容来关注学生正确的情感、态度、价值观的培养与形成?

A 教师：外语课时间本来就很少. 加上内容又很多，在课堂上无暇顾及这些。我认为这些东西主要是通过辅导员和思想政治课来完成，同时靠学生的自我学习与修炼。

笔者：哦，谢谢。

A 教师：不客气。

从上面的访谈可以看出，教师选择教学目标的依据是根据教学内容来进行的，特别关注学生语言知识的获取，忽略了学生语言学习的过程与方法，更忽视了对学生良好情感、态度和正确价值观形成的培养。对此，该教师对大学英语教学目标的理解是，除语言知识这个目标之外，其余的目标应该由其他课程和思想教育来达成，这是一种对大学英语教学目标的狭隘理解。

访谈 2:

B 教师是有五年高校教龄的年轻教师。笔者观察了他的两节读写课程教学后，就本次教学活动的目标对他进行了访谈。

笔者：您刚才的课讲得很生动，气氛很活跃。

B 教师：谢谢您的夸奖。

笔者：我可以问您几个问题吗？

B 教师：欢迎。

笔者：请问您本次教学目标是什么？

B 教师：首先是通过游戏形式帮助学生复习、掌握上次所学的重要词汇和短语，然后通过问答形式激发学生对新课文的兴趣，接下来是通过师生活动，尤其是通过快读、查读等形式和教师的必要讲解，让学生从整体和局部两个方面了解课文大意和重要的语言知识，并进一步强化学生运用基本阅读技巧进行阅读的习惯与能力。

笔者：能否将本次教学目标概括为让学生掌握重要的语言知识，如词汇、短语，让学生从整体的角度了解什么是 culture shock 和适应 culture shock 的四个阶段，以及在实践中强化对快读、查读等阅读技巧的运用？

B 教师：对。

笔者：那您确定本次教学目标的依据是什么？

B 教师：主要是依据课文内容。

笔者：您在确定每次教学活动目标时，会不会考虑如何培养或引导学生形成正确的情感、态度、价值观？

B 教师：确定教学目标时，我主要依据课文内容，从通过什么样的方法与过程来让学生获取更多的知识、培养其学习能力等角度考虑得多些。至于情感、态度和价值观，这些都是隐性的、需要潜移默化的东西，不是教师能够在课堂上教会的。

笔者：好，非常感谢您的回答。

B 教师：不用客气。

通过访谈，笔者发现该教师在确定教学目标时主要关注学生知识的获取、技能的培养及方法，但是对学生的情感、态度、价值观的引导不够重视。

其实，在大学英语教学目标制定的过程中，很多人将大学英语的教学目标理解为单一的学生学习英语知识的过程。在教学活动中，教师成了知识的权威和代言人，是给学生传递知识和技能的工具；学生成了知识和技能的认识者和接受者，如同一个学习的“容器”而存在着，在学习过程中很难体会到快乐，其生命的完整性被分解开了，成了一个“单向度人”。所以，大学英语教学要更好地促进学生的全面发展，就必须改变这种过于强调知识和技能传授的趋向。在传授学生基本知识和技能、培养学生积极主动的学习态度和白学能力等的同时，也要注重引导学生培养良好的情感态度、形成正确的价值观，促进学生的全面、和谐发展。

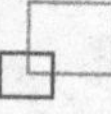

（二）大学英语教学目标的工具化与异化

在大学英语教学实施的过程中，教学内容的选择主要是依据教学目标的要求，因此，大学英语教学的内容可以划分为显性内容和隐形内容两个维度。显性内容是可以量化性评估的，而隐性内容从一定程度上讲比较宽泛，无法用一种量化的手段对其客观、真实地进行检查，因为学生的情感、态度、价值观等隐性内容具有无限性和不可预测性等特性。这些隐性的教学内容在教学目标的规定中没有明确的界定，而且没有相应的、固定的教学内容来实施，由此导致了大学英语教学中显性内容与隐性内容的分离。在教学现实中，教师只重视显性教学目标的达成，而忽视了隐性教学目标的达成。显性教学目标的凸显使大学英语教学目标由此异化为一种典型的工具主义取向。笔者曾对一位大学英语教师进行访谈。

访谈 3:

C 教师是有二十六年高校教龄的教师。笔者就大学英语教学目标这一话题对她进行了访谈。

笔者：您好，C 教师。您从事大学英语教学已经有二十多年了。那么，您对大学英语教学目标的演变深有感触了？

C 教师：是的。

笔者：那么您入职初期是如何理解大学英语教学目标的？

C 教师：我记得 20 世纪 80 年代到 90 年代初期，那时的大学英语不受重视，当时大学英语教学的主要目标是通过教师的课堂讲授让学生能掌握一定量的词汇、语法知识，并能运用所掌握的词汇与语言知识进行基本的阅读，也就是说，主要强调对学生进行基于基本语言知识的阅读能力的培养。

笔者：后来呢？

C 教师：后来，教学目标逐步转向基于基本语言知识的阅读能力、写作能力、翻译能力的培养。再接下来又转向强调学生的阅读能力和听力能力的培养，以及后来的阅读能力和听说能力培养。2004 年开始，正式转向培养学生的英语综合运用能力，尤其是听说能力，同时培养学生的自主学习能力，为其终生学习打下基础。

笔者：您个人认为理想的大学英语的教学目标是什么？

C 教师：在短时间内培养学生的英语综合应用能力，尤其是听说能力，有很大的难度。我个人认为，能帮助学生夯实语言基础、培养学生的自主学习能力，从而为其专业发展打下一个坚实的基础，就已经相当不错了，而听说能力的培养是一个长期渐进的过程，不可能一蹴而就。

笔者：那么，您在教学中重点是教什么？

C 教师：词汇、语法、阅读技能技巧、学习方法等。

笔者：不好意思，占用您的时间了。非常感谢！

C 教师：不客气。

通过访谈，笔者发现该教师对大学英语教学目标的理解依然是获取语言知识、培养技能，忽视了大学英语教学的人文性价值，忽视了大学英语课程在学生情感、态度、价值观的形成方面应起的作用。

英语作为一种交流语言，不但具有很强的工具性色彩，而且也具有浓厚的人文气息。从我国大学英语教学的发展历程中可以看出，工具性是主导我国大学英语教学的核心价值理念。长期以来，我国应试教育的局面依然没有多大改变，在师生心目中“分数决定一切”，学生学习英语的目的就是考高分，过四、六级英语考试等。随着时间的流逝，人们越来越意识到这种教学目标培养的人是一种片面发展的人，呼吁应试教育应向素质教育转变，从而促进学生的全面发展，但在实际的教育教学中，这种以工具主义为导向的教学目标在很多高校“依然如故”，其最终结果是教学中人文性的缺失，工具性和人文性由此走向了分离。

三、学生视角下大学英语教学目标体系建构

如何构建相对科学的教学目标体系是教育教学研究者们理应考虑的重要教育问题，也是课程设计者、教学研究者、教学管理者和教师们的一项十分重要的任务。只有适切地运用系统原理，将意欲完成的教学任务转化为完整的目标体系，并积极付诸实施，才有可能达到比较理想的教学效果。有关教学目标体系的建构，主要有时序建构范式、层次建构范式、领域建构范式、职能建构范式和结果建构范式等几个范式（李保强，2007: 53-57)。本研究主要采用的是领域建构范式。

该范式最早起源于西方现代教学理论，美国教育心理学家布卢姆 (Bloom) 是这一领域的重要代表人物。他于 1956 年立足于教育目标的完整性，制定了教育目标分类系统，提出把教育目标分为认知（按照由低级到高级的水平共分为知识、领会、应用、分析、综合、评价等六级）、情感（按照由低级到高级的水平共分为接受、反应、价值化、组织、价值或价值体系的性格化等五级）和技能（按照由低级到高级的水平共分为知觉、定向、有指导的反应、机械动作、复杂的外显反应、适应、创新等七级）三个目标领域（张春兴，1998: 446-450)。

布卢姆的认知模式尽管在某种意义上还存在着诸多方面的问题，如这种分类所包括的范围具有很大的局限性，分类的参照点还有待商榷，但从总体上而言，这种教学目标分类为各学科教学目标的制定提供了雏形和许多有价值的成分，因为它不仅为教师的教学活动提供了有效的思维模式和教学应关注的方向，还有助于学生的学习活动。认知、技能和情感这三个教学目标不是相互分离的关系，而是一种相辅相成的关系，其中认知领域是技能领域和情感领域的基础和条件，后两者对前者又具有重要的促进作用。尤为重要的是布卢姆提出的情感领域，可以说是对以前以知识为核心的教学目标的一种否定和超越。在他看来，教学活动不能仅仅关注学生的知识学习情况，还应对学生的内在情感、内在动机、价值观等方面予以高度关注，因为情感目标是提高教学质量的一个重要环节，在课程设置、教学内容的选择等方面必须考虑到情感目标的创设。当然，情感目标本身就是一个很微妙、

不易为人观察的东西，对于情感目标的把握，一方面要求教师对学生有所了解，另一方面还要求教师具有敏锐的观察能力。布卢姆将教学目标分为认知、技能、情感三个领域对于教学活动的开展具有开创性的意义和价值。大学英语教学目标建构的维度有多种，但最终目标是促进学生的全面和谐发展。基于学生视域下的大学英语教学目标的建构，不仅应关注学生对英语知识和技能的学习、英语学习过程和方法，还应关注学生在学习过程中的内在情感、态度及价值观等多个方面。本研究主要是在借鉴布卢姆教学目标分类的基础上，基于学生的视角对我国当代大学英语教学目标体系进行建构。

（一）总体目标

教学总目标是教育教学所要达成的最终目的。依据《课程要求》，大学英语教学的总体目标是培养学生英语“综合应用能力”“自主学习能力”和“跨文化交际能力”等。

（二）具体目标

1. 认知目标是基础：关注工具性知识与人文性知识的融合

工具论者认为，任何一种语言都是由口头语和书面语这两种形式组成的，语言就是一种工具或手段。就外部语言而言，语言是一种交际的工具；就内部语言而言，语言是思维的工具。因此，在工具论者思维理解模式中，英语学科的本质属性就是工具性，大学英语教学目标就是获得更多的工具性知识。其实，任何一门学科的教学价值理念都源于其学科本身的属性，教学目标的理念不能与学科的本质属性相分离。当然，影响教学目标的因素是多方面的，如社会对高校学生英语素质的要求、学生对学习英语的价值观、教师对英语教学目标的认识等。虽然大学英语本身就是人与人之间的交流工具，以工具论为主导取向的大学英语教学目标在一定程度上讲有其合理性的一面，但如果我们从学生的视角对大学英语进行理解的话，大学英语仅仅是一种工具性的存在，虽然工具性可以视为语言的属性，但绝不是语言的唯一属性，而只是语言属性的一个方面；大学英语还是一种文化性的存在，当然，文化是一个很难界定的概念，不同的学者对其有不同的理解和认识。大学英语作为一种文化的存在，是文化信息的载体。任何一个民族的语言都和这个民族的文化有着天然的联系，如这个民族的历史、传统、风俗习惯、政治、经济、文化、教育等多个方面。所以，通过大学英语教学，不仅要让学生学习英语的基本知识，还要让他们对英语所蕴含的文化内涵有所了解和理解。在了解和理解中，学生与异域文化、思想等进行心与心的交流和对话；在交流和对话中，他们体验到的是学习英语的快乐和异域文化的丰富多彩。从这个意义上说，学习英语的过程不仅仅是英语知识积累的过程，更带有鲜明的民族性和人文性特征，英语的工具性和人文性真正地融为一体。所以，大学英语教学目标的制定必须坚持工具性和人文性的协调统一，无论是学生还是教师都应认识到大学英语不仅是一门工具性课程，更是一门人文性课程。人文性与工具性的协调发展是我国当代大学英语教学改革的必然趋势。

纵观我国大学英语教学目标的演进过程 (表 3-1)，可以更好地理解我国大学英语教学目标的本体论认识。

表 3–1 我国大学英语教学目标演进表

教学大纲	教学目标（目的）
1986年大纲（文理科）	培养学生具有较强的阅读能力、一定的听的能力、初步的写和说的能力，使学生能以英语为工具，获取专业所需要的信息，并为进一步提高英语水平打下良好的基础。
1999年大纲（高校本科）	培养学生具有较强的阅读能力和一定的听、说、读、写、译能力，使他们能用英语交流信息。大学英语教学应帮助学生打下扎实的语言基础，掌握良好的语言学习方法，提高文化素养，以适应社会发展和经济建设的需要，
2007年课程要求	培养学生的英语综合应用能力，特别是听说能力，使他们在今后的工作和社会交往中能用英语有效地进行交流，同时增强其自主学习能力，提高综合文化素养，以适应我国社会发展和国际交流的需要。

从上表可以看出，大学英语教学目标有两个趋势是比较明显的：从单向的以英语为工具获取信息，到双向甚至多向的以英语为工具交流信息的演进；从强调英语的工具性到工具性和人文性和谐统一的转变，提倡人的文化素养的提高，满足人的工作和社会交往的需要。

2．技能目标是手段：注重学生思维方式的培养

思维同感知觉一样，是人脑对客观现实的反映，但感知觉所反映的是事物的个别属性、个别事物及其外部的特征和联系，属于感性认识，而思维所反映的是一类事物共同的、本质的属性和事物间内在的、必然的联系，属于理性认识（黄希庭，1991: 418-419)。思维方式对人类的外部和内在活动方式都具有重要的影响。人类很早就开始对思维方式进行探索，产生了“思维是一种无法把握的东西，是由人的先天遗传所决定的，与人的生存环境没有任何关系”的先天遗传论观点和“思维不是由人的遗传所决定的，而主要是由人的后天环境所决定”的环境决定论观点。这两种观点从一定程度上讲，都有其合理性的一面，但都不是很完善。后来有学者在科学研究证实的基础上提出，思维不仅受人的先天遗传的影响，而且还受人的后天生存环境的影响和制约。这种观点后来为大多数人所接受。因此，人们对思维方式的认识和理解经历了从非物质阶段到物质阶段，再到非物质阶段与物质阶段相综合的认识过程。对思维方式的认识和理解，有助于我们认识到在大学英语教学中培养学生思维方式对于他们学习、掌握英语知识和技能的重要性。

人们对技能理解维度的差异导致了对其分类的多样性，其中加涅 (Gagne) 的技能分类法影响最为广泛。他根据学生学习结果的情况，将技能分为三类：智慧技能，即运用概念和规则对外办事的能力；认知策略，即运用概念和规则对内办事的能力；动作技能，即身体和肌肉协调的能力。这三类技能的本质都是概念和规则对人的行为控制，其中智慧技能和动作技能为信息加工心理学中的程序性知识，而认知策略则是策略性知识。20 世纪 90 年代我国在借鉴加涅技能分类的基础上将技能分为动作技能和智力技能两种。当然，这种分类与加涅的分类相比，无论在内涵上还是在标准上都有着本质的区别。这里所谓的动作技能是指人们在活动中运用知识经验，经过练习而获得的完成某种任务的动作方式；智力技能则是指借助于内部言语在头脑中所进行的认识活动（如感知、记忆、想象、思维）中的心智操作，主要表现为思维活动的操作方式。动作技能主要表现为外显的骨骼肌的操作

活动，智力技能主要表现为内隐的思维操作活动(黄希庭，1991: 216)。从以上的分类我们可以看出，技能与思维之间有着密切的关系，思维的培养可以有效地促进学生技能的获得。在大学英语教学中，教育者不能仅仅以一种传输的教学方式对学生进行知识、技能等方面的培养，培养学生的思维方式、让学生成为一个“会思考者”才是大学英语教学目标培养的方向。所以在大学英语教学中必须注重对学生思维方式的培养，使之养成用英语进行思维的习惯和模式。下面主要从两个方面来探讨如何培养学生的思维方式。

(1)创设良好的语言学习环境，使学生能用英语进行思维。

环境对语言的习得至关重要。这里所谓的环境一方面是学校创设的英语文化环境，可以说整个学校的英语文化氛围对于促进学生英语学习兴趣和学习态度等方面有着重要的意义，如学校可以以开设英语辩论赛、英语演讲比赛、英语文化节等多种形式，为学生的英语学习创造良好的文化环境。另一方面，环境是学校为学生学习英语创设的良好物质条件，如网络资源、英语学习网站等，这些物质条件能为学生的英语学习创造良好的物理空间，从而让学生在这种学习环境中养成用英语进行思维的习惯。在传统的英语学习过程中，很多学生都习惯于用本族语的思维方式来看英语中的一些问题，而且这种思维方式很难摆脱掉。这其实与一个人的语言学习环境有重要的关系，因为我们每天生活在母语环境中，在与周边人和事的相互交往中都是以本族的思维方式进行的，真正的纯英语环境几乎不可能存在或如果真正有那也只是暂时的。英语学习如果脱离了与之相应的语言环境，其效果是很不理想的。所以要让学生养成一种用英语进行思维的习惯，学校应力求为学生创设良好的英语学习环境。

(2)培养学生的英语语感。

语感是指在语言学习过程中逐渐形成的语言意识，以及在接触语言材料过程中积累的语言经验。英语语感是指学生对英语语言的感觉，如学生对英语的语音感受、语意感受及对语言情感色彩的感受等诸方面。英语语感是学生对英语的直接感知能力，是学生对英语语言法则或语言组织方法的掌握和运用。所以，语感在英语学习过程中起着重要的作用。当然，语感的形成是一个漫长的积累过程。西方著名语言学家和心理学家乔姆斯基(N. Chomsky)认为语感是语言学习的核心，语感越强，就越能创造性地学习和使用语言。语感的获得可通过大量的语言信息刺激得到。因此在学习过程中，学生不仅要学习教科书上的文章，还要广泛涉猎一些课外的英文书刊、报纸、电影等，从而提高自己对英语学习的兴趣和敏感性。然而，在实际的教学过程中我们发现，教育者往往将英语学习人为地分割成不同部分，如词汇的学习、语法的掌握、句型的解释等，学生在英语学习过程中学到的也是一些零碎的知识，最后很难将英语当成一个整体来进行学习。当然，从一定意义上讲，这种教学方式有利于学生对英语知识的掌握，但从另一方面讲，这种教学很难让学生形成英语语感，学生所学的知识很难和自己生活的周边环境融合。长此以往，学生对英语学习就会感到枯燥无聊，最后失去对英语学习的兴趣和热情，因为这种学习没有把英语当成一个整体的文化存在，而失去了文化生命力的英语教学定是一种不理想的教学。所以，大学英语教学理应把学生放入整个英语学习的文化背景中，让学生在与英语文化的交融中得到发展和成长。

（三）情感目标是旨向：达成人文精神的熏陶

教育是培养完整的人，促进人的全面和谐发展。所以，在大学英语教学目标体系建构中，除了关注学生认知目标、技能目标的达成外，还要关切学生情感目标的达成，培养和熏陶他们的人文精神。人文精神是人类优秀文化精神的积淀，是人类文化中最为根本的精神，凝聚着人类的信念、理想、道德等精神品格。所以，培养学生的人文精神是大学英语教学目标的灵魂和核心。人文精神是一种实践精神，其特点在于内化于人的精神深处。所以，文化建设是各个高校理应考虑的重要问题。正如有学者所言，如果说文化是人类认识世界和改造世界的独特方式，其基本功能在于引导人与塑造人，那么高校校园文化的意义就在于把具有灌输性特征的教育转化为教育目标明确的校园氛围，通过文化的熏陶，使人文知识转化为受教育者的内在的人文精神(章兢，2009)。

但纵观我国大学英语教学目标的发展历程可以发现，长期以来，大学英语教学受实用主义和功利主义的影响与控制。在应试教育的影响下，呈现出“重知识技能、轻人文精神”的教学取向。有部分院校甚至把学生学位的取得与大学英语四、六级考试直接挂钩，由此造成了学生学英语的目的就是过级，教师教学的目的就是提高学生的“过级率”。在这种以考试为中心的大学英语教学目标导引下，人文精神的培养在大学英语教学实践中没有生存的空间和土壤。但大学英语作为一门人文学科，既有工具性的一面，又有人文优势。杜时忠教授曾指出，人文教育学家们从培养完美人格的理想出发，虽然肯定各门学科都有价值，但尤为重视人文学科。他们普遍相信人文学科知识具有特殊功能，如能很好地掌握，则有助于个人理智、道德、情感及各种能力的成熟。因此，从培养人的高度来看，语言课程的设计要克服功利主义和实用主义思潮的影响，不能一味地适应现实政治、经济的要求，要切实着眼于学生人格的完善、潜能的开发。在大学英语教学中进行人文精神的培养是语言本身具有的民族性和人文性特征决定的。为此，大学英语课程的设计要坚持工具性和人文性的和谐统一，使学生在掌握语言交际工具的同时，接受人文精神的陶冶(杜时忠，1999: 2-7)。片面地把语言当作是一种交际工具的语言观是不够科学、严谨的。语言绝不仅仅是交际工具那样简单，工具性只是语言属性的一方面。作为文化信息的载体，一个民族的语言势必会涉及该民族的文化。当我们学习某种语言时，势必会接触到与其相关的丰富文化信息，并且感受到这种人文教化。从这个意义上说，语言具有工具性特征的同时，还具有明显的民族性和人文性特征。大学英语是一门工具性课程，更是一门人文课程，是文化载体。通过英语这一工具学习英语民族的先进思想，并为我所用。因此，大学英语教学目标除了要使学生获得语言知识和技能外，还必须对学生进行审美、情意和人文素养等人文教育。

1．审美教育

审美教育是素质教育的重要内容，苏霍姆林斯基(CYXOMJIHCKNN)说过：“教育，如果没有美，没有艺术，那是不可思议的。”在大学英语教学中贯穿审美教育，不仅有利于学生在身心愉悦中获取英语知识，还有助于学生吸收跨文化中高尚的审美情操，树立正确的审美观，提高审美能力。首先，在语言输入的教学过程中，向学生揭示美、阐释美，引导学生感知美、欣赏美。其次，在大学英语教学中实施审美教育，最重要的是要注重培养学生的审美意识和审美能力，因为学生如果不具备一定的审美素质，如对美的感知力、想象力、评价力和创造力，即使客体是美的，也难以发现。再次，要引导学生学会欣赏内容美和结构美。教师在教学过程中要对教材进行充分挖掘，在授课时突出强调其美的内涵，引导学生对文章的行文结构进行欣赏。最后，还要引导学生学会欣赏英语的形式美，了解英语语言本身的节奏感和修辞手法的运用。在教学中进行审美化教育益于陶冶学生的情操和激发学生的文化情感。

2. 情意教育

情意教育指的是培养人格体系中不可缺少的理想精神、道德品质和意志力量等。情意教育是英语教学中的潜在部分，培养学生这些积极健康的情意要素是英语教学更深层、更内在的价值追求。优秀的语言文学作品往往或蕴含着崇高的理想精神，或迸发着坚定的意志品质，或闪烁着强大的道德感化力。学生在阅读这些有着深远感染力文章的同时，心灵也会受到深刻的浸润，久而久之，情意要素就会获得健康的发展，生命也会获得升华与超越。因为它会对人的信念意志产生影响，让人朝着积极的方向发展。

3. 人文素养

长期以来，人文素养是在大学英语教学中很少考虑的因素。在培养高素质现代国际人才的今天，培养学生的专业技能已不是最关键的，最关键的是而培养学生的人文素养。人文素养是发展中国家与发达国家存在差距的重要表现，是学生能否成为有用之才的重要因素。语言学习不仅是学习语言本身，更是一种文化的学习，教师要有意识地培养学生对东西方文化价值的认识，提高他们自身的文化修养，使他们了解不同文化之间的差异性，形成跨文化交际能力和正确对待外来文化的态度。大学英语除了培养学生学习和感悟外国文化及其人性之外，更要感悟蕴含在文化和人性深处的人文精神，让学生在学习和感悟文化和人性的同时，学习和感悟崇高的人文精神。在人文精神的视野中，教育内容不能仅仅局限于英语国家人文性知识的学习，不能就文化而学习文化，更重要的是，要挖掘整个文化背后的丰富的人性，揭示蕴含在文化和人性深处的人文精神。

第四章　基于学生视角的大学英语教学内容体系建设

第一节　基于学生视角的大学英语教学内容选择的依据

教学目标指引教学内容的选择，教学内容反映教学目标的诉求。正如泰勒在《课程与教学的基本原理》中所指出的，开发任何课程和教学计划都必须回答四个基本问题：第一，学校应该试图达到什么教育目标？第二，提供什么教育经验最有可能达到这些目标？第三，怎样有效组织这些教育经验？第四，我们如何确定这些目标正在得以实现？

其实，通过这四个问题可以看出，它们也正是教学目标、教学内容、教学实施和教学评价的反映，第二个问题就是教学内容选择问题。如前所说，教学目标指引教学内容的选择，而教学目标的制定则有赖于教学价值取向的选择，也就是说，不同的教学价值取向就会有不同的教学内容选择。有研究者提出了幸福教学价值取向、生活教学价值取向、生命教学价值取向、理智教学价值取向、人文关怀教学价值取向等。

笔者认为，所有的教学价值取向可以归纳为：学生中心价值取向、学科（知识）中心价值取向、社会价值中心取向等三种观点。学生中心价值取向以实用主义哲学作为理论基础，其教学目标是实现学生的兴趣和心理能力的发展，因此，这种取向的教学内容选择要求根据学生的兴趣选取教学素材、组织教学活动。学生中心价值取向强调学生为本、活动为心、经验为终，因此，以这一取向而命名的教学内容多以学生、活动和经验为重点，如“经验课程”“活动课程”或“学习者中心课程”等。虽然说法不同，但重点可谓一致：直接经验、学习兴趣、从做中学成了这一取向的一致诉求，这样的学习内容不仅有利于激发学生的内在学习动机，也充分体现出对学生个体差异的关注，能在一定程度上促进学生的个性化发展。

教育学鼻祖夸美纽斯 (J. A. Comenius) 和儿童中心论的集大成者杜威都不同程度地主张学生中心教学内容选择取向。但是，这种取向以学生的需要作为教学内容选择的唯一依据，只注重学生直接经验的获得，忽视人类生存的社会环境，也忽略人类间接知识的重要性，既不利于学生学到较为系统的知识，也不能让学生得到全面的发展。因此，学生中心价值取向的教学内容选择受到了很多批评。

学科（知识）中心价值取向以理性主义为理论基础，旨在传承人类漫长历史上积累下来的文化科学知识，以反映人类智慧的学问、知识、技能等系统知识为其教学内容。学科（知识）中心价值取向强调从科学门类及分科知识体系出发，以有组织的学科内容为材料依据，按照学科结构来选取教学内容，注重学科知识体系的完整性。夸美纽斯关于将所有知识领域中的精华灌输给学生的思想及赫尔巴特关于学校应该为学生开设多门学科的主张等，就是学科（知识）中心价值取向的代表。但是这种单向度的价值追求片面地强调外在知识和人的客观世界，忽略了内在知识和人的心理世界；它关注的是知识的结果和结论，但却忽视了学生认识知识的过程和方法，从而导致了学科知识教学的非价值化、非过程化和非心理化。

以改造主义哲学为基础的社会中心论者顺势出现，它旨在把教育作为一种改良社会的手段，体现在四个“通过”——通过教育促使社会成员科学文化素养的提高，通过教育促进社会成员观念的更新，通过教育加强社会成员的沟通、理解与合作，最终通过教育消除社会成员之间的异议，达成共识，为改良社会而服务。因此，教学内容的选择应该按照社会要求来决定，通过学习培养解决社会问题的能力。众所周知，人既是社会人也是自然人，人的生存和发展离不开社会也离不开自然，人之所以区别于动物是由于人具有主体性和能动性。然而，社会中心取向的教学内容选择观主张将社会要求作为教学内容选择的唯一依据，以系统的知识来培养学生，这种系统知识成了间接知识的代名词，不同学科中公认的科学概念、基础知识、基本原理成了学习的唯一中心，忽略了学生的个体需要，可见这种以社会要求来决定教学内容的来源和选择范围的取向，似乎走到了另一个极端。因此，社会中心取向的教学内容选择观无论在理论上还是在实践上均受到了较多的批评。

教学内容指教学过程中同师生发生交互作用、服务于教学目的达成的动态生成的素材及信息，是多种因素交织而成的系统，它涉及学习者、社会要求和知识经验。可见，教学内容的选择既不能单纯强调学生的需求，也不能过分偏重社会要求。就大学英语教学内容选择而言，必须考虑大学生、社会需求和大学英语学科本身的知识逻辑，而不能片面考虑某一方面，这是得到普遍认可的观点。大学英语教学的目标是指向学生的和谐发展，因此必须提供综合、全面的刺激，使教育的影响形成合力。当然，学生的发展是多方面的、具有层次性的，所以促进学生发展的大学英语教学内容和组织方式也应是多种多样的。

一、大学英语教学内容选择的基本取向

（一）大学英语教学内容选择的价值观念——多元文化教育观

人类一直在进行发明创造和文化交流，因而文化的多元性一直是人类历史的一部分。随着社会结构越来越复杂化，信息交流越来越便利化，文化更新换代的速度日益加快。在

多元文化交融的新时代背景下，社会的发展也就越来越需要多元文化为之服务，也就造就了多元文化并存的“地球村”。不同的国家和地域都存在着文化的多样性，不同种族的人也都存在着文化的差异性。当然，现在普遍认同的文化多元性是以民族文化为主要形式呈现的，既体现在民族的语言文字中，也体现在民族的风俗习惯中。

总之，正因不同民族、不同国家所具有的多样化文化，才造就了一个百花争艳、色彩斑斓的世界。如同生物世界的多样对于维持生态平衡的重要作用，文化的多样性对于人类社会的发展进步同样起着重要的作用。认同文化的多样性和重视文化的多样性是时代的需求，也是社会发展的需要。

文化来源于历史的创造，不只中国被誉为有五千年文明的古国，世界每个角落无不刻上文化的烙印，人类正是生存在这样一个多姿多彩的文化大世界中。任何事物都需经历从无到有、由少到多、从简单到复杂、由零散到集中的过程，文化的发展也不例外，它产生了多种多样的文化形态，这种多样化体现在绝不可能找出两种完全相同的文化，就像世界上不可能存在两片完全一样的树叶一样。探究其因，我们发现人类文化的多样性是由于人类本身及其活动的多样性决定的。正如美国著名文化人类学家本尼迪克特所说，人类文化具有不同的模式，虽然人类行为方式是多种多样的，但一个种群只能选择其中的一部分进行演化并成为自身社会有价值的风俗、礼仪、生产和生活方式，而这一系列的选择，便结合成这一族群特有的文化模式。各种文化模式是不相同的，甚至具有完全相反的社会价值观。因此，每个社会都拥有自己区别于其他社会的显著文化特质，这些特质由该社会的所有成员不同程度地体现出来(本尼迪克特，1988: 156)。这一观点的提出虽然在学术界引起很大的争论，但其所说的不同文化模式主要指文化在演进过程中所形成的相互区别的基本特征，这一点应该是与客观实际相符的。可见，在现代文明社会中，文化的多样性、差异性、特殊性更多的是文化本质的体现。

联合国教科文组织2001年通过了《文化多样性宣言》，标志着文化多元并存的格局已基本形成。作为文化时代的客观要求，新时代的大学生肩负着振兴民族和国家的重要使命，他们的民族精神状态直接影响到其社会主义建设者和接班人作用的发挥。因此，这就要求大学生能够在多元文化并存的交融碰撞中对本民族、本文化做出高度的认同，对西方文化价值体系有一个清醒的认识和理解。所以，基于学生视角的大学英语教学内容选择首先要体现出承认多样性、差异性的多元文化教育观。

（二）大学英语教学内容选择的重要尺度——文化品性

人类创造了真正的语言，而且是人类所特有的。动物间的声音可以表示自己的情感或在群体中传递某种信息，但这却是一些固定的程式，并不能随机变化。只有人类才能把无意义的语音按照各种方式组合起来，成为有意义的语素，再把众多的语素按照各种方式组合成话语，用无穷变化的形式来表示变化无穷的意义。纵观人类文明的发展史，人类悠久的历史文化通过语言这种符号系统传承下来的例子比比皆是，可以说，语言是文化传承的一种载体，是文化的一种表现形式；文化涵盖了语言，语言是文化的一个组成部分。因此，索绪尔 (F · Saussure) 明确指出："语言是表达思想的符号系统，因此，它类似于文字、聋哑语字母表、象征仪式、社交礼节、军事信号等，只不过语言是这些系统中最为重要的一个。" (翟丽霞，孙岩梅，2002: 18-22) 维果茨基曾说过语言是一种符号系统，是人类所特有的交际工具，也就是人们交际的媒介，这种媒介承接着人们互相的思想最终达到交融。这也就是为什么动物的那些程式化声音不能称之为语言的重要原因。在动物界，鸟儿可以通过叽叽喳喳的叫声表露自己的外部感受，蜜蜂可以用舞蹈的方式告诉同伴们蜜源的方位和距离，但这些完全不能跟人类语言相提并论。虽然模仿能力很强的鹦鹉可以重复人类的话语，但并不能领悟到话语中的含义，也不能体会到其中的情感，只是一种机械的重复。只有人类才有语言，才有思想的交流。

正是有了语言这面镜子和这副工具，人类才有了了解和延续文化的资本。我们生长在一个经济全球化和文化多元化的世界上，每个国家所处的地理位置和自然环境不同，每个国家人们的信仰、习惯等社会文化都不尽相同，每个国家的语言也不尽相同，即使有的表达方式相同但蕴含的意义也会有所不同。大学英语是大学生学习文化的重要工具之一，是了解英语国家文化的重要途径。通过学习英语不仅要理解每句英语本身的意义，更为重要的是理解英语背后的文化含义。例如，英同居民大多数为基督教徒，英国文化别具宗教特色，英国人关于宗教节日的名词较多，宗教因素也常常体现在英国人的语言中。可见，我们不只要学会和运用一种语言，更要懂得这种语言背后真正蕴含的社会文化内涵。因此，基于学生视角的大学英语教学内容的选择应该关注英语作为语言与文化的密切关系，通过选择适宜大学生学习的教学内容，来增进大学生对英语作为语言所承载的文化内涵的理解。

（三）大学英语教学内容选择的价值追求——提升大学生的人文素养

雅斯贝尔斯 (K. Jaspers) 曾说过："教育是人的灵魂的教育，而非理智知识和认识的堆积。"可见教育的本质是对人的灵魂和人的精神的教育，也就是说人文性是教育的本质特征。但现在的教育对知识和技能的重视远远超越了对人文性的培养，不管是中小学还是大学，知识的传授成了第一要务，教师和学生之间的交流往往也是以知识为主，情感交流甚少。

大学生作为社会建设的栋梁和接班人，需要有充足的知识和技能，但更需要具有良好的人文素养。这种素养需要通过人文教育得以实现，因此，人文教育应该回归教育的基础地位，大学教育更应如此。通过人文教育可以传授给学生人类积累的智慧精神、心性精神与阅历经验，让他们真正能够理解人生，指引他们找到正确的生活方式和人生的真正价值。也正如雅斯贝尔斯在《大学之理念》中所提出的："大学之理念，自从在古希腊时期发轫以来，一直都是西方传统的组成部分。作为一个公共投资的社会机构，大学属于国家；作为一个私人投资的社会机构，它无疑是某个特定民族场景的组成部分。在其中任何一种情形之下，它都是整个人类意志的表达。大学旨在寻求真理和人类的进步，它的目的是代表人类品性的精华。人文是它的命脉所在，不管这个词多么经常并且多么深刻地改变着它的含义。”(雅斯贝尔斯，2007: 190)可见，人文教育的实质就是一种人性教育，以培养个体完善的心性为目标，以个体的全面发展为宗旨。

随着教育改革的深入发展，教育的人文性受到了人们的重视，教育部1998年的2号文件《关于加强大学生文化素质教育的若干意见》就明确指出：“我们所进行的加强文化素质教育工作，重点指人文素质教育，主要是对大学生加强文学、历史、哲学、艺术等人文社会科学方面的教育。”对大学教育而言，大学生的人文素质培养占有重要的地位，只有加强人文教育才能培养面向未来的高素质人才，才能适应世界高等教育改革和发展的必然趋势；只有加强人文教育才能有助于大学生积极面对诸多的挑战，在实施素质教育的今天，每门学科都应让人文教育贯穿其中，作为高校重要公共基础课的大学英语同样也应加入人文教育，在教学内容的选择方面，体现出人文性是大学英语教学改革的重要内容之一。

正因如此，大学英语教学内容的选择不应仅局限于教材，而应将人文素养的培养有效地融入到整个大学英语教学内容的选择过程之中，使学生在学习大学英语的过程中不知不觉地受到人文精神的熏陶。总之，大学英语教学所选择的内容应体现出人文性特征，这是大学英语教学内容选择的必然要求。

二、基于学生视角的大学英语教学内容的选择原则

如果说上述对大学英语教学内容选择的取向是对教学内容范畴的规定，那么教学内容的选择原则就是对已知范畴内怎样选的规定。基于学生视角的大学英语教学内容选择应坚持以下原则。

（一）体现语言知识与文化内涵的统一

学校教育的基本目标就是传授知识和技能，充分的知识是学生进一步学习的前提保证。但学校教育的最终目的是让学生潜能得到充分的发展，个性得以完善。英语教学的基本目标也是让学生习得英语的基本知识和技能，并能运用这些知识和技能进行交流，但英语教学的最终目的则是通过基本知识和技能的习得来获得世界各方面的信息，进而理解英语国家的文化，进行跨文化交流，提升文化素养。因此，基于学生视角的大学英语教学内容的选择既要注重知识性，更要具有文化的代表性，让学生在学习知识的同时了解其文化背景，达到基本目标和最终目标的统一。在笔者的研究中，有少数教师能体现出这样的教学内容选择原则。

D教师是有十二年高校教龄的教师。笔者就大学英语教学内容的选择对他进行了访谈。

笔者：您好，我可以了解一下您对大学英语教学内容方面的一些看法吗？

D教师：可以，没问题。

笔者：您认为在大学英语教学内容选择方面的基本取向是什么？

D教师：我认为在选择内容时，首先要考虑其实用价值。没有实用性，何谈运用、交际？其次，要注意文化价值。任何语言都是文化的载体，通过语言这一载体了解其背后隐含的文化，可以帮助学生更好地了解异域文化中的风俗、人情、习惯等。这对于培养学生的跨

文化交际能力有很大的好处。

笔者：那么在内容选择时您认为应该遵循什么样的原则呢？

D 教师：这我也说不好。不过我认为至少应该遵循《课程要求》所提出的目标，然后要考虑学生现有的英语水平，最后还得注意不能有政治性的问题。

笔者：您有权选择课堂教学内容吗？

D 教师：几乎没有任何权利，因为我们每学期的教学内容都是事先明确的，都是以教育部推荐教材为主。不过我有权为学生选择推荐课外学习内容。

笔者：您为学生选择推荐过什么类型的课外学习材料呢？

D 教师：主要是视听材料和阅读材料。

笔者：谢谢您。

D 教师：不客气。

D 教师是一位有比较丰富的教材编写经验的老师。通过访谈，笔者发现他在教学内容的选择方面有自己的观点、想法，虽然这些观点和想法还比较感性、还不系统。

（二）体现当今社会主流文化与思维方式

语言作为文化的载体，必然受到当代社会主流文化的影响。因此，大学英语教学内容的选择必然要体现当代社会主流文化。人们对于文化的探索可谓多种多样，但人与自然、人与人及人与社会的和谐是当今社会的主流文化，因此，基于学生视角的大学英语教学内容必然需要社会主流文化的支撑。创造能力和创造性思维如今已经成为关注的重点，基于学生视角的大学英语教学内容选择也必然需要通过一定的组织与呈现形式体现对学生创造能力和创造性思维的培养。然而笔者在访谈中发现现实情况并非如此。

F 教师是有十八年高校教龄的教师。笔者就大学英语教学内容的选择对他进行了访谈。

笔者：您好，我可以了解一下您在进行大学英语教学时，对教学内容选择方面的情况吗？

F 教师：没问题。

笔者：请问您在教学内容选择方面的权利和自由有多大？

F 教师：没有选择的权利与自由。

笔者：为什么呢？

F 教师：因为我们的教学任务，包括教学内容，都是教研室主任在开学前就已经定好了的。我们只是按照安排教学。

笔者：难道您就不可以放弃部分既定的教学内容，选择其他内容吗？

F 教师：可以啊，但是期末考试主要是考规定的教学内容。如果学生因为我没完成规定的教学内容导致没考好，向有关部门告发我，我能承担得起责任吗？

笔者：您会布置一些相关的或其他的学习内容给学生在课外学习吗？

F 教师：一、二年级的大学生本身课程就比较繁重，再给他们布置额外的学习任务，不是加重他们的学习负担吗？

笔者：如果学生的学习任务不是很重，您会给他们布置额外的学习任务吗？

F 教师：可能会。

笔者：那您可能给他们布置什么样的学习任务呢？

F 教师：我认为有趣、有意义的学习材料。

笔者：谢谢您接受我的访谈。

F 教师：感谢您对我的访谈。

通过访谈，笔者发现 F 教师是典型的按部就班进行教学的教师，而且，他给学生选择学习内容，除了主要依据教材以外，便是依据自己的兴趣、爱好。

（三）体现共性化与个性化的统一

社会是一个由各个部分组成的整体，它的发展需要一定的共同机制作为纽带。教学内容的选择也需要让学生获得这种共同机制所必需的知识技能和“共同文化”，只有这样，社会才能有发展的基础和可能。同时，社会中的每个个体是相对独立的，个体自身也需要得到独立的成长。由于学生生活环境、文化背景等不同，所需要的知识技能也不尽相同，因此，基于学生视角的大学英语教学内容的选择需要保证学生既能掌握好共性化知识，也要保证学生个性化知识的学习，只有这样才能保证学生向着“社会人”和“个体人”两者相统合的方向发展。

（四）体现民族性与世界性的协调

随着经济全球化的迅猛发展和通信科技的日益进步，世界各国的距离被无限化地缩短，“地球村”这一名词的出现正是这一现象的鲜明体现。随着国际交流与合作的机会越来越多，英语的使用率也与日俱增。在教育领域，这种与世界接轨、教学内容趋向国际化的形势也日益凸显。大学英语教学内容更需要把世界性的问题、全球达成一致的价值观念等世界性内容容纳进来。与此同时，我国作为有着五千年文明的古国，有着自己的民族特色，这些遗留下来的民族遗产和文化需要得到延续和传承，大学英语教学内容也需要保留我们民族自身的特色，不能丢弃自己的文化。

（五）体现现实性与长远性整合

现实性与长远性历来就是一个相互辩证统一的话题，教学内容的选择也不能脱离这一话题。由于学生生活在现在，所以教学内容需要让他们了解现实的情况，但是他们最终要为未来的生活做准备，教学内容也必须能够让其了解未来可能的情况，展望未来的社会也是必不可少的。与此同时，教学内容的现实性和长远性也要体现在其功能上，既要取得显而易见的现实效果，也要有利于其长远发展，做到可持续发展。基于学生视角的大学英语教学内容只有保证了其现实性与长远性，学生才能真正成为社会的建设者。

（六）抓住学生的“最近发展区”

“最近发展区”就是学生现有发展水平与潜在发展水平的差距，在最近发展区内学生的学习会取得最佳效果。维果茨基的这一概念对教育领域的影响至今仍然十分重大，它仍是教育领域的核心概念之一。将这一概念运用到大学英语教学的内容选择中就是要根据大学生已有的发展水平和潜在的发展水平选择适合“最近发展区”的内容，也就是教学难度的选择要适合学生，内容过难或过于简单都不利于学生学习兴趣的保持，学习的质量也就不太容易保证。教学内容最适合的难度就是所谓的“跳一跳，摘到桃”。基于学生视角的大学英语教学内容的选择也要抓住这一要领，选择适当难度的材料才能让学生的学习取得最佳效果。

麦克尼尔 (J. D. McNeil) 在《课程导论》中论述学习活动选择依据时曾指出，我们的研究是“仅仅具备准则，并没有顾及谁在抉择时使用它们的问题，这可能对于到底是由州课程委员会、个别教师，还是由教育委员会来应用它们是有一定区别的”(麦克尼尔，1992: 125)。可见，准则或原则只是一种选择时的参考，在具体的教学实践情境中，由于教师面对的教学环境不同、自身的能力水平不同、可利用的设备资源不同及学生的特点差异，这些准则或原则可能并不适合每种情况的需要，这需要教师根据具体的实际情况来针对性地选择，不能完全囿同于具体的条条框框之中，要运用理论联系实际的辩证唯物主义方法来选择教学内容。

第二节 基于学生视角的大学英语教学内容体系

一、大学英语教学内容体系现状

教学内容是教学过程中教师有意传递给学生的主要信息，是教学目标实现的基础，也是决定教学效果的重要保障。英国语言学家哈默 (J. Harmer) 曾经说过，研究教学内容的一种方法就是看它是否能够满足学习者的需求，这是评判教学内容的依据和前提。我国著名学者钱媛教授也曾推荐过哈钦森 (Hutchinson) 和沃特斯 (Waters) 所设计的教学内容评价方法。他们认为评价教学内容的工作实际上就是一种对照过程 (matching)。评价者首先应先列出某一英语课程的教学目的及对教材的要求，这可以称之为“自身需要分析”，同时列出某一候选教科书的特点，也就是做“客观对象分析”，然后两组对照，进行评价 (钱媛，1995: 17-19)。因此可见，教学内容的选择需要满足两个基本条件：一是符合教学目标的总体要求；二是满足学生自身的学习需要。这里，笔者结合教学实践中的体会，以《课程要求》为依据，分析我国现行的使用比较广泛的一套教材——《21 世纪大学英语》，从中可以管窥我国大学英语教学内容现状。

（一）课文的编排

《21 世纪大学英语》共分为四册，每册以八个主题组成八个单元，每个单元又围绕一个主题从四个不同的方面进行介绍和论述。这种编排方式就是所说的模块教学。模块教学，顾名思义就是把一系列相似的内容组织在一起，按照一个主题进行教学，这种教学内容组织主要是以一个主题为核心，然后围绕这一主题向周边辐射出多个方面，最后通过各个方面内容的呈现达到一个主题的完整介绍，从而保证学生对这一主题的深入了解。

（二）课文内容的选材

作为新世纪出版的教材，《21 世纪大学英语》在总体上吸收了一些贴近时代和生活的元素，涉及的话题包括信息科技、环保、名人传记、文体活动、兴趣爱好等多方面，这种广领域的知识体系确实有助于拓展学生的国际视野，增长其知识和阅历。不过，这些广泛的题材却未能完全领会《课程要求》的精髓，也未能真正的以学生的年龄特征和生理、心理特点为出发点，选材内容对学生道德品质、情感态度及人文精神的教育并不十分明显，可以说选材的内容是丰富多彩的，但其内涵还不能达到新世纪的要求。该教材选取的材料体裁方面也比较丰富，说明文、记叙文、议论文、传记、故事等体裁都得到了不同的展现，这样的体裁选择可以使学生对不同体裁及其语言风格有一个深入的了解，但是这种丰富多彩性仍然不够，对于新时代语言艺术的发展动向的体现也不充分，例如，当今社会诗歌特别受到青年一代的追捧，通过诗歌的呈现不仅能够丰富学生的知识，更加能够陶冶学生的心灵。因此，伴随着 2007 年《课程要求》的颁布，我们对于大学英语的选材需要进一步的深入思考。

（三）配套教材及辅助材料

《21 世纪大学英语》除了《读写教程》以外，还配套了《视听说教程》。《21 世纪大学英语视听说教程》是由纸质教材、光盘、录音带及网络学习系统组成的立体化视听说教材。这种运用多种媒介来进行听力和口语训练的教材可谓是一种创新，通过视频让学生身临其境，通过听力磁带提供优质语音，通过网络媒体让学生耳目一新，这可谓十全十美、无懈可击。虽然这种立体教材能够运用多种手段发展学生的听说能力，但是学生的听说能力发展最终依靠的是语言环境的熏陶。同时，听说的材料应该体现文化的内涵，因为只有学生理解了这种内涵，他们才能懂得语言背后的含义，才能做到在适合的场景运用适合的话语来表达。

总之，《21 世纪大学英语》继承了我国现有的各种大学英语教材的一些优点，也努力地适应新时代的要求，可谓是我国大学英语教材发展史中颇为先进的一套教材。与此同时，面对 21 世纪的要求，面对多元文化的冲击，《21 世纪大学英语》还有一些地方需要进一步改进，基于学生视角的大学英语教学内容的选择正是为了迎合这一需要而出现的。

二、基于学生视角的大学英语教学内容体系

教学内容是基于教学目标和学生发展水平而组织的一系列直接经验和间接经验的知识体系。教学内容作为教学目标实现的主要保证，是否适合学生的接受能力、是否满足教学

大纲的基本要求，直接关系到教学效果的优劣。因此，建构工具性与人文性相整合的大学英语教学，必须对教学的内容体系加以研究，以保证工具性与人文性相整合的大学英语教学目标的顺利实现。

（一）听力理解部分的内容

听力是理解和吸收口头信息的一种能力，也是日常交际的基础。听力教学是大学英语教学的重要组成部分，学生英语听力能力的高低是判断其英语水平的一个重要指标。因此，听力测试已成四、六级考试中的一个重要组成部分，其分值比例已经从以前的 20% 上升到 35%，和阅读理解部分并列成为整套试卷中分值比例最重要的两部分。

听力作为语言实用技能之一，被认为是获取信息、汲取语言营养的一个重要手段。当下国际信息交流日益频繁，能够听懂别人说是顺利交流的第一要务，大学英语四、六级考试中听力占 35% 的比例足以说明听。力的重要性。因此，学生们都迫切希望提高自己的听力水平，但有关调查发现听力依然是他们的难题，即使花费了很多时间还是不能取得比较理想的成绩。

基于学生视角的大学英语听力教学内容要体现出工具性与人文性相整合的特性。《课程要求》对听力理解方面做了三个层次的规定性。从这三个层次的规定性来看，当前我国大学英语听力教学更多偏重工具性，对于学生的文化素质培养和文化知识的传授仍然较为忽视。基于学生视角的大学英语听力教学内容可以在选择上既继承以往注重听力能力培养的优点，但也要注意选取具有文化内涵的素材，并且通过提问、讨论、介绍、总结和复述等方式强化和内化文化知识，为人文素养的培养进行文化积淀。与此同时，听力内容的安排要按照学生的接受能力循序渐进，由慢到快，由易到难，让学生真正能够把自己的学习兴趣激发出来。

（二）口语表达部分的内容

1．学生视角视域下大学英语口语教学的意义

随着经济全球化的影响，我国在政治、经济、文化等方面与其他国家的交流也日益频繁，拥有娴熟口语交际能力的人才成为各个领域迫切的需求。语言通过口头表达和书面表达的形式实现其交际的功能。众所周知，在日常生活交往中，口语是运用较多的，因此，英语学习中对于口头表达能力的训练非常重要。与此同时，综观现代外语教学法各主要学派，如“直接法”“听说法”“交际法”等，我们会发现它们有一个共同的特点，就是强调口语实践在外语教学中的重要性（赵景绥，2000: 59-61）。学生视角理念下的大学英语教学认为语言的形式和语言的功能同等重要，所学的语言知识应落实于语言实践。只有靠大量语言实践，特别是口语实践才能彻底理解并熟练掌握和运用所学内容，形成语感。“仅仅依靠知识本身永远不能导致语感的形成，没有语言实践，它们依然只是些纯词语的、理论的或抽象的知识。”(朱纯，1994: 113) 外语思维的养成和语感的形成同样重要，可以说

学习外语到了一定境界才能够灵活运用外语思维。思维通常是以语言的形式表达出来，但思维通常也是在语言的基础上才能产生和存在。人们在思维的时候要依靠某种体系的语言材料。外语教学最高的境界就是让学生能够运用外语思维来表达思想，具体而言，英语口语教学就是培养学生的英语思维，并能够在适当的情景中合理表达自己的所思所想，从而实现顺畅的交际。

2. 基于学生视角的大学英语口语教学内容

任何一种语言的使用都依赖于一定的语境条件，这种条件总是受到地域环境、历史文化等因素的影响。大学生英语口语能力的培养不只是对其语音语调的训练，更为重要的是让学生在接触丰富语言材料、掌握西方文化背景的基础上，提高口头表达能力，实现顺利交际。否则，即使经过了严格的训练，语音语调准确无误，也会因缺乏有关的文化背景知识而造成不必要的误会和不愉快。英语中有许多固定的表达方式是不能随意改变的。例如，在西方文化中别人赞扬你时，你应该遵循西方会话交际中的得体原则，说“Thank you”等感谢的话，而不是遵循我们文化中的谦逊原则。可见，民族不同，风俗习惯不同，在语言使用的方式上也不尽相同，因此，对语言使用的文化背景的了解是必不可少的。

有研究者对大学英语听说教学内容的主题进行过调查研究，发现最受欢迎的话题主要涉及以下几个方面：人生、爱情、体育、音乐、职业生涯、中西文化(郭萍，2007：79-82)。由此可见，简单的问候、谈论天气等话题已经不能满足当今的大学生在英语听说课课堂上的需要，听说材料的工具性、深度性、文化性成为他们关注的重点。基于学生视角的大学英语口语教学内容要体现出工具性与人文性的整合特性。因此，英语口语教学内容要依据学生的现实与未来需要及社会需要来组织，要启发和调动学生说英语的积极性，英语口语教学内容一定要有思想性，选择的内容应注重人文科学。

（三）阅读理解部分的内容

1. 传统阅读教学批判

语言是社会和历史发展的一面镜子，会随着历史的发展和社会的进步不断更新。作为大学英语教学载体的教材同样需要跟上时代的步伐，与时俱进。如果一本教材连续使用了多年而没有任何更新，那么它的内容设置及语言表达不可避免地会落后于时代的要求，会让学习者感到枯燥无味而失去学习的兴趣，学生的发展也就无法跟上时代的步伐。另外，传统的大学英语阅读教学通常采用三段教学法：首先是阅读前的“预热”阶段，通过对一些问题的讨论来调动学生的相关背景知识，以便进行有目的的阅读；然后是“讲解”阶段，教师重点讲解生词的意思和用法，介绍一些语法现象并对较难的句子做解释；最后是阅读后的“巩固”阶段，主要是通过做课后的词汇、语法和阅读练习，来达到对课文及所学知识的巩固(李晓利，2004: 37-42)。这种三段式教学法本身并无可厚非，通过循序渐进的教学安排可以充分调动学生已有的知识背景，然后理解生词难句，最后实现理解全文的目的。但是在实施过程中，教师将全部的注意力集中在了教材上，对于和时事挂钩的教学内容涉及太少，这就难免使教学失去弹性，因而也就失去了许多功能性和时效性。

2. 基于学生视角的大学英语阅读理解教学

阅读教学是大学英语教学中的一个重要部分。基于学生视角的大学英语阅读教学要体现工具性与人文性的整合特性，就必须在阅读教学内容的题材上跟上时代步伐，体现科技的新发展、社会的新进步、人类的新思想。同时，要充分考虑学生的已有发展水平，在适度的空间内合理安排学习内容，充分调动学生的学习主动性，在发展学生认知能力和交际能力的同时，使学生能够受到文化熏陶。鉴于外语教学的跨文化交际特点，可以适当地让学生对外国的思维方式、行为方式和文化底蕴进行了解，如种族、宗教、旅游、金融、生态、人文景观等。通过阅读教学培养学生参与跨文化交流的兴趣，进而培养他们对异域文化的正确辨别力，增强自身的民族责任感和使命感。

（四）书面表达部分的内容

1. 当前我国大学英语写作教学的现状及批判

语言的表达形式一般都分为口头表达和书面表达或写作两种，口头表达相对随意，但写作却相对规范、正式。可以说，写作能力是衡量一个人语言水平的重要指标。写作是词、句、语法、段落结构等多种语言教学单项的综合体，正因为它的综合性，所以它在语言教学中既是重点也是难点。英语四、六级考试或出国类英语考试等语言测试中，写作是必不可少的重要项目，但是大学英语教学中却没有开设专门的写作课，这就造成很多正在学习、需要学习和必须学习英语的学生缺乏专业的写作指导，使得作文没有章法，成为学习和考试中的弱项。目前的大学英语写作教学上存在着一些问题。首先，在传统应试教育理念的影响下，许多教师认为写作就是能够写出应考性作文，因此，在教学过程中强调模板和范文的重要性，忽视培养学生写作的主动性和内容的丰富性。其次，写作的内容和体裁也是以考试要求的格式来定，学生创造力培养被忽视。总之，大学英语教学中的写作教学注重结果写作法而忽视过程写作法，这样的写作教学显然扼杀了学生的主动性与创造性。

2. 基于学生视角的大学英语写作教学内容

目前，高校使用的关于英语写作的教材或参考书大致可以分成两类：一种是理论型；另外一种是实用型。前者侧重于对写作技巧、修辞等语言知识和篇章结构及内容的讲解；后者侧重于应对相关英语等级考试，出现了类似“套句大全”“万能作文模板”之类的写作参考书。这些教材都各有特点，但也都有不足之处。理论型显得呆板枯燥，学生难以理解；实用型因为过于模式化使得中国学生的英语作文千篇一律，内容流于形式。大学英语写作教学缺少一套系统的、涉及面广、理论与实际相结合的教材。基于学生视角的大学英语写作教学要具有工具性与人文性的整合特性，所以大学英语写作的教学内容应该配备这样一套系列教材，包括写作技巧、句型练习、实用词汇、优秀范文等各个专题，这样的教材既具有理论性也具有实用性，既能满足教学目标的要求又能满足学生的个体需要，这样的教学内容无疑能够对大学英语写作教学提供有力的支持，促进学生写作能力的提升。

（五）翻译部分的内容

1．大学英语翻译教学现状及批判

罗选民按照学习者的专业属性把翻译的教学对象分为大学翻译教学和专业翻译教学两大类别（罗选民，2002: 58-60）。但是我国当前的大学英语翻译教学没有受到足够的重视。首先，作为指导及检查大学英语教学的纲领性文件《课程要求》，对于翻译教学并没有给予足够的重视。从 1985 年到 2004 年我国大学英语教学的教学大纲主要经历了四次调整，1985 年版的《大学英语教学大纲（高等学校理工本科用）》指出大学英语教学的目的是培养学生具有较强的阅读能力，一定的听和译的能力，并根据大学英语教学基础阶段和专业阅读两个阶段的差异，对学生在翻译能力方面给出了具体的规定。然而，1986 年版的《大学英语教学大纲（高等学校文理科本科用）》则只是强调语言基础教学，强调培养学生的阅读和听的能力，而对学生在翻译方面的能力却没有提出任何要求。1999 年版的《大学英语教学大纲（修订本）》在其教学日的中重新提出了对学生的翻译能力的培养，尽管在翻译能力方面它要求兼顾学生英译汉和汉译英两方面的能力，其重点还是放在了培养学生具有较强的阅读能力和一定的听、说、读、写、译能力上。《课程要求》的教学目标集中在培养学生的英语综合应用能力，尤其强调听说能力的培养。综上所述，翻译在大学英语教学中没有受到足够的重视，至多是教学的附属品。

2．基于学生视角的大学英语翻译教学内容

目前，许多非外语专业毕业学生对一般英语材料的翻译仍感艰难；英语专业毕业学生在翻译专业性较强的材料时，又有较大的局限性。提高非外语专业学生的翻译能力，已经成为目前社会的迫切需要。基于学生视角的大学英语翻译教学倡导工具性与人文性的整合。因此，大学英语翻译教学首先在教材内容方面应该系统地增加翻译基本理论和方法技巧，如翻译的原则（不拘泥于严复的“信、达、雅”之说）、翻译的方法（如增减词、词性转换、选择词义等）、翻译的技巧（如重构、修润、转换等）、翻译的忌讳（如字译字、句译句）等。大学英语教师也应该自觉地给课堂引入更多的关于翻译知识的介绍和练习。其次，增加学生对实用性材料的翻译练习。非外语专业学生在毕业后将进入工厂企业、政府部门、科教技术、文化卫生等各种行业。所以，与其翻译一些文学作品，倒不如将实用性大、时代感强的材料作为翻译素材。互联网的使用方便了教师对信息和材料的浏览和获取，帮助教师提供给学生最新的科技文化材料作为翻译练习内容，这样更能激发非外语专业学生学习翻译的兴趣。这种翻译练习可以针对单句，也可以针对完整的文章，这些都会为他们今后的工作做直接有效的准备。

三、基于学生视角的大学英语教学内容的特点

（一）教学内容的基础性、普及性和发展性

改革开放以来，我国对外交流日益频繁，什么样的英语教学内容在最符合时代的要求

同时也满足学生的需要成了关注的重点，然而这一问题在大学英语教学改革的三十多年来一直没有得到满意的回答。对于大学生而言，到底需要学习什么样的内容呢？通过上面的分析可以发现，传统的大学英语教学内容大体具有内容广泛、要求单一、注重实效、忽视人文的特征。传统教学内容更多的是依据时代的要求为了培养一定的专业人才而设置的，对于绝大多数毕业后主要从事各种工作的学生来说，这些内容并不能满足他们的需要。因此，基于学生视角的大学英语教学内容首先要体现出基础性、普及性、发展性特点。内容的基础性、普及性和发展性，不仅指传统内容中至今仍具育人价值的基础知识，还包括当代人类社会与科学发展中的最新知识；不仅包括自然科学基础知识，还包括人文社会科学基础知识；不仅旨在为所有学生的发展奠定共同的基础，更为每个学生的后续发展奠定不同的基础。大学英语教学要随着社会和科技的发展，不断筛选出基础性和普及性的教学内容，以夯实学习者发展的基础；同时需要给学习者全面、丰富的发展留有充分的时间和广阔空间，使学习者能够自主、多样和可持续地发展。基于学生视角的大学英语教学内容选择要注重基础性、普及性和可迁移性，着眼于学习者未来的发展，注重反思大多数学习者在进入社会后从事各种工作的需要，力求依据学习者身心发展特征、认知水准、情感倾向及经验基础，适当降低难度，突出大学英语与现实生活之间的联系，使基础性、普及性内容与发展性内容和谐兼容，让学习者能够主动地交流和学习，形成共性和个性化发展的基本能力，为学习者未来发展打下坚实的基础，以更好地应对现实社会的各种挑战。

（二）教学内容的差异性

班级授课制一直是学校教育鲜明的特点，由于学生人数较多，班级的规模也较大，班级中的大多数学生都是基于同一步调、同一教材、同一课程进行学习。这种“整齐划一”的做法出现超前学生因为内容简单而“不够吃”和部分学生因内容过难而“吃不了”的现象。大学英语教学整体上也在沿用这种传统授课形式，没能照顾到学生的个体差异性，未能满足每个学生终生学习和发展的需要。基于学生视角的大学英语教学内容主张重视学生个别差异，以人为本，弹性化安排教学内容的进度。因此，提供丰富多样的教学内容，以供学生多种选择，是基于学生视角的大学英语教学内容的主要特点。

（三）教学内容的人文性

孔子曾说：“观乎天文，以察时变；观乎人文，以化成天下。”虽然这一“人文”与现代意义上的“人文”在意义和用法上有一定区别，但是有共同的含义，就是人要了解世界、了解他人，最终了解自己、理解人生。这种了解需要基于对一定知识和技能的掌握，更需要对智慧精神、心性精神与阅历经验的共同掌握，也就是对人文素养的掌握。教育的本质是对人的灵魂和人的精神的教育，也就是说人文性是教育的本质特征，因此教育对学生人文素养的培养至关重要。但是在现实中，教育对于知识和技能的重视远远超越了对人文性的培养。从中小学到大学甚至幼儿园都把知识的传授作为第一要务，以眼前功利性为主要指标成了学校、教师和家长的评价标准，学生成为僵硬的知识接受工具，人文素养的培养被置之不理。大学生作为社会建设的栋梁和接班人，知识的掌握、技能的习得是必不可少的，但更为重要的是要学会理解人生，学会找到指引人生发展的正确方向的要领。这种素质需要通过人文教育得以实现，因此，人文教育应该回归教育的基础地位，大学英语作为大学生必修的基础课，其教学内容选择更应该体现出人文性，将人文素养的培养有效地融入整个大学英语教学内容选择过程之中，使学生在学习过程中不知不觉地受到人文精神的熏陶。因此，学生视角视域下的大学英语教学内容选择应体现出人文性特征，这是大学英语教学内容选择的必然要求。

第三节　基于学生视角的大学英语教学内容的组织

一、基于学生视角的大学英语教学内容组织的基本原则

课程理论之父拉尔夫·泰勒在《课程与教学的基本原理》一书中提出，连续性、顺序性和整合性是课程与教学内容组织的三个原则。这三原则至今仍然影响着教学内容的组织，可以说它是教学内容组织的基本原则。连续性原则，即将教学内容分阶段进行重复，这种重复的内容并非“原地不动”，而是逐级递升，要求内容的范围逐渐扩大、程度逐渐加深。这种循环重复、逐级递升的特征完全符合学生的认识特点，可以使学生加深对内容的理解和记忆，达到新旧知识的交替增长。顺序性原则，即教学内容按照知识的逻辑顺序和学生的心理发展顺序组织起来，逻辑顺序是指按照知识本身的系统和内在联系来组织教学内容；心理发展顺序是指根据学生的认知发展规律来组织教学内容。这两种顺序性原则就是要运用由简单到复杂、从具体到抽象的方式让学生循序渐进地理解知识，这既符合知识的逻辑性又符合学生的心理发展规律，更为重要的是符合了人类认识的规律。整合性原则，即打破传统固守的知识体系及学科间的界限，以内在一致的联系性为纽带整合各种教学内容，达到求同存异，最终整合为一个有机的教学整体，便于学生获得一个统一的观点，使自己的行为与所学内容统合在一起，并有机会探索个人和社会最关心的问题。当然，这种整合性是以各种教学要素的独立性为前提对教学内容进行组织。上述三大原则，以知识的纵向延伸、横向整合和逻辑顺序及学生的发展顺序为出发点，是教学内容组织可以信赖和依靠的基本原则，适用于所有学科教学内容的组织，因此，基于学生视角的大学英语教学内容的组织，也应按照以上三个基本原则来进行组织。

二、基于学生视角的大学英语教学内容组织的基本要求

（一）关联性

基于学生视角的大学英语教学目标指向大学英语教学工具性与人文性的整合，那么，

教学内容在进行组织时就应该以体验、探索、跨文化交际等为重要目标，在教学内容的安排上，就应该使学生有机会反复连续地发展跨文化交际这方面的能力。这种安排正好反映了目标和内容在一定范围内的关联性。同时，关联性还指先学的教学内容要为后学的内容提供支撑，能够促进后学内容的掌握，同时也进一步巩固先学的内容。这也就符合了人类认识的规律，从无到有、由少到多、由简到繁、由具体到抽象、由旧经验到新经验是教学内容组织的重要依据。因此，大学英语教学内容的组织要做到单元话题内容的连贯性和语言技巧训练的连贯性。教学内容的选择应尊重语言学习的规律，在进行选材和单元编排时以学生的认知心理特点和语言训练技巧为主线进行。这样，就会显得更有思想内容的连贯性，更加符合学生的认知心理和生活经验的逻辑。

（二）统整性

基于学生视角的大学英语教学倡导工具性与人文性的整合，那么，在教学内容的组织上，就需要注意它们之间的横向联系，并予以统整，使它们相互渗透、有机结合，以便于融会贯通。比如，注意输入性教学内容（听、读）与输出性教学内容（说、写、译）的有机结合等，以输入为基础培养实践性和应用型输出，反过来以输出促进和巩固输入。另外，大学英语教学在进行内容的组织和编排上还应考虑到课堂教学与课外自主学习的结合，以及教学、自学、考试相互照应。

（三）开放性

开放性是指在对教学内容进行组织时，既要统一，又要灵活多变。统一指指导思想的统一，是以教育目的、大学英语教学目标和具体的课程目标为归宿的统一。在统一的前提下，还要做到机动灵活，这样才能做到统而不死，活而不乱。灵活多变指的是在对大学英语教学内容进行组织时，在参照《课程要求》的前提下，根据当地的历史、文化、风俗、思维方式、价值观念、心理特点及学校的类别、层次、培养目标、学生的年龄特征等实际情况进行教学内容的组织。因此，在政治、经济及文化交流日益频繁的今天，基于学生视角的大学英语教学内容的组织必须坚持敞开胸怀、容纳百家、吸取各方养分，以培养全面发展的人才。

第五章　英语听、说、读、写、译教学改革与实践

听、说过程中，人们对语言的处理时间是十分短暂的，因此很容易因为一时走神或思考不周而错过某些信息或词不达意。这就意味着，对将英语当作外语来学习的中国学生而言，听、说技能的提高并非易事。对此，英语教学必须摒弃陈旧、落后的听、说教学方法，积极探索新颖的、进步的教学方法，从而提高英语听、说教学的效果。

合理地运用教学方法可有效促进教学的顺利进行，可使学生有效地掌握课堂知识，提高教学效率。所以，教学方法的运用对于教学而言至关重要。在阅读和写作教学中同样如此。

第一节　英语听力教学新法与实践

一、英语听力教学新法

（一）利用各类信息

1．视觉信息

听力教学中，教师可利用文字、图片等工具为学生提供一定的视觉信息。尽管听力理解的主要信息是听觉信息，但与听力相关的文字、图表等视觉信息也会给学生的听力理解带来十分有利的帮助。例如，英语新闻播报过程中，电视屏幕下方显示的新闻关键词对听懂新闻有很大的帮助；同样，与听力内容有关的画面也有助于我们对听力材料的理解。所以，在英语听力教学过程中，教师要积极利用各种方式为学生提供视觉信息，从而帮助学生理解听力内容，提高听力水平。例如：

Max: What kind of fine art do you like?

Laura: Well, I like different kinds.

Max: Any in particular?

Laura: Er, I especially like Chinese folk art.

Max: Wow, that's marvelous!

Laura: I am crazy about Chinese paper-cut. It is one of the folk arts and traditional decorative

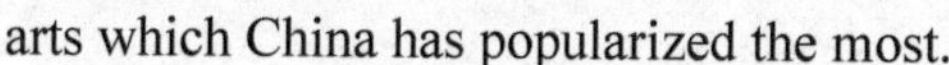

arts which China has popularized the most.

Max: What are the subjects of paper-cuts?

Laura: In the past, cutouts came in a wide variety of subjects such as flowers, dragons, gods and fierce animals.

Max: Do they have special meaning?

Laura: All are symbols of good fortune.

Max: It is said that paper-cuts are usually on red paper.

Laura: Yeah. The subject also depended greatly on the occasion: the shapes of gods for New Years, pine trees and cranes for birthdays (symbols of long life), and folklore of the moon for harvest festivals.

Max: Really? That sounds great!

在听上述材料之前，教师若提供下面这张图片给学生，学生就可能猜到听力材料是有关中国传统艺术——剪纸的内容，也就能够唤起大脑中有关传统艺术、剪纸的背景知识、常用词汇和表达等来辅助听力理解。

2．听觉信息

听觉信息主要指语气和语调。我们知道，同一句话说出的语气、语调不同，语义也可能发生改变。有时，学生可能对听到的内容不太确定，或理解不深，但通过语言材料的语气、语调就能够确定说话人的意图，如喜悦、愤怒、夸张、幽默等。因此，教师可为学生提供一些带有语气、语调的听力材料，帮助学生将听到的内容和语气、语调结合起来，形成一个个图式，内化到自己的知识体系中，有助于日后再遇到这类材料时的听力理解。例如，教师可以为学生朗读《震惊世界的审判》中的一段话，并将其中的语气表达出来。

Today it is the teachers, and tomorrow the magazines, the books, the newspapers. After a while, it is the setting of man against man and creed against creed until we are marching backwards to the glorious age of the sixteenth century when bigots lighted faggots to burn the man who dared to bring any intelligence and enlightenment and culture to the human mind.

本段话的最后包含了一个颇具讽刺意味的反语，通过这个反语的语气，学生就能感受到这篇材料的真实观点以及愤怒的情绪。

3．已有知识

已有知识不仅包括学生业已掌握的语言知识，还包括他们所掌握的常识以及英语文化背景知识，如英语国家的历史、地理、风俗等。在听力过程中，一般的生活常识和科普知识对于学生的听力理解起着重要的作用：一般的生活常识和科普知识可以扩大学生的知识面，拓宽学生的听力范围；一定的背景知识可以使学生克服听力中的许多困难。事实上，缺乏足够的背景知识往往会造成不小的听力障碍。因此，在选择听力材料时，教师可适当选取一些文本本身就带有背景介绍的听力材料，为学生的听减轻困难，同时帮助学生积累这类知识。例如：

When you take a walk in any of the cities in the West, you often see a lot of people walking dogs. It is still true, but the reasons why people keep a dog have changed. In the old days, people used to train dogs to protect themselves against attacks by other beasts, and later they came to realize that a dog was an example. When people use dogs for hunting, the dogs will not eat what was caught without permission. But now people in the city need not protect themselves against attacks of animals. Why do they keep dogs then? Some people keep dogs to protect themselves from robbery, but the most important reason is for companionship. For a child, a dog is his best friend when he has no friends to play with. For young couples, a dog is their child when they have no children. For old couples, a dog is also their child when their own children have grown up. So the main reason why people keep dogs has changed from protection to friendship.

根据上述材料，教师可提出下面这个问题。

What is the most important reason for people in the city to keep dog snow? (　)

A. For companionship.

B. For amusement.

C. For protection against robbery.

D. For hunting.

学生在做这道选择题时可能会在A和D之间徘徊不定。这时，根据文中的转折句“...but the most important reason is for companionship.”就可以判断正确答案应该是A而不是D。

（二）实用听力方法

听力教学效果迟迟得不到提升的一个重要原因就是听力材料的实用性不强，学生对听力材料不感兴趣。对此，教师可采用实用听力法，多给学生听一些与实际生活相关的材料，如通知、新闻等。

1．听通知

出门在外，我们经常会在车站、机场等地方听到上车、登机、晚点等通知。听懂这些通知对学生日后的外出、旅行十分重要，这类材料也往往能够引起学生的足够重视。因此，教师可以多给学生播放一些通知，教会学生掌握通知中所有的重要细节，帮助学生养成听的习惯。例如：

This is the final call for Air France to Paris, flight number AF814. Any remaining passengers must go immediately to Gate 4 where the flight is now closing. Air France flight number AF814 is closing now at Gate 4。

通过这则通知，学生应该掌握以下信息：Air France to Paris, flight number AF814, Gate 4, the flight is now closing。

2．看电影

看电影是学生喜爱的一种娱乐方式。很多经典商务英语电影也是中国学生追捧的对象。对此，教师可将电影应用于听力教学中：选取一些经典的英文无字幕电影，让学生一边看一边听电影中的对白。例如：

Jack: Listen, Rose... you're going to get out of here. You're going to go on, and you're going to make lots of babies, and you are going to watch them grow. You're going to die an old...an old lady warm in her bed. Not here. Not this night. Not like this. Do you understand me?

Rose: I can't feel my body.

Jack: Winning that ticket, Rose, was the best thing that ever happened to me. It brought me to you... and I'm thankful for that, Rose. I'm thankful. You must… You must… You must dome this honor... You must promise me that you'll survive that you won't give up no matter what happens, no matter how hopeless. Promise me now, Rose and never let go of that promise.

Rose: I promise.

Jack: Never let go.

Rose: I will never let go, Jack. I' II never let go.

本例是《泰坦尼克号》中的一段经典对白，颇受学生欢迎。为学生播放这段英文对白有助于提高学生听的兴趣和听力理解的效果。

3．听新闻

新闻题材多种多样，可能包括大量专业术语，需要丰富的背景知识。因此，听新闻比听通知、电影更难一些，但听新闻却有助于学生的英语听力上升到一个新的高度。所以，教师应经常为学生播放一些英语新闻，以培养学生养成听新闻的习惯，同时教师还应鼓励学生培养听新闻的习惯和爱好。

在听新闻的过程中，教师可要求学生理解大概意思即可，而不必掌握所有细节，但前提是要掌握整个语篇的大致意思。这就要求学生能够抓住文本中的关键词。

二、英语听力教学实践

（一）“视听结合”听力教学实践

教学任务：学习、了解英国的历史、地理、文化、体育、旅游等方面的状况。

教学目的:结合伦敦举办2012年奥运会的事件,采用“视听结合”的方式开展听力教学,以此来提高听力教学的效果、拓展学生的视野、促进学生对英国文化的了解。

参与形式:两人小组。

【教学过程】

Procedure A: Warming up

本环节包括以下两个步骤。

Step 1: Watching Video News

Jacques Rogge announced : “The games of the 30th Olympics in 2012 will be held in the city of London.”

Step 2 : Free Talk

自由讨论的话题可以有多种选择。例如:

(1) Why was Great Britain able to beat out four other world class cities?

(2) Have you ever been to the UK?

(3) Can you give us some information about the UK in geography, literature, politics, sports, sightseeing and so on?

Procedure B: Watching Videos

本环节中,教师可让学生观看有关英国地理、文学、政治、体育、旅游等方面的影像,并要求他们尽可能多地写下其中的关键信息。

Procedure C: Pair Work

本环节中,教师可将学生分成两人小组,并让他们讨论关于英国的一些问题。例如:

(1) How many countries does the UK consist of? What are they?

(2) Who rules the UK, the Prime Minister or the Queen?

(3) What are the provinces called in England?

(4) Which is the longest river in England?

(5) Does South Ireland belong to Britain?

Procedure D: Sharing

本环节要求学生互相交流彼此对英国各方面状况的认识和看法。教师可设计以下两个活动。

(1) Write a short paragraph introducing the UK.

(2) Give a talk and share with the whole class.

Procedure E: Homework

本环节中,教师要布置一些家庭作业,以帮助学生巩固课堂所学的内容。例如:

Do some more researches on the geography or history of the United Kingdom.

分析:本案例的亮点在于利用了多媒体教学手段,将视听有机地结合了起来。学生通过观看影像,使视觉形象思维与逻辑思维相互作用,发挥了视觉信息对听的辅助作用,因而能够迅速准确地把握听力材料的主要内容。另外，视听材料形象生动的特点也有助于激发学生了解英国历史、地理、文化等相关情况的兴趣。而两人一组的活动开展模式也有助于培养学生的合作意识，锻炼学生的合作能力。

第二节　英语口语教学新法与实践

一、英语口语教学新法

（一）创境法

语言学习的目的是为了实际的使用，解决实际生活、工作、学习中的问题，因此英语口语教学也应多提供一些真实语境，让学生在具体的、真实的、生动的语境中使用口语。教师应在学生的口语练习中创设多种语言情境，加强语言与情境的紧密结合，使抽象的语言教学具体化、情境化、形象化，更贴近于日常生活中的自然交谈。实践证明，在课堂中营造真实的语言情境不仅可以激发学生学习口语的兴趣，还可以使学生更快速地掌握口语技能。

创境法的开展方式有很多，下面我们介绍其中的两种。

1. 配音

配音活动的开展方式并不是固定的。教师可以先让学生听一段电影、电视片段，再讲解其中的语言点，讲解完后再播放两遍给学生听，让学生尽量记住里面的对白。然后将电影、电视调至无声，让学生根据记忆为电影配音。除此以外，教师也可以让学生观看一段无声的电影、电视，然后让学生发挥想象力为画面配音。这种方法更有助于激发学生的想象力，调动他们的参与积极性，口语锻炼的效果也会更好。

2. 角色表演

角色表演是一种深受学生喜爱的教学活动，也是情境教学的一种主要教学手段。操作时，教师可先为学生提供一个具体的情景。例如：

Mary Brown left teaching fifteen years ago in order to devote her time to her family. Now her daughter is old enough to look after herself, and Mary seems to have much more time on her hands, so she is thinking of going back to teaching. She wants to discuss this with her family in order to find out their views and seek their advice.

针对上述情景，教师可划分出以下三个角色，并指定或由学生自行讨论确定各自表演的角色。

Mary Brown: You are interested in your family's attitudes towards your going back to teaching, and you do not want to do anything against their wishes. Decide what to do.

Michael Brown: You are Mary's husband. You think it is a good idea for her to go back to work. Try to convince her to go back and try not to let your father advise her not to.

Mr. Brown Senior: You are Mary's father-in-law. You are not very well, and it is your daughter who has helped you along. You are seriously worried if she goes back to work. Try to find ways to persuade her not to go back to work, without sounding selfish, Try to remind her about the stress of teaching and the importance of her place in the home,

分工完毕后，学生可以自行排练，然后在全班同学面前进行表演。排练和表演期间教师尽量不要干预其中，如有需要，只做适当指导即可。表演结束后，教师可先让学生对自己的表演技巧、语言运用等方面发表一下看法，最后由教师对学生的表演情况进行点评，包括表演中的语言表达失误、语气语调不当等。

这种角色表演有助于增加口语教学的趣味性，降低学生对口语学习的畏惧；有助于将学生从机械、重复、单调的练习中解放出来，给学生提供在不同的社会场景里以不同的社会身份来交际的练习机会，因此对口语教学的效果有很大的提升作用。

（二）功能评价法

评价对教学有着指导和促进的作用。通过评价，教师可以及时发现学生学习中的问题，并予以纠正和引导。因此，口语教学不妨将评价和课堂教学融为一体，通过评价来激发学生口语学习的欲望，明晰口语教学的重点，指引口语教学的方向，提高口语教学的效果。

英语口语教学的功能评价方法主要有两种：形成性评价和终结性评价。下面我们就来介绍这两种评价方法以及口语的一般评价标准。

1．形成性评价

形成性评价又称“过程性评价”，是指在教学过程中为了获得有关学习的反馈信息，了解学生对所学知识的掌握程度所进行的系统评价，是针对学生的学习行为与能力发展所进行的过程性评价。形成性评价应用于口语教学中．要求教师要将课堂教学的功能目标分解成几个阶段性评价目标，并根据各个阶段目标的特点设计相应的评价活动，然后再将这些评价活动应用于每节课中，每过一段时间就进行一次评价总结，以此来诊断学生是否达成了学习目标。若达成了学习目标，就应给予学生适当的奖励或鼓励；若没有达成学习目标，则需分析原因，以确定下一步的教学行为、教学活动、教学重点等。

2．终结性评价

终结性评价是一种结果性评价，是在某个相对完整的教学阶段结束后对整个教学目标的实现程度做出的评估（如期末考试），目的在于检查学生的学习是否达到了教学目标。终结性评价的标准必须根据课堂的口语交际能力目标来设计一些应用性的活动。通过评价的结果，学生和教师都能了解过去一段时间口语教学的成果、问题，并在下一阶段的课堂教学中予以纠正。

3．口语的一般评价标准

一般而言，英语口语评价应该包括以下四个方面。

（1）语音 (pronunciation)。语音评价的标准如下。

0.0~0.4 Frequent phonetic errors and foreign stress and intonation patterns that cause the speaker to be unintelligible.

0.5~1.4 Frequent errors and foreign stress and intonation patterns that cause the speaker to be occasionally unintelligible.

1.5~2.4 Some consistent phonetic errors and foreign stress and intonation patterns, but the speaker is intelligible.

2.5~3.0 Occasional pronunciation errors, but the speaker is always intelligible.

（2）总体可理解度 (overall comprehensibility)。总体可理解度的评价标准如下。

0.0~0.4 Overall comprehensibility too low in even the simplest type of speech.

0.5~1.4 Generally not comprehensible due to frequent pauses and/or rephrasing, pronunciation errors, limited grasp of vocabulary, and lack of grammatical control.

1.5-2.4 Generally comprehensible with some errors in pronunciation, grammar, choice of vocabulary items, or with pauses or occasional rephrasing.

2.5~3.0 Completely comprehensible in normal speech, with occasional grammatical or pronunciation errors in very colloquial phrases.

（3）语法 (grammar)。语法的评价标准如下。

0.0~0.4 Virtually no grammatical or syntactic control except in simple stock phrases.

0.5~1.4 Some control of basic grammatical constructions but with major and/or repeated errors that interfere with intelligibility.

1.5~2.4 Generally good control in all constructions, with grammatical errors that do not interfere with overall intelligibility.

2.5~3.0 Sporadic minor grammatical errors that could be made inadvertently by native speakers.

（4）流利程度 (fluency)。流利程度的评价标准如下。

0.0~0.4 Speech is halting and fragmentary or has such a nonnative flow that intelligibility is virtually impossible.

0.5 ~ 1.4 Numerous nonnative pauses and/or nonnative flow that interferes with intelligibility.

1.5 ~ 2.4 Some nonnative pauses but with a more nearly native flow so that the pauses do not interfere with intelligibility.

2.5 ~ 3.0 Speech is as smooth and effortless as that of a native speaker.

需要指出的是，以上评价标准并非一成不变、适用于全部口语评价，而是会随着评价理念、评价内容等的变化而变化的。因此，上述评价标准只是一个参考，在实际的口语评价中，教师还必须结合实际情况来确定评价的标准。

（三）文化导入法

我们知道，语言是文化的载体，语言的使用无不反映着发话人的文化背景。中国学生由于受根植于内心深处的母语文化的深刻影响，因而在用英语进行口语表达时总会带有汉语思维和表达方式、反映中国的社会背景等，很容易导致表达不地道。因此，在英语口语教学中应该将文化和口语教学相结合，利用文化导入的方法来教授英语口语。

1. 文化导入的内容

文化导入教学开始之前，教师首先必须明白文化导入的内容为何。文化对语言的影响和制约主要表现在两个方面：词语意义和话语意义。因此，英语口语教学中，教师也要从这两个方面来导入英语文化。词语意义的文化导入内容包括：词、习语在文化含义上的不等值，字面意义相同的词语在文化上的不同含义，民族文化中特有的事物与概念在词汇语义上的表现；话语意义的文化导入内容包括：话题的选择、语码的选择、话语的组织等。

2. 文化导入的方式

文化导入的方式主要有两种。

（1）结合教材导入。根据每节课的教学内容，教师可结合教材向学生介绍一些与当堂课的学习内容相关的背景知识。例如，在一节关于饮食的口语课上，教师可向学生介绍一些西方的饮食文化，并为学生补充一些相关词汇、常用语句。这种方式是最直接、最自然的导入。

（2）结合多媒体导入。中国学生的英语口语学习有一个极大的不利因素——缺乏大的英语环境。英语环境的缺乏导致学生无法感受英语及英语文化，增加了他们口语表达的困难。对此，教师可以利用多媒体为学生提供大量的英语文化知识，创设真实的英语情景，使学生身临其境地感受英语及英语文化，增加学生之间的互动交流，从而有效激发学生的学习热情。

二、英语口语教学实践

前面我们讲述了英语口语教学的现状、影响因素、目标、内容、原则及方法，下面我们就通过几个实践案例对上述内容加以落实。

（一）LET'S 听说教学实践

教学任务：完成外研社 NSE 8A M12 U1 听说课的教学任务：Module 12 Traditional life Unit 1 You must wait anal open it later*

参与形式：小组、结对、角色扮演。

教学目的：通过练习，学生能在听懂有关中外习俗的听力材料之余，谈论某地的风俗习惯或规章制度，如家规、校规等。

【教学过程】

Procedure A: Leading How much do you know?

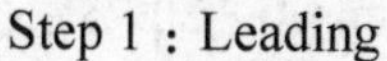

Step 1：Leading

Show the study aims to the students. 导入环节首先要让学生了解本课将要学习的内容，使学生明确学习的重点、方向，以便有效、有目的地学习。

Step 2：Stimulating

Ss enjoy the song and answer the question: What is the song about? 教师首先播放一首和礼物有关的歌曲，从而引入“礼物”话题，激发学生学习本课的兴趣。

Procedure B: Exploring Is there anything new to you?

Step 3：Presenting

以礼物为话题，结合情景教授新词，如 wrap，chopstick，chess，set，move, soap purse, chat, receive, hang, break, accept, lucky, anything, immediately 等，然后针对生词进行集中操练，使学生熟悉并掌握，为后面的听力做准备。

Step 4：Listening

① Listen and number

② Listen and answer the following questions:

What present do they buy for Lingling at last?

What can Lingling use it for?

听的环节中，教师可首先提出问题，让学生带着问题听，这样才能听得更认真、更有效，听的活动才有实际意义。

Step 5：Speaking

将学生分成若干小组，要求各小组以竞赛制讨论家规、校规，并尽量使用本课所学情态动词 must/mustn't / can't。

Step 6：对课文的处理涉及以下三个步骤

① Let's listen and answer: Did Lingling open the present when she accepted it? What must you do when you accept a present in China?

② Let's read and find: 完成 Act.4。

③ Let's imitate. Read after the tape. Let's do a role play(分角色朗读).

Procedure C: Trumpeting How do you understand it?

Step 7：Pair work

对比不同国家的风俗习惯，结合真实情景讲解本课的语法重点、难点——情态动词 must / mustn't/can't 的用法。

When someone gives you a present in America, you must____. But in China, you mustn't____. Immediately, you must____. When you accept a present in China,___. But in Britain,_______.

Procedure D: Sharing Can you do it better?

Step 8：Group work

小组活动环节中，教师给出话题，如：How to keep away from H7N9? 让学生分组讨论，使学生在讨论中巩固和运用所学情态动词 must/ mustn't / can't，语法功能和话题结合起来，实现交际。另外，学生在小组内的讨论不仅是对本课内容的延伸，同时也为下一节课做了铺垫。

分析：Let's教学模式包括四个环节：Leading（激活旧知、有效导入），Exploring（创设情境、探索新知），Trumpeting（聚焦难点、处理加工）和Sharing（深入探究、交流发现）。其优点就是能够充分发挥教师的主导作用，灵活安排课堂上的个人活动、配对活动、小组活动、全班活动，使这些活动都围绕学生来展开，体现学生的主体地位，提高学生的活跃程度，加深师生、生生之间的互动，最终提高教和学的效率。

本案例采用了 Let's 教学模式和创设情境的教学方法，组织安排了先听后说、听音模仿、角色扮演等具体的教学活动。其中，先听后说有助于学生为后面的说储备语言材料；听音模仿则为学生提供了正确、地道的发音示范，为他们后面的说打下了一定的语音、语调基础；而角色扮演则有助于激发学生说的积极性，使学生带着轻松、愉快的心情锻炼口语表达，这有利于他们口语水平的快速提高。

第三节　英语阅读教学新法与实践

一、英语阅读教学新法

在这里我们分三部分对英语阅读教学新法进行详细介绍，具体如下。

（一）阅读前方法

开展阅读前的活动十分有必要，因为它可使学生在短时间内了解所要阅读材料相关的信息；激活有关话题的背景知识；使学生尽快进入文章角色；激发学生阅读的兴趣，为下一步的阅读打好基础。以下我们来具体介绍几种阅读前的活动。

1．清除障碍

在造成学生阅读困难的因素中，词汇无疑是最重要的一个，因此教师有必要在阅读教学的过程中通过对话、故事、图片等形式向学生灌输词汇，扫除词汇障碍，从而更好地帮助学生阅读。教师还可以指导学生进行课前预习，并适当布置一些预习题，这样不仅可以使学生明确预习的目标，做到有的放矢，还可以培养学生的自主学习能力和自主学习习惯，同时能为课堂教学的顺利进行做好心理和知识的准备。除此之外，这种具有针对性的预习还可以增加课堂的容量，加快课堂的节奏，使学生在有限的时间里学得更多的知识。

2．以旧引新

以旧引新是指以旧的语法知识来引出新的语法知识。在具体的教学过程当中，有时一种语法会出现在几个单元当中，所以教师依据这一特点，在教授时不断地、重复地提及这一语法，以增强学生的记忆。在英语学习的过程当中，语法的难度是呈递进的趋势的，因此教师在教授新的语法点时，可结合旧的语法知识，通过复习旧的语法知识，引出新的语法知识，从而实现知识的再现和滚动。

3．了解背景知识

学习一门语言不单单是学习这门语言的词汇、语法、句子等，还要学习这门语言所承载的文化。因此，在阅读前教学中，教师有必要向学生介绍一些与文章有关的社会文化背景知识，这样不仅能使学生更好地了解阅读的内容，还能激发学生的阅读兴趣，提高学生学习的主动性。例如，在教授与Easter有关的课文时，教师可以在课前准备一些相关资料，然后展示给学生，并与学生进行相关的讨论，以唤起学生已有的知识和生活经验，激发学生的学习兴趣。

4．预测情节

有效地预测情节可促使阅读顺利地完成。所以，教师可在课前指导学生根据题目或一些关键词，大胆地想象，预测故事的情节，从而激发学生的好奇心，调动学生阅读的积极性。具有针对性的预测情节不仅可以巩固学生已有的知识，还可以培养学生的逻辑推理能力，而且有助于学生准确把握文章的主旨。在具体的教学过程中，教师可依据文章的题目（题目通常是文章中心的体现）来引导学生去预测课文的内容，不论预测的内容正确与否，对理解文章的内容都会有帮助。此外，教师还可以指导学生依据关键字来预测文章内容，从而充分发挥学生的想象力，提高学生的阅读能力。

（二）阅读中方法

阅读中的方法主要包含以下几种。

1．略读

略读实际上是一种以尽可能快的速度粗读全文，获取文章主题大意的阅读方法。所以，略读可以称得上是一种选择性阅读。略读不要求逐词逐句地阅读，只需选读每段的首、尾句，有时只要指出段落的主题句，抓住阐述主题的主要事实或细节即可。在采用这种方法进行阅读时，学生可有意识地略过一些词语、句子，甚至段落，对于一些细节或例子则无需关注。

略读是需要技巧的，在这里我们重点介绍以下几种。

（1）注重文章的题目、小标题、黑体字、斜体字以及划线部分。文章的题目常常是文章内容的宗旨，利用标题常能帮助我们预测文章的主旨大意。小标题是各部分内容的概括和浓缩，而黑体字、斜体字和划线部分则是提醒学生这一部分是很重要的信息。所以，在阅读过程中有必要对文章的题目、小标题、黑体字、斜体字以及划线部分加以注意。

（2）重点阅读文章的首尾段以及段落中的段首和段尾。文章是由段落组成的，段落是由句子构成的，这些逻辑关系之间存在一定的章法。往往许多文章的第一段是对全文主要内容的概述，而最后一段作结论。段落的首句也往往是主题句，而末句常常是结论句。所以，重点阅读文章的首尾段以及段落中的段首和段尾有助于阅读的顺利进行。

（3）留意关键词语。关键词可以反映在特定的场景下谈论话题的内容，而且大多同文章的主题有关，利用关键词可以推测文章的主题。

（4）重视关联词语。英语中常见的表示逻辑关系的关联词语可以有效帮助学生预测上下文的关系，预测和判断作者的观点和思路，所以在阅读过程中要对关联词引起足够的重视。

下面通过两个例子来对略读做进一步的解释。

Read the opening and ending paragraphs of the text and find the main idea of it.

Although we may not realize it, when we talk with others we make ourselves understood not just by words. We send messages to the people around us also by our expressions and body movements. A smile and handshake show welcome. Waving one's hand is to say "Goodbye". Nodding the head means agreement, while shaking it means disagreement. These gestures are accepted both by Chinese and English speakers as having the same meanings.

When one uses a foreign language, it is important to know the meanings of gestures and movements in the foreign country. Using body language in a correct way will help communicate with people and make the stay in a foreign country easy and comfortable.

不难看出，文章中的首段和末段是文章的主旨所在，即人们在交流时除了使用口头语言外，还使用体态语，同时在与外国人交流时，还应注意各国

（5）对于一些无关紧要的信息可以省略不读。

（6）最后再回到问题当中，比较针对问题的四个选项，选出最佳的答案。

跳读这种阅读方法可迅速提高学生比较、筛选语言信息的能力，并能显著提高学生解决问题、处理信息、评价语言的能力。因此，在具体的教学过程中，教师应注意培养学生这方面的素质，以有效提高学生的阅读能力。

下面请看一则例子。

China could save 10 million tons of grain a year if more attention were paid to the control of crop killer insects, a senior agricultural scientist said. He also warned that plant diseases and migratory locusts, which had been controlled for years, are spreading again.

He said China loses 15 million tons of grain a year as a result of damage done by plant diseases and insects. But if crops were better protected, at least 10 million tons of the lost grain could be saved. He calls for setting up a national consultative office in charge of biological control. Biological control is now used on slightly more than lo percent of farmland of the country.

（1）What make China lose a large number of tons of grain every year?

A. Crop killer insects.

B. Any kinds of insects.

C. Asian migratory locusts.

D. Plant diseases and insects.

（2）What is the scientist's warning?

A. China loses 15 million tons of grain a year.

B. Crops should be better protected.

C. There are more and more plant diseases and insects.

D. Locusts are out of control.

根据上述跳读的步骤，我们可以轻松地得出正确答案：D 和 D。

4. 寻找主题句

理解文章的关键是确定文章的主题思想，而要想确定主题思想，首先要确定主题句。文章的中心思想（也就是作者的基本思路）往往是通过主题句表现出来的。所以，寻找主题句对文章中心思想的确定、文章的理解至关重要。主题句往往是对文章大意的概括，句子结构较为简单。主题句的位置非常灵活，通常有以下几种情况。

（1）主题句在段首。

一般作者在写文章时先会引出一个话题，然后针对这一话题展开详细的论述，所以主题句常出现在段首。而且将主题句置于段首，开门见山，一目了然，也最容易被读者把握。例如：

In a number of ways, community college is making it easier for older students to attend college. For example, the college now offers courses on Saturdays. Classes on those days appeal to those students who, because of work or family responsibilities, cannot enroll in courses during the week. In addition, many departments in the college have begun to offer credits for life experience, so students with the work needing to travel outside their cities or their countries can complete their degrees more quickly. Finally, the president of this college has announced that the students would attend classes if they had a pleasant and safe place to leave their children.

通过阅读不难发现，文章的段首就是文章的主题句，其分述部分由信号词 for example 引出，叙述连贯，条理清晰。

（2）主题句在段尾。

主题句位于段尾的情况也十分常见，此时的主题句通常是对上文的总结，或是对上文的描述提出的建议。例如：

We now have, as a result of modern communication, hundreds of words flung at us daily. We are constantly being talked at by teachers, preachers, salesmen, public officials, and motion-picture sound tracks. The cries of advertisers pursue us into our very homes, thanks to the radio, and in some houses the radio is never turned off from morning to night. Daily the newsboy brings us. in large cities, from thirty to fifty enormous pages of print, and almost three times that amount on Sunday. We go out and get more words at bookstores and libraries. Words fill our lives.

通读上文不难看出，文章的最后一句“Words fill our lives.”为文章的主题句。

（3）主题句同时位于段首和段尾。

主题句同时位于段首和段尾就是文章主旨在段首和段尾同时概括出来，这种情况在文章中最为常见。但此时段尾的主题句并非只是对段首主题句的重复，而是对段首主题句的进一步引申和呼应，而且多数情况下两者在用词和句型结构方面也存在差别。例如：

Good manners are important in all countries, but ways of expressing good manners are different from country to country. Americans eat with knives and forks; Japanese eat with chopsticks. Americans say "Hi" when they meet; Japanese bow. Many American men open doors for women; Japanese men do not. On the surface, it appears that good manners in America are not good manners in Japan, and in a way this is true. But in any country, the manners that are important are those involving one person ' s behavior toward another person. In all countries it is good manners to behave considerately toward others and bad manners not to. It is only the way of behaving politely that differs from country to country.

文章的首句"礼貌在所有国家都重要，但是各国表达礼貌的方式却不相同"直接突出中心，点明了主题。随后，又列举了在礼节上美国人和日本人表达方式的不同，紧接着逻辑连词 but 所引导的句子总结了所述细节，进而引出总结性的句子。我们发现，尽管段首和段尾所表达的思想一致，但用词和结构却存在差异。

（4）主题句在段中。

主题句位于段落中间的情况也是有的，此时主题句之前的句子多为主题句的铺垫，目的是引出要论述的主题，而主题句之后的段落则是对主题的进一步阐述，以引申主题。例如：

A port is a place where ships stay when they are not sailing. Ships usually load or unload at a port. So a spaceport is a place where "spaceships" stay when they are not flying. It has special buildings where the spaceships are kept. It also has supplies needed for space travel.

段首的"港口是船不航行时停留的地方"并不是段落的主题句，该句目的是引出主题句：So a spaceport is a place where "spaceships" stay when they are not flying.（宇航港是宇宙飞船不飞行时停留的地方。）其后的内容是对主题句的进一步阐述和引申。

（5）主题句暗含于段落之间。

在有些文章中，尤其是多段文章中，无论是段首、段尾还是段中，我们都很难找到明显的主题句，实际上这类文章的主题句融入到了段落之中，需要我们捕捉文章细节，自己概括文章大意。例如：

Early in the 18th century, Captain Cook, a very famous world explorer, saw an unusual animal accidentally during his first visit to Australia. The animal had a large mouse-like head and jumped alone on his large legs. To his great surprise, the unusual animal raising its young in a special pocket of flesh, Cook pointed to the animal that was eating grass in the distance and asked his native guide saying, "What ' s the name of the animal eating over there?'' The guide appeared puzzled and finally said, 66Kanga-roo. "which Cook carefully noted in his notebook.

The Europeans who later came to Australia were anxious to see what a kangaroo looked like but their requests were always met with puzzled looks. They soon discovered that the native who had answered Cook's questions really meant, "I don't know what you're pointing at." Funnily enough, the name "kangaroo" stuck and is still in use today.

不难看出，上述描写均为细节描写，没有明显的句子可以作为段落的主题句。但通读全文，结合细节信息，不难概括出文章的中心思想：Some words have funny and strange origins。

二、英语阅读教学实践

以上我们介绍了英语阅读教学中常用的教学方法，以此为基础，这里我们重点介绍英语阅读教学实践，以对上述内容进行补充，同时指导英语阅读教学实践的有效进行。

（一）"学案导学、先学后教"阅读教学实践

教学任务：完成外研社 NSE 9A M12 U2 读写课的教学任务：Module 12 Summer in LA Unit 2 Learn English in Los Angeles.

教学目的：通过"学案导学、先学后教"教学方法，引导学生积极参与各种形式的阅读课活动，培养学生的合作精神和自主学习能力。

参与形式：4 人小组合作学习、个人自主学习、组际互动交流。

【教学过程】

1．先学

（1）小组内部进行合作学习和讨论，翻译和拼读本课生词和短语，并在同学之间相互检查。

翻译并拼读下列生词和词组：英语课程、美国文化、每天四小时、在……的开端、周测试、在……中取得进步、参加活动、也、填写、体验生活。

（2）助学提示。

① The courses last for four, six or eight weeks.

解读：句中 last 意为"持续"，后接一段时间。

练习：会议持续了多长时间？

did the meeting ?

② You will enjoy coming to Los Angeles.

解读：句中 enjoy 意为"喜欢、享受"，

enjoy oneself= have a good time。

如：Did you enjoy yourself today? 今天玩得开心吗？

练习：Last Sunday the children enjoyed at the beach.

A. they B. them C. himself D. themselves

（3）小组内讨论并思考以下问题：What activities/courses have you ever attended? Where have you gone? How long has it lasted?

2．后教

Step 1: Skimming

Read the text quickly and match the titles with the paragraphs. 让学生自主快速阅读课文，启发引导学生抓住本文 main idea 和各段的 topic sentence。

Step 2：Scanning

Read the text carefully and do True or False & correct:

(l) If you come to Los Angeles, you can experience life in England. ( )

(2) Some families create friendships with the students which last a long time.( )

(3) You live and have meals with an American family, do some activities with them and take part in American life.( )

(4)There are few things to do in LA.( )

Step 3:Fill in the from

Suppose you' re planning to attend a course, fill in the form.

e · g. My name is... I' m a student of... My e-mail address is... I' d like to start the course on... It can last for... I' d like to study with... It would be better if I can live... because I can...1 want to take trips to... because....

先由学生自己填写，然后 4 人小组内进行交流讨论，再由小组内选出一名代表与其他小组间进行交流。

3．拓展

(1)任务型配对阅读。

有同学在阅读中遇到以下问题，请同学们为以下每个问题选择最佳办法。

( )1. I read very slowly especially when there are many new words.

( )2. I' m afraid to speak in class because I' m afraid of making mistakes.

( )3. I always write Chinglish but not real English. I can' t use the right English words or use big words that are not necessary at all.

A. Find a pen pal. You can make penfriends who are from English speaking countries, so you may write letters in English often. Maybe your pen pal can help you improve your English, too.

B. Try to be more outgoing. Don' t be afraid of English learning. Everybody makes mistakes. It' s not a big deal to make mistakes in front of your classmates who may do the same thing.

C. Have some good reading habits. First, you have to find out why you can' t read fast like others. Do you always read in a right way that is the same as you are reading your mother language?

这一环节采用了任务型的阅读，要求学生阅读后完成相应的任务，同时通过帮助同学解决问题，培养学生良好的学习习惯。

（2）Write about a course learning Chinese in Yiwu:

e.g. There are four classes a day. They last…Students live…or…There are many things to do in... For example, …All the students have a wonderful time learning Chinese in…

这一环节利用阅读素材设计一些同步的写作活动，使阅读与写作在英语教学中相辅相成，培养学生使用语言的能力。

分析:以上从课前预习（先学）、课堂教学实施（后教）、课后拓展三个方面介绍了“学案导学、先学后教”这一阅读教学实践。在课前预习阶段中，以学案为载体，以导学为方法，这样学生更有信心在有限的课堂时间里参与交流合作。在课堂教学实施阶段，摒弃了陈旧的教学模式，师生边教边学，真正体现了“先学后教”的新理念。在课后拓展阶段，设计了与阅读文章相关的任务型阅读和写作活动，有效实现了知识的拓展。

第四节　英语写作教学新法与实践

写作是英语中一项重要技能，而且是一个高度复杂的思维过程，它对认知能力、思维能力、语言能力、组织能力、自我监控能力都有相当高的要求。所以，学生要想提高写作能力，单凭自己的自主性是远远不够的，还要依靠教师的指导。而合理的教学方法和策略将对教师的教学带有很大帮助，能有效提高教学的质量，增强学生的写作能力。本节我们就分两部分对英语写作教学进行具体介绍，包括英语写作教学新法以及英语写作教学实践。

一、英语写作教学新法

（一）选题构思方法

文章写作的各个过程中都离不开构思，构思是写作的基础。选题构思常用的方法有自由写作式 (free writing)、思绪成串式 (clustering)、利用五官启发式 (using five senses) 等。

1. 自由写作式

自由写作式是指在看到文章题目之后就在大脑中进行思考，并将思绪无限拓展，然后将所想到的观点和信息都记录下来，然后再返回阅读所记录的内容，从中选取认为有用的信息，剩余的则可直接删去。这样的构思方式不受限制，可完全打开，而且写作的框架也就自然形成了。例如，要写一篇题为 How should we spend our spare time 的文章，思路可以这样打开：

How should we spend our spare time? Go to a park, go fishing, play basketball, sports, do homework, read books, newspapers, magazines, visit friends, go to movies and play computer games? No, it’s not good. Waste time. We’d better finish the work first. Do some housework...

2. 思绪成串式

思绪成串式是指将主题写在纸中间一个圆圈里，然后将所能想到的与主题相关的关键字写下来，画个圈。接着对所写出的关键字进行总结归纳，最后确定写作思路。例如，要写一篇题为 Our Earth 的文章，可以按图 5-1 所示来展开构思。

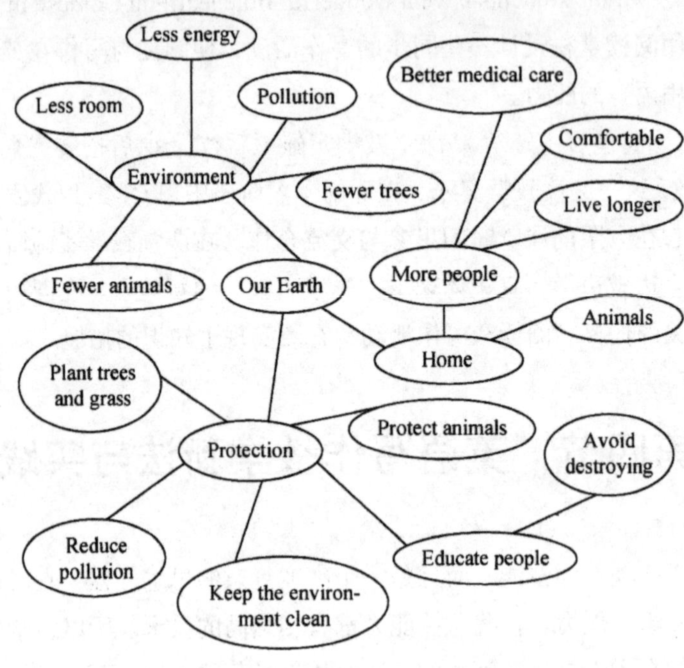

图 5–1 思绪成串式实例图

通过上图可以看出，只要对不断展开的思路进行总结，那么最后的写作思路也就不难确定了。

3. 五官启发式

五官启发式就是从看到的、听到的、闻到的、尝到的、触摸到的几方面去思考，搜寻与题目有关的材料和信息，但这些方面也没有必要面面俱到。例如，要写一篇 My Best Friend 的文章，就可通过以下方式开始。

视觉：He has a round smiling face. He walks slowly for he enjoys talking while walking. He likes to swing his pen in his hand when he has nothing to do with his hands in class. He often makes faces when he’s happy. He does his homework quickly and often helps others and me with math problems. He likes to play ping pong with me.

听觉：He whistles a tune when he is alone. He can talk on and on about computer games. Whenever he understands something, he is always saying, “Oh, I know, I know.”

嗅觉：I could smell his feet and sweat in summer. This shows he enjoys sports very much in a way.

触觉：When we play ping pong, I can feel his toughness and strength. And he is quite good at it.

通过五官寻找与主题相关的材料，思路会逐渐打开，最后的写作思路自然也就很容易确定了。

（二）开篇方法

通常情况下，一篇文章会由三部分组成，即开头、中间和结尾，但往往一篇文章中的开头最引人注意。在英语测试中，如果文章有一个出彩的开头，那么获得高分的概率就很大。因为在有限的阅卷时间内，文章的开头部分首先映入阅卷教师的眼帘，文章开头写得好，往往就容易得高分。通常文章开篇的方式有以下几种。

1．开门见山

开门见山就是在文章的一开始就提出观点，突出文章主题，明确陈述见解。这种开篇方式又称“事实陈述法”或“现象陈述法”。例如：

As food is to the body, so is learning to the mind. Our bodies grow and muscles develop with the intake of adequate nutritious food. Likewise, we should keep learning day by day to maintain our keen mental power and expand our intellectual capacity. Constant learning supplies us with inexhaustible fuel for driving us to sharpen our power of reasoning, analysis, and judgment. Learning incessantly is the surest way to keep pace with the times in the information age, and reliable warrant of success in times of uncertainty.

2．下定义

下定义就是在文章的开头给出必要的解释说明，以帮助读者理解。例如，题为 Financial Crisis 的作文，可采用以下方式开头：

Financial crisis, also known as financial tsunami, refers to the dramatic deterioration of the financial indicators of a certain country or several countries and regions in the world(下定义).It can be classified as currency crisis, debt crisis, banking crisis, sub-loan crisis, etc. The feature of the crisis is that people are pessimistic about the economic future because of monetary depreciation occurring throughout the region. The causes for the crisis are complicated with multiple reasons, mainly from three aspects,1.e.,the U.S. consumption habits of borrowing, the idea of free economic management, and the economic environment and specific policy instruments.

3．描写导入

描写导入就是以描写背景为切入点，进而导入正题。例如：

Nowadays college students are seen waiting on tables, cleaning in stores. advertising in streets, tutoring in families and doing whatever work they can find.(描写作引言)It has become fashionable for college students to do some odd jobs in their spare time.(中心思想——打工的普遍性)

4. 以故事引入

以故事引入就是以故事作为文章的开头，然后引出下文。这种开篇的方式很容易吸引读者的注意力，激发读者继续阅读的兴趣。例如：

Most of us may have such experiences: when you go to some place far away from the city where you live and think you know nobody there, you are surprised to find that you run into one of your old classmates on the street, perhaps both of you would cry out: “What a small world!”（通过故事，最终引出自己的观点）

5. 问答法

问答法就是用英语的五个 W 和一个 H 开头的问句提问，尽量多问一些问题，尤其是多问一些人们想知道的问题，然后根据这些问题确定写作思路。以问答开篇可以取得与以故事开篇一样的效果，也可以有效吸引读者的注意力，激发读者的阅读兴趣。

例如，写一篇题为 The Spring Festival 的文章，就可采取以下方式开始：

What is the Spring Festival?

What is the importance of the Spring Festival?

Who celebrate the Spring Festival?

When do people celebrate the Spring Festival?

Where do people go for the Spring Festival?

What do people do during the Spring Festival?

Why do people do those things?

Why do people celebrate the Spring Festival?

How long does the Spring Festival last?

How do people feel about it?

What are the symbols connected with the Spring Festival?

然后给每个问题一个简短的回答。

The Spring Festival is the Chinese New Year.

The Spring Festival is the biggest Chinese traditional festival.

We Chinese people celebrate it.

We celebrate it either in January or in February according to the Chinese Lunar calendar.

People hurry home for the Spring Festival.

During the Festival, people like to wear new clothes, have a big family dinner, give lucky money to children and visit relatives and friends. In the past people would fire cracks to drive away evils. Now people like to stay at home watch CCTV Spring Festival Special Programme.

People do those things to show love and care to each other, and to wish for a happy new year.

People celebrate it because the Spring Festival is the beginning of a new year.

The Spring Festival lasts 15 days from the Spring Festival Eve to the Lantern Festival.

People feel very happy and enjoy the Spring Festival very much.

The symbols connected with the Spring Festival are the character of fortune, the lucky money, the couplets, etc.

下面内容的写作思路就可以以这些问答为依据不断展开。

6．数据法

数据法就是在文章的开头引用权威性统计数字，以增强文章的说服力。数据法有先主题后数据，先数据后主题之分。这里以先主题后数据为例。

As is reported that cell phones are becoming increasingly popular within China.（引出主题）In 1999, the number of cell phones in use was only 2 million, but in 2002, the number reached 5 million. And in the year 2005, the number had suddenly soared t0 9 million.（引出数据）

（三）段落展开方法

段落展开的方法多种多样，在这里我们具体介绍以下几种段落展开的方式，即按时间展开、按空间展开、按定义展开、按过程展开、按分类展开、按因果关系展开。

1．按时间展开

按时间展开是指文章按照事件发生的时间顺序叙述展开，先发生的事情先写，后发生的事情后写。这种方法多用于记叙文中。例如：

By the time he was fourteen, Einstein had already taught himself advanced mathematics. He already knew what he wanted to be when he grew up. He wanted to study physics and do research. The problem was that Einstein's family did not have enough money to pay for his further education. Finally they managed to send him to a technical school. Later they were able to send him to an important technical college in Switzerland, which he entered in 1896 at the age of seventeen. He studied hard and received his degree at the end of his course. He wanted to study for a doctor's degree, but he did not have enough money. The question was how he could find enough work to support himself. First he worked as a teacher. Later he got a job in a government office. This work provided him with enough money to live on. Also he had enough time to study. He went on studying and finally received his doctor's degree in 1905.

2．按空间展开

按空间展开就是文章按照一定的空间顺序和方位展开叙述，如从上到下、从左到右等。这种方法常用于描述景物或一个地方。例如：

One of the most interesting places to visit in Singapore is the bird park. It's located in the industrial area of Singapore, called Jurong. The bird park is about twelve kilometers from the center of the city, and it's easy to get by bus or taxi.

It's one of the largest bird parks in the world. The birds are kept in large cages, and there are hundreds of beautiful birds from many different parts of the world, including penguins, parrots9 eagles, and ostriches. There' s a large lake in the park, with a restaurant beside it. There' s also a very large cage. You can walk into it to get a closer look at the birds.

3．按定义展开

按定义展开就是针对某一个含义复杂、意义抽象的词语或概念具体展开阐述。通常情况下，在下定义的同时还可能运用举例子、打比方的方法以使读者对其定义有一个更清楚的了解。这种方法常用于说明文中。例如：

Poetry is a branch of literature which explores ideas, emotions, and experiences in a distinctive form and style.(给诗歌下定义)Poetry, sometimes called "verse", depends greatly on the natural rhythms and sounds of language for its special effects. Poetry, even more than prose (all other writings), depends on precise and suggestive wording. In other words, a poem says much in little space. Poetry differs from prose in obvious ways, also. Most often the first word of every line begins with a capital letter, even in the middle of a sentence. Poems sometimes contain thyme, and often they have a particular rhythm, like music.

4．按过程展开

按过程展开就是文章依照事情发展的经过、顺序逐项展开说明。这种方法常用于记叙文，多叙述如何做一件事情。例如：

Many people like to read the latest news in the newspaper. But how is a newspaper produced so quickly?

Every morning the chief editor holds a meeting with the journalists. After that, journalists are sent to interview different people. Usually they have a face-to-face interview with them. Sometimes they do telephone interviews. At the same time, photographers are sent to take photos which will be developed later. Sometimes they use old photos from their library in order to save time and money. After the reporters hand in their stories, the chief editor will choose the most important news for the front page. Other editors read the stories and make some necessary changes. They also write headlines for each story. Finally, when the newspapers are printed, they are delivered to different places as soon as possible.

5．按分类展开

按分类展开就是将要说明的事物按照其特点进行分类，然后逐一进行说明。这种方法多用于说明文。例如：

WORLD MUSIC

In Africa most music is folk music. It plays an important part in people' s lives, especially for work, and at festivals and weddings, when people dance all night long.

Indian music is not written down. There is a basic pattern of notes which the musician follows. But a lot of modern music is also written. India produces more films than any other country in the world. It produces musicals too, that is, films with music, and millions of records are sold every year.

In the Caribbean the slaves who were brought from Africa developed their own kind of music. West Indians make musical instruments out of large oil cans. They hit different parts of the drum with hammers to produce different notes. This type of music has become very famous in Britain and is very good music to dance to.

Jazz was born in the USA around 1890. It came from work songs sung by black people and had its roots in Africa. Jazz started developing in the 1920s in the southern states. Soon it was played by white musicians, too, and reached other parts of the USA.

6．按因果关系展开

按因果关系展开主要包含三种形式：第一种是按原因展开，也就是在文章开头先描写结果，然后再分述其原因；第二种是先给出结果，然后再叙述其原因；第三种是文章既分析原因又分析结果。这种方法常用于说明文。例如：

I prefer to live in the city for the following reasons. First, I can enjoy colorful life in city. There are always many performances and exhibitions through which I can learn a lot. Second, I can enjoy good services in the city. It is convenient for me to go everywhere, by bike or by bus. Department stores and shops, small or large, can offer me whatever l want. Third, I can have more job chances in the city if I am not satisfied with the present job. It is easier for me to transfer to another.

二、英语写作教学实践

在上述写作教学方法的基础上，这里重点介绍英语写作教学的具体活动，以对上述内容进行实践。

（一）“话题式”写作教学实践

教学任务：Write a composition about“Friendship”.

教学目的：通过各种概括性和总结性的练习任务，增强学生对文章整体的感知能力和写作能力。

参与形式：个人、两人、四人小组。

【教学过程】

（1）教师首先通过一封书信引出今天的写作话题 Friendship，也让学生对书信体写作的基本格式和内容有一个整体的感知。

（2）通过书信引出学生要讨论的内容。

Task: What kind of person do you think you can make friends with? Try to find out some adjective words to describe your friends.

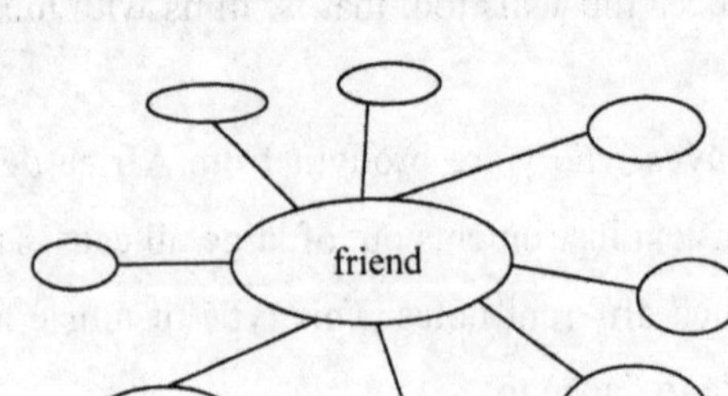

（3）给学生布置任务，让学生 4 个人一小组进行互动，在布置任务的同时，教师要给予适当的提示。

Task: According to your experience, can you give some advice on how to make friends? Please use the suggestion structures as many as possible. (e.g. It's a good idea to... You should... Remember to…) 学生动态生成的建议如下。

A. First of all, you should find out your good points.

B. Remember to be a humorous person and everyone will like you.

C. Don't forget the old ones when you get new friends.

D. How about sharing your good things with your best friends?

E. It's a good idea to smile at everything unhappy and be a bright person.

（4）引导学生独立思考，并让学生开始搜集写作信息和素材。

Task: Please use one or two sentences in your own words to conclude your opinion about what the real friendship is.

进行思考和收集素材后，学生的情感得到升华，并能表达出对友谊的真正理解。表达对友谊的精彩评论有：

① A truly friend is like gold under the ground; no friend will come to you unless you dig it out by yourself.

② A friend is the God's way of taking care of us; we can not live well without friends.

（5）向学生展示范文，让学生仔细阅读范文，把握文章的整体结构、写作思路等。学生在写作基本要求和感知的基础上准备写作素材。

Dear Ivan,

Do you know the friendship is an important part of our life? If you do, why don't you find your real friend? As you know, no one can sail the ocean of life alone.

When you find the world is not as wonderful as you think it is, or you think that you are not a perfect person, please remember your good points. Try to imagine that you are a humorous man with lots of bright points, and maybe others will see you as you see yourself. Believe that smile at others and they will smile back. So, never lose your smiling. Never believe the tears; they can't bring anything to you, only sadness. When you think everything is great, and the happiness is just around the corner. See your troubles as chances, and you will hear the voice of happiness. Respect others. Show everything to them and share your happiness with them. Love everyone by heart. Never complain about others or your life, because if you think there is something wrong, the wrong one aren't others, it's just you. Although you think it isn't. What's the most important, cherish your friendship and cherish yourself. Never give up anyone of them, forever and ever.

Everybody is a tree growing in the garden of life, and the friendship is the fruit from God. To be a happy and rich man, just like a child.

Best wishes.

Yours,

Lucy

（6）依据范围和具体要求，学生仿写，教师对学生的写作过程进行监督，同时为学生提供必要的帮助。

（7）成文之后，先让小组学生内两人之间相互批阅，再在小组内收集错误的句子并展示给全班同学，由班上一名同学更正，最后再由教师提出规范性的建议。

（8）最后学生对自己的文章进行重新整理，然后定稿，最后由教师批改。

分析：以上教学活动选择了学生熟悉的话题，将写作与学生的实际感受联系在一起，使学生有事可写，有话可说，同时也使学生体会到了英语的实用性。不同层次的任务安排和设计使学生对单词、句子和语篇有了一个全面的了解，并使得单词、句子和语篇不断生成，大大地丰富了写作的素材。仿写和相互批阅的形式增加了学生接触英语的机会，也培养了学生合作互助的意识。

（二）“以读促写”写作教学实践

教学任务：阅读文章，写一篇关于如何节约和保护水资源的作文。

教学目的：通过阅读输入相关的语言材料，引导学生按照所提写作策略对材料进行加工，充分挖掘文本中的有效信息，为写作输出做好准备。

参与形式：个人、小组。

【教学过程】

（1）让学生阅读一篇关于中国西南旱灾的时文，并分组讨论：What does the passage tell us?

文章具体内容如下：

I was terribly moved and shocked when I watched CCTV-9 programme broadcasting the drought case in the southwest of our country this morning. In the programme, I saw pupils in Guizhou were thrilled to get one bottle of water per person. And the programme featured one of the pupils holding the bottle to her cheek happily like her dear loved relative. The pupils were so thrilled that some of them even cried when they got the water for drinking.

The reporter found some pupils hid several bottles of drinking water in their school desks so she asked why, The little girl who was interviewed said that she would bring them home in the weekend to give her parents to drink. The picture also featured in pupils' bags. Viewers can see that these kids saved three or five bottles of water for taking home in the weekend.

The moment I saw those pictures, my nose turned sour and tears came in my eyes. I used to have little feeling about the "drought" because I never experienced the case personally. We use water every day. We can not live without it. Take myself for example, drinking a cup of boiled water is the first thing I do after I get up every day, not because I am thirsty but because the water can make me fit. I think l will be crazy without water even for one single day!

I think the drought will be an unforgettable experience in their rest life for children in Guizhou and it will teach people to save water in their future lives.

（2）抽取两三个小组汇报讨论的结果。

Ss: Southwest China is facing serious water problem. /People in Guizhou are short of water seriously. /We should save water in our lives. /…

（3）学生 4 人一组，针对水资源缺乏这一问题，就如何节约和保护水资源进行讨论并用句子的形式提出建议。E.g. It's a good idea to turn off the tap while you are brushing teeth.

Ss: Wash clothes with less water./Don't throw waste into the rivers. /It's a good idea to keep some rain. /Try to find some ways to reuse the water. /We should ask factories to stop pollution.，When you wash dishes, don't let the water run. /…

（4）引导学生阅读另一篇关于保护水资源的文章，并要求学生注意文章的结构、用词，并找出主题句、过渡句和写得比较好的词或句子，为写作做好充足的准备。文章如下所述。

Napoga is a 12-year-old girl in Ghana, Africa. It is hard for her family to get clean water. Every morning, she leaves home at half past five to get clean water for her family in a village far away. It takes her six hours to get enough clean water for daily cooking and drinking. She has no time to go to school or to play with her friends. Millions of people in the world are like Napoga. They can't get enough clean water to keep healthy.

Earth Day is April 22. But on all other days, we must also remember it. The water we use is the most important natural resource on the earth.

Water covers 70% of the earth's surface. But most of' that is sea water. We can't use it for many things. Fresh water covers only l% of the earth's surface.

You probably feel lucky that your life isn't as hard as Napoga's. But that doesn't mean you don't have to worry about water. We all face serious water problems. One of them is water pollution. All kinds of things from cars, factories, farms and homes make our rivers, lakes, and oceans dirty. Polluted water is very bad for people to drink. And dirty water is bad for fish, too.

Now,34% of all kinds of fish are dying out.

How do cars and factories make our water dirty? First, they pollute the air. Then, when it rains, the rain water comes down and makes our drinking water dirty. Dirty rain, called acid rain, is also bad for plants, animals and buildings.

Scientists say that in 30 years, more than half of the people in the world won't have enough clean water. We have to learn how to save more water for ourselves and our children. Here is some advice for saving water:

① Turn off the water while you brush your teeth. You can save as much as 450 liters each month.

② Leaky taps waste a lot of water. Fix them right away!

③ You can easily cut your 10-minute showers in half-and you'll be just as clean.

④ When you wash dishes, don't let the water run.

⑤ Only wash clothes when you have a lot to wash. If your washing machine isn't full, you're wasting water!

（5）教师为学生布置一篇与水资源有关的作文，时间限制为30分钟。

题目如下：

理解公益广告："If we don't save water, the last drop of water will be a teardrop."

根据以下提示，写一篇不少于120词文章：

① 生活离不开水；

② 饮用水的数量在减少；

③ 水污染严重；

④ 应该节约和保护水资源。

参考词汇：water suitable to drink 可饮用水　amount 数量

要求：

① 语言表达正确，要点完整。

② 运用段落展开策略，适当作些发挥。

（6）学生完成作文以后，将学生的作文贴在墙上，供班上同学共享。

以下是学生的习作之一。

Water is very important to humans. As we all know, we can't live without water, but now we are facing serious water problems. Scientists say that in 30 years, more than half of the people in the world won't have enough clean water. The amount of water suitable to drink is falling now.

However, some people don't seem to care about this. They waste a lot of water, for example, they keep the water running while they are brushing their teeth. What's more, they pour dirty water and throw rubbish into rivers and lakes so that many rivers and lakes are seriously polluted.

So something must be done to stop the pollution and find ways to reuse water. If we don’t save water, the last drop of water will be a teardrop.

分析：上述教学实践结合了中国社会的热点话题，就如何节约和保护水资源安排了一系列的读写活动。通过阅读，学生可以在整体上把握文章的结构、写作的思路以及语言组织的方式。这种以读促写、结合听说的策略不仅可以训练学生多元化的能力，还使学生的各项能力互相影响、互相渗透、互相促进。写作能力的提高是一个长期的过程，如何在日常的教学过程中充分利用教学资源来提升学生的写作能力，将是我们今后不断探索的问题。

第五节　英语翻译教学新法与实践

一、英语翻译教学新法

（一）结合语境

众所周知，语境对词语、句子的含义有着深刻的影响。翻译若要准确，首先就要理解准确；理解要想准确，就必须结合语境来理解。因为译者对原文的理解和译文的表达都是在具体的语境中进行的，词语的选择、语义的理解、篇章结构的确定都离不开语境，语境是正确翻译的基础。因此，翻译教学中，教师务必要使学生重视语境，结合语境理解和翻译。

需要指出的是，语境不仅包括语言的宏观环境，也包括语言的微观环境。宏观语境是话题、场合、对象等，它使意义固定化、确切化。微观语境是词的含义搭配和语义组合，它使意义定位在特定的义项上。学生只有兼顾了这两种环境，才能确定话语的含义，使译文忠实于原文。

（二）引入图式

图式是人类脑海中对外部世界知识的组织形式。人类与外部世界的一切交往都会在脑海中形成模式，这些模式就包含了相关事物、情景的系统知识。当人们遇到类似的事物时，就会激活大脑中相应的知识片断（即图式），从而轻松地理解该事物；而当人们的大脑中没有与所遇事物相关的图式时，就很难理解该事物。由此可见，图式对于理解有着重大意义。而以准确理解为基础的翻译活动，自然也受到了图式的巨大影响。

鉴于上述内容，教师应首先使学生认识到图式的重要性，并在教学中多为学生提供一些需要激活图式才能正确理解的语言材料，使学生积极运用图式，重视图式的积累。

需要指出的是，有时学生所拥有的认知图式不一定都是对事物的正确反映，或者都已经完善，因而在翻译实践中（尤其是文字表达比较含蓄的时候）经常出现图式应用错误的情况。对此，教师应帮助学生形成正确的图式并调动相关图式，从而弥补语言知识上的不足，为正确理解原文、做好翻译提供保障。

（三）引导推理

推理是根据已知的内容或假设，运用逻辑得出结论的过程，也是实现认知的一个重要方法。翻译学习中，学生总会遇到一些生词，如果个个都查字典，就会浪费大量的时间。如果学生掌握了推理技能，就能快速理解很多生词。另外，推理策略的运用有助于把握事物间的联系，促进语言的理解。因此，翻译教学中，教师应培养学生推理的意识和能力。

然而，这里的推理并不是译者凭空想象做出的，而是根据文本内容、结构得出的。具体来说，学生看到文本的内容后，可以依据已有的经验以及原文的结构、逻辑连接词、上下文等做出推理，这些推理往往可以为学生提供一些额外的信息，这样学生对原文的理解也会更深刻、更全面，译文质量也会提高。但需要指出的是，无论哪一种推理技巧，都必须建立在正确识别语言结构内容的基础上，否则推理就变成了毫无根据的想象，脱离了原文，译文的可信度也就无从谈起了。

（四）引导猜词

词汇是构成语篇的基本单位，学生的词汇量以及对词汇的掌握程度都会影响概念能力的形成。何少庆曾指出，“所谓概念能力是指在理解原文过程中对语言文字的零星信息升华为概念的能力，是原文材料的感知输入转化为最佳理解的全部过程。”由此可以得出这样一个结论，词汇影响概念能力的形成，而概念能力又会影响理解，理解最终影响了翻译的质量。因此，对词汇的掌握程度以及猜测生词的能力成为翻译教学的关键。翻译教学中，教师应为学生介绍一些常用的猜词策略。

（1）结合实例猜测词义。有时下文中列举的例子会对上文提到的某个词语进行说明、解释，这就为学生提供了猜词的线索。

（2）根据构词法猜测词义。英语词汇的构成是有规律可循的。掌握了这些规律，学生就能很快猜出部分生词的含义。因此，教师应传授学生英语构词法的知识。

（3）利用信号词猜测词义。所谓信号词就是指在上下文中起着纽带作用的词语，这些词语对于生词的猜测有着重大的意义。

（4）通过换用词语猜测词义。英语语篇有时为了避免用词的单调、重复，会使用意义相同或相近的词语来表达相同的含义，这时，学生就可以利用相对简单的那个同/近义词来推测生词词义。

（五）讲授翻译技巧

1．直译法

直译法要求在不引起错误联想、符合译语语言规范的基础上，按照原文字面意思进行翻译。这种方法的优点在于它不仅保持了原文的内容，还保持了原文的形式，特别是保持了原文的形象、地方色彩等，因此是英语翻译中最常使用的技巧。例如：

Beef prices is almost ten times of that in 1978.

牛肉价格几乎是 1978 年的 10 倍。

In the afternoon, you can explore the city by bicycle,

下午你可以骑自行车游览这个城市。

Tom did something, and the police... well, now he is staying at the correctional center.

汤姆做了点什么事情，警察……哦，现在他正待在纠错中心。

The bankruptcy of Lehman Brothers causes a chain reaction of financial crisis in the global world.

雷曼兄弟的倒闭在全球范围内造成一系列经济危机连锁反应。

Smashing a mirror is no way to make an ugly person beautiful, nor is it a way to make social problems evaporate.

砸镜子不能使丑八怪变得漂亮，也不能使社会问题烟消云散。

Hitler was armed to the teeth when he launched the Second World War, but in a few years, he was completely defeated.

希特勒在发动第二次世界大战时是武装到牙齿的，可是不过几年，就被彻底击败了。

After Margaret Thatcher was elected as Britain’s first-ever woman prime minister, she prescribed a dose of new kind of medicine to cure the “Britain disease”,

玛格丽特·撒切尔当选英国有史以来第一任女首相以后，便开始为治愈“不列颠之病”抓一剂新药。

People are always talking about “the problem of youth”. If there is one which I take leave to doubt-then it is older people who create it, not the young themselves. Let us get down to fundamentals and agree that the young are after all human beings-people just like their elders. There is only one difference between an old man and a young one: the young man has a glorious future before him and the old one has a splendid future behind him: and maybe that is where the rub is.

人们总是在不断地谈论“青年人问题”。如果真有这么一个问题的话——对这一点我要不揣冒昧地表示怀疑——那也是年长者造出来的，而不是青年人自己造成的。让我们认真考虑一下问题的根本并承认青年人毕竟也是人——是跟他们长辈一样的人。青年人和老年人之间只有一点不同，那就是青年人的光辉未来在他们的前头，而老年人的辉煌已经留在他们的身后，或许这就是问题之所在。

2．意译法

英汉语言各有自己的词汇、句法结构和表达方式，这就意味着直译有时是行不通的。翻译时若无法通过直译来表达原文含义，或直译过来不符合汉语习惯时，则可采用意译法再现原文含义。意译的优点在于能正确地表达原文含义，但却不拘泥于原文形式。例如：

He was smooth and agreeable.

他待人处事八面玲珑。

It’s a Greek gift for you.

这是谋害你的礼物。

Do you see any green in my eye?

你以为我是好欺负的吗？

Don’t cross the bridge till you get to it.

不必自寻烦恼。

This man is the black sheep of the family.

这个人是家庭中的害群之马。

Nixon was smiling and Kissinger smiling more broadly.

尼克松满面春风，基辛格更是笑容可掬。

After that, the special missions became frequent occurrences.

从此以后，特殊任务就司空见惯，习以为常了。

Ruth was upsetting the other children, so I showed her the door.

露丝一直在扰乱别的孩子，我就把她撵了出去。

Our son must go to school. He must break out of the pot that holds us in.

我们的儿子一定得上学，一定要出人头地。

It’s not easy to become a member of that club-they want people who have plenty of money to spend, not just every Tom, Dick, and Harry.

要参加那个俱乐部并非易事——他们只吸收手头阔绰的人，而不是普通百姓。

Up Broadway he turned, and halted at a... glittering cafe, where are gathered together nightly the choicest products of the grapes, the silkworm and the protoplasm.

他拐到百老汇路上，在一家灯火辉煌的饭店前停下来，那里每晚汇集上好的美酒、华丽的衣服和有地位的人物。

3．音译法

音译是根据词语的发音采用发音相同或大致相同的目的语词语来表达的一种翻译方法。有些词语表示了其所属文化下的某些新兴、特有或最早出现的事物、概念等，这些事物、概念在译语文化中一开始并不存在，翻译时也就无法找出与之对应的词语，这时就可以采用音译法来翻译。

需要指出的是，音译法不能胡乱使用。如果学生一遇到不理解的词语就音译，就无翻译可言了。因此，教师在教授音译法时，应告诉学生音译法的使用范围，即用于地名、人名、机构名称以及一些流行语的翻译，目的在于保留源语的异国风味，减少翻译过程中的文化遗失和语言误解，快速、准确地传播文化，同时丰富本国语言。例如：

Her diet restricts her to 1,500 calories a day.

她的规定饮食限制她每天摄入 1 500 卡路里的热量。

We all know we are the product of our genes, what are all the steps from gene to us?

我们都知道基因决定了每个个体，但基因是如何使我们成为现在的我们的呢?

Finally, it had to be secure, even in the hostile hacker and virus filled environment of the Internet.

最后，它必须是安全的，哪怕是在到处是心怀敌意的黑客和病毒的互联网络环境中也如此。

The coming of General Blucher at Waterloo turned the day against Napoleon.

布鲁克将军到达滑铁卢，使得拿破仑转胜为败。

I lived most of my life in Tustin, California.

我一生大部分时间都住在加利福尼亚州的塔斯廷。

Scarlett O' hara was not beautiful, but men seldom realized it when caught by her charm as the Tarleton twins were...

(Margaret Mitchell: Gone with the Wind)

斯佳丽·奥哈拉长得并不美，但是当男士们像塔尔顿兄弟一样被她的魅力捕获时，他们就很少能意识到这一点了……

4．转译法

转译法是一种涉及词类转换的翻译技巧。由于英汉表达习惯不同，译文中不可能每个词语的词性都与原文词语保持一致，这时学生不妨适当转换词性进行翻译。例如，把原文的名词转换为动词，把原文中的副词转换为介词等。

常见的词类转换翻译有以下几种。

（1）名词类转译。名词类转译主要有以下三种形式。

① 名词转译为动词。例如：

Cameras In Operation

车载监视器在工作

The book is a reflection of Chinese society in the 1930s.

这本书反映了 20 世纪 30 年代的中国社会。

Peter doesn' t like Jack' s participation in the activity.

彼得不想让杰克参加这次活动。

② 名词转译为形容词。例如：

The blockade is a success.

封锁很成功。

There is no immediate hurry.

这件事不急。

The security and warmth of the destroyer' s sickbay were wonderful.

驱逐舰的病室很安全也很温暖，好极了。

③ 名词转译为副词。例如：

The new mayor earned some appreciation by the courtesy of coming to visit the city poor.

新市长又有礼貌地来看望城市贫民，获得了人们的一些好感。

The boy in the seat is eyeing the old woman beside him with interest.

那个坐着的女孩好奇地打量着她身边的老妇人。

（2）形容词类转译。形容词类转译主要有以下三种形式。

① 形容词转译为动词。例如：

I feel certain of his finishing the task on time.

我确信他会按时完成任务。

They were not content with their present achievements.

他们不满足于现有的成就。

Doctors said that they are not sure to they can save her life.

医生们说他们不敢肯定能否救得了她的命。

② 形容词转译为名词。例如：

They took good care of the wounded.

他们精心照料伤员。

The more carbon the steel contains, the harder and stronger it is.

钢的含碳量越高，强度和硬度就越大。

They have done their best to help elderly people of no family.

他们尽了最大的努力来帮助孤寡老人。

③ 形容词译为副词。例如：

We must make good use of our time.

我们必须很好地利用时间。

Standing on the teaching platform, Alexander took an apprehension look at the students.

亚历山大站在讲台上，忧虑地看着学生。

You should give your TV set a thorough examination to see if there is really something wrong with it before you get it repaired.

送修之前，你应当彻底地检查一下你的电视机，看看它是否真的出了问题。

（3）副词词类转译。副词类转译主要有以下三种形式。

① 副词转译为动词。例如：

Now, I must be away, the time is up.

现在我该离开了，时间已经到了。

When the switch is off, the circuit is open and electricity doesn' t go through.

当开关断开时，电路就中断，电流就不能通过。

Mom opened the window to let fresh air in.

妈妈把窗子打开，让新鲜空气进来。

② 副词转译为名词。例如：

He is physically weak but mentally sound.

他身体虽弱，但智力正常。

It is officially announced that the unemployment rate will get lower next year.

官方宣称明年失业率会有所降低。

They have not done so well ideologically, however, as organizationally.

但是，他们的思想工作没有他们的组织工作做得好。

③ 副词转译为形容词。例如：

The sun rose thinly from the sea.

淡淡的太阳从海上升起。

His work was well finished, so his manager praised him.

这一次他的工作完成得很好，因此受到了经理的表扬。

1 was deeply impressed by the great changes in my hometown.

家乡巨变给我留下了深刻的印象。

（4）动词类转译。动词类转译有以下两种形式。

① 动词转译为名词。例如：

Western people think differently from Chinese people.

西方人与中国人的思维方式不同。

In the wedding ceremony, the rings symbolize the union of the two partners.

在结婚仪式中，戒指是结为夫妻的象征。

We think that your act is a violation of the principle of peace talk.

我们认为你们的这一行动违背了和平谈判的原则。

② 动词转译为形容词或副词。例如：

More and more people dream of furthering their education abroad.

越来越多的人梦想去国外深造。

Only after they had done hundreds of experiments they succeeded in solving the problem.

只是在做了数百次试验以后，他们才成功地解决了这一问题。

Several kinds of brands are available within the price range.

在这个价格范围内有几种牌子可供选择。

（5）介词类转译。英语中的部分介词经常翻译成汉语的动词。例如：

His car barreled straight ahead, across the river.

他的车笔直向前高速行驶，穿过河流。

The president took the foreign guests around the campus.

校长带着外宾参观校园。

Lincoln wanted to establish a government of the people, by the people and for the people.

林肯希望建立一个民有、民治、民享的政府。

5．套译法

英汉语言尽管差异巨大，但对某些事物的认知却是相同的。因此，英汉语言中存在一些语义相同或相近，说法相同或不同的成语、习语等。这些表达的翻译就可以采用套译法。例如：

Strike while the iron is hot.

趁热打铁。

Many hands make light work.

众人拾柴火焰高。

One swallow does not make a summer.

一花独放不是春。

Better be the head of a dog than the tail of a lion.

宁做鸡头，不做凤尾。

He complained "one boy is a boy, two boys half a boy, three boys no boy."

他抱怨道："一个和尚挑水喝，两个和尚抬水喝，三个和尚没水喝。"

Miss Andrew serves as a good secretary, for she is as close as an oyster.

安德鲁小姐可以当个好秘书，因为她守口如瓶。

需要指出的是，套译法要求学生必须熟悉英语习语的确切含义，切忌望文生义，否则就会造成误译。

6．综合译法

前面我们介绍了很多翻译技巧，但在实际的翻译中，往往很难只用一种方法就译出高质量的译文，而需要我们仔细分析原文的内部结构、各成分之间的逻辑关系，使用多种翻译技巧，将原文含义用通顺、自然的译语表达出来。例如：

She was born with a silver spoon in her mouth who thought that she could do whatever she wanted.

她出生在富贵之家，认为凡事皆可随心所欲。

I had won ￥300at poker that ordinarily would have burned a hole in my pocket, but I couldn't shake an overwhelming sadness.

我玩扑克游戏赢了三百元。通常，钱烧口袋漏，一有就不留。可我当时极为忧愁烦闷，怎么也无法摆脱那种恶劣的心境。

But without Adolf Hitler, who was possessed of a demoniac personality, a granite will, uncanny instincts, a cold ruthlessness, a remarkable intellect, a soaring imagination and until toward the end, when drunk with power and success, he overreached himself an amazing capacity to size up people and situations, there almost certainly would never have been a Third Reich.

然而，如果没有阿道夫·希特勒，那就几乎可以肯定不会有第三帝国。因为阿道夫·希特勒有着恶魔般的性格、花岗石般的意志、不可思议的本能、无情的冷酷、杰出的智力、深远的想象力以及对人和局势惊人的判断力。这种判断力最后由于他被权力和胜利冲昏了头脑而自不量力，终于弄巧成拙。

People were afraid to leave their houses, for although the police had been ordered to stand by in case of emergency, they were just as confused and helpless as anybody else.

尽管警察已接到做好准备的命令，以应付紧急情况，但人们还是不敢出门，因为警察也和其他人一样不知所措且无能为力。

二、英语翻译教学实践

教学任务：收集翻译有问题的标识语，讨论其中的错误，并改正过来。

教学目的：使学生掌握标识语的翻译方法。

参与形式：小组活动、师生互动。

【教学过程】

（1）提前一周通知学生以小组活动的方式，在生活环境的周围拍摄有问题的英文标识语。例如：

吸 烟 室
MOKING ROOM

禁止驶入
NO DRIVE

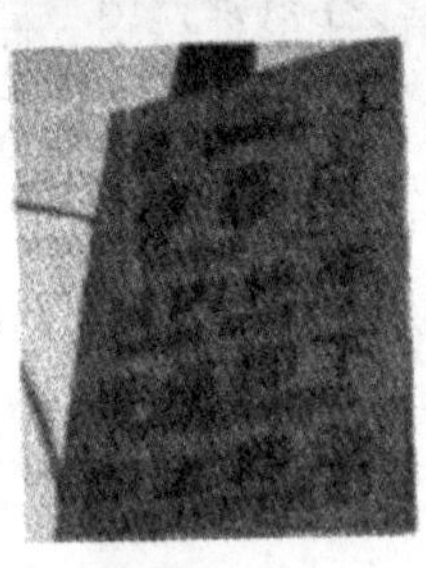

凭地下泊位证进入
PLEASE DEMONSTRATE YOUR UNDER GROUND PARKING PERMIT TO ENTER

中国义乌国际商贸城分公司
YIWU CHINA COMMODITY CITY CO..LTD

旅游购物
VISIT & SHOPPING

专用车位
PROPRIETARY HARBAR

（2）上课之前，教师可让学生展示拍回来的问题标识语，并让学生找出问题所在。

（3）将学生分成若干小组，组织学生讨论问题标识语的错误类型。然后每个小组派出代表汇报本组讨论结果。

（4）学生报告完毕后，教师可对学生的汇报加以点评和总结，并将标识语翻译的常见问题总结如下。

①译写错误。例如：

禁止驶入 NO DRIVE

小心地滑 SLIPPY

吸烟室 MOKING ROOM

的士停靠点 PARKING POT

市政府 GOVERNMENT CITY,CIVIC GOVERNMENT

绣湖广场 XIU HU FORUM,THE so UARE CITY PEOPLE

体育会展中心 THE P.E. DEMONSTRATION CENTER, PHYSICAL CULTURE EXHIBIT CENTER, The Exhibition Center about P.E.

②中式英语。例如：

即停即下 F STEP BEFORE STOP DOWN

即上即走 LEAVE AFTER STEP IN

凭地下泊位证进入 PLEASE SHOW YOUR UNDERGROUND PARKING PERMIT TO ENTER

游客止步 Tourist Stops/Tourist Stopping/The Visitor halts/Visitors not Admitted

小心落水 Carefully Falls in the Water/Take Care to Falling Water/Please mind falling water

③不规范。例如：

针织市场 Knitting/Knitwear Market

世纪商城 Century Shopping Center, Century Mall/Mart

中国小商品城 The Small Commodity City of China, China Small Commodity City, The Commodity City/Market of China, China Commodity Town

（5）组织学生分组讨论产生上述问题的原因，并让他们使用以前教授的翻译技巧（如直译、意译、增减词、分合译等）提出修改意见。

①译写错误的标识语译文可修改如下：

禁止驶入 No Entry

小心地滑 Slippery 或 Caution

吸烟室 Smoking Room

的士停靠点 Taxi Stand

市政府 Municipal Government

绣湖广场 Xiuhu Square

体育会展中心 Sports &Exhibition Center

②存在中式英语问题的标识语译文可修改如下：

即停即下／即上即走 TAXI ZONE/SHORT TIME PARKING ONLY

凭地下泊位证进入 Entry with Parking Permit Only

游客止步 Staff Only

小心落水 Danger：Deep Water!

③ 翻译不规范的标识语译文可修改如下：

针织市场 Knitting Market

世纪商城 Century Shopping Center

中国小商品城 China Commodity City

（6）为了提高街头标识语的翻译水平，树立城市文明形象，教师可组织学生分组讨论如何向有关部门提出改进建议和解决措施，一方面使学生意识到标识语翻译的重要性，另一方面有助于城市文明建设。

分析：本案例的成功之处体现在以下几个方面。

① 将翻译教学与学生的生活结合起来，让学生走上街头，自己发现生活中存在的翻译问题，一方面增加了教学互动的趣味，另一方面也调动了学生参与的积极性，因此也就保证了学生学习、探究的效果。

② 整个教学过程大多是以小组活动和师生互动的形式完成的，这就无形中增加了学生的合作意识，培养了学生的探究精神。

③ 教学最后还提出了标识语翻译规范化的建议，这一方面使学生认识到翻译的实用性、重要性，另一方面也对国内众多城市的国际化建设具有现实意义。

第六章　基于学生视角的英语文化教学改革与实践

文化是语言中的一个重要组成部分，随着跨文化交际理论的不断发展，教师在英语教学中也逐渐认识到文化教学的重要性。学习者只有了解了目的语的历史、文化传统、风俗习惯、生活方式和价值观念等，才能正确地理解和使用语言。本章从学生视角出发介绍英语文化教学方面的内容，包括文化教学的重要性、文化教学的目标与内容、文化教学的原则，以及文化教学的新方法及实践。

第一节　文化教学的重要性

众所周知，语言是人们用来交流的一种工具，学习语言的最终目的就是交际。但是，随着跨文化交际的发展，之前的纯语言教学已经不能满足社会发展的需要。语言学习不仅要求学习者掌握语言形式，更重要的是学习者要了解和掌握目的语文化知识并具备实际使用语言的能力。

在与英美人士交谈时，如果出现一些语言错误，如语法不正确、发音不准确等，他们一般都会表示谅解，最多认为说话者缺乏足够的语言知识。而对于一些文化方面的语用失误，他们就不会像语法错误那样看待了。在他们看来，如果能说流利外语的人出现语用失误，他们会觉得对方缺乏礼貌或不友好，甚至是挑衅或不怀好意。由此可以看出，文化语用失误要比单纯的语言错误更严重，也更容易在实际交际过程中造成不良影响。心理语言学家沃尔夫森 (Wolfson) 表示了相似的观点，“在与外国人交往时，以外语为母语的人倾向于容忍发音和句法方面的错误。相反地，他们常常把违反讲话规则解释为态度不友好。”

因此，现在的英语教学导入文化教学的内容是十分有必要的，也是十分重要的。文化教学的重要性体现在以下四个方面。

一、避免不恰当的社交语用

不恰当的社交语用常出现在对人的称呼和问候方式上。如何称呼一个人，实际上要受当时交际环境的制约，比如交际场合是正式还是非正式，交际双方的关系是亲密还是一般等。笼统来说，正式的交际场合称呼方式也相对比较正式，非正式的交际场合或比较亲密的交际双方之间，称谓方式也较随意或亲昵。概括起来，常见的称谓方式有四种。

1. 头衔+姓氏

这种称谓方式经常用于较正式的交际场合，头衔包括 Mr.(男士)，Mrs.(已婚女士)，Miss(未婚女士)，Ms.(婚姻状况不明的女士)，对于女士来说，她们更喜欢"Ms.+姓"这一称谓，因为很多女士在交际场合都不愿透露自己的婚姻状况。

2. 以职务或职称代替

可以用作称谓的表示职务或职称的词在英文中数量不多，常见的有 Professor，Doctor，Nurse，Judge，以及 Captain，Colonel，General，Lieutenant 等军衔。另外，还有职业称谓，但它们听上去很不礼貌，带有一种卑微的含义，如 Waiter，Conductor，Usher，Porter 等。Sir 和 Madam 通常可以单独使用，表示一种尊称，用于较正式的场合。

3. 直呼其名

这种方式常用于非正式的交际场合，而且交际双方的关系比较密切。以一个名为 Michael Wood 的人为例，人们（包括他的父母、妻子、朋友、同事甚至儿女）可以使用 Michael 或 Mike 来称呼他。这也是西方人在任何场合都比较喜欢的称谓方式。

4. 在人们的实际交往中还有一种现象，叫不称（不好称呼）

有些时候，当不确定对方的名字时最好采用不称，因为不称比错称要好。或者当我们与陌生人打招呼时，也可以直接采用不称。比如可以直接说：Good morning!

二、避免文化失误

不同的文化背景对人的思维习惯和做事方式有很大的影响，不知不觉会影响着我们的日常交际。例如，中国人热情好客，喜欢给一些初来乍到的人善意的建议和提醒，如果对方是中国人，自然会很高兴并且表示感激；但如果对方是西方人，他们就不会那么开心了，他们认为这是对他们的判断力和智商的怀疑。在我国，表示对某人健康状况的关心，总是用一些带有劝告性的话语。例如，"You should put on more clothes."这样的劝告语气在中国人看来是一种关心和体贴，但在以英语为母语的人看来犹如家长对小孩说话时的口吻，这样的表达会让他们不舒服。

再如，西方人喜欢对人表示赞美，如果对方也是西方人，那么他们会自然地接受赞美，并表示感谢。而中国人面对别人的赞美，常常会表现得过分谦逊，这让西方人有点不知所措。面对赞美中国人往往会说"No，not at all."，而不是"Thank you very much."。

这样的失误反映出语言学习者的文化背景与价值取向，我们不应当只是武断地指责其为"错误"而强行加以纠正。更好的方式可能是：通过教师的引导、语言学习者间的讨论，帮助学习者了解目的语文化与其母语文化的区别，以促进跨文化交际中两种文化间的理解与交流。

三、避免不同价值观的冲突

中西方人有着截然不同的价值观，因此在交际的过程中就会不可避免地发生一些观念上的冲突。

西方人常常抱怨中国人侵犯他们的隐私。而这些“隐私”在中国人看来常常是完全可以公开的信息。欧美人在日常谈话时，除了非常亲近的亲人和密友外，是不喜欢触及个人问题的，如年龄、职业、收入、婚姻状况、家庭成员的情况。还有一些我们中国人司空见惯的问题在他们看来也属于个人隐私，是不愿意告知他人的。例如，“Where are you going?”“What are you going to do?”等诸如此类刨根问底的问题是最令西方人讨厌的。

在西方，关于个人收入或者某件东西花了多少钱都被视为隐私话题，不能随便问及。即使在同一个家庭里，人们都可能不知道彼此之间的具体的工资数目。但这并不是说家庭成员间不亲密，这只表明家庭成员间也应该有相对的隐私和独立性的理念。当然，夫妻之间通常知道彼此的工资收入。同样，直接问某人买某个东西花了多少钱也是十分忌讳的。在西方，尽管人们也谈论价格的问题，但一般不直接问他们买什么花了多少钱。所有这些有关个人情况的问题都是可能会引起对方不满或不愉快的，因此我们应尽量少提及。

四、避免文化定势

中国人对西方人和西方文化一直以来就有很多已经定型的错误理解。比如，有些人认为所有美国人都喜欢摇滚乐，所有美国人都很富有，所有美国人都喜欢吃快餐。实际上，每种文化中的人都是形形色色的，不可能都是一个模子的。过度的定型化会使我们在学习外国文化的过程中一叶障目，最终忽视了整个森林的博大和丰富。

再如，欧美人身体能裸露的部位比中国要多，因此，很多中国人就据此认为他们很开放。实际上，外表的裸露程度并不代表观念的开放程度，思想保守的西方人也比比皆是。

总之，外语学习的过程中要重视目的语文化的学习。随着文化在语言习得中的重要性逐渐被肯定，语言学习者应掌握一些能够有效获得文化知识的策略。将语言学习放在文化背景中去就是为了发现并排除干扰语言交际的因素。语用失误的多少与语言水平的高低没有相应的比例关系。因此，不同阶段的语言学习都应融入不同层次的文化学习，只有将两者有机地结合起来，才能建立一个相应的文化认知系统，最终全面提高学生的英语水平。

第二节　文化教学的目标与内容

一、文化教学的目标

（一）国外外语教学中的文化教学目标的界定

拉多 (Lado) 认为，文化教学能帮助提高学生的整体素质。文化教学又有不同的目的：

为了阅读文学著作，为了阅读科技文献，为了作为整体素质教育的一部分服务于国际交流，为了采纳一种民族共同语。

诺斯特兰 (Nostrand) 等人建立了一个理论框架，目的是帮助学生从仅仅学习文化事实过渡到能分析、比较、综合不同的文化。在他们看来，经过文化教学，学生能够做到：在社交场合反映得体；能描述或对文化社会行为进行归纳；能辨认被举例说明的行为方式；能解释某一行为方式；在特定情形下，能预测某一格式如何被运用；能描述或展示被目的语文化接受所需的重要态度。

美国语言学家希尔 (Seelye) 修正了诺斯特兰的观点，提出了文化教学的"超目标"，即要培养全体学生的文化理解力、态度和技巧，使学生能在出现文化障碍时在目的语社会中语言表达得体。他在 Teaching Culture 一书中提出了旨在提高学生跨文化交际技能的教学目标。

托马林 (Tomalin) 和斯特姆斯基 (Stempleski) 不仅在前人的基础上发展地提出了自己对文化教学目标的界定，而且给语言教师提供了生动、有趣、能调动学生积极性的教学材料，从而解决了教师缺少合适教材的问题。他们认为，目的语文化的学习是外语教学大纲中的一个重要部分，同时他们认为人类的文化虽然各异，但仍然存在共同之处。所以，他们又对希尔的教学目标进行补充，认为文化教学的目标应如下。

（1）使学生逐渐意识到人们的行为无不受到有关文化的影响。

（2）使学生逐渐意识到人们的言行受到诸如年龄、性别、社会阶层和居住环境等可变因素的影响。

（3）使学生进一步了解目的语文化在通常情况下的常规行为。

（4）增强学生对目的语中词及词组在文化内涵上的了解。

（5）提高学生用实例对目的语文化进行评价并加以完善的能力。

（6）使学生具有必要的查获及整理有关目的语文化信息的技巧。

（7）激发学生对目的语文化的求知欲并鼓励他们与该文化的人们有所共鸣。

帕特里克 · 莫兰 (Patrick M. Moran) 强调文化教学的语言基础和发展变化。他认为，外语教学中的文化教学的目标应只是引导学生理解外国文化。为了让学生能深刻地理解和体会外国文化，学生必须具备一定的语言水平。所以，外语教学中的文化教学的基础是语言教学。他还认为，外语教学中的文化教学不仅是外语课堂上的事情，更是整个社会发展的高度规范化的外语教学中的文化教学。

上述这些学者提出的教学目标都是处于发展中的，但也反映了外语教学的最终目的，即增强学生对外语文化和母语文化差异的认识，丰富学生外语学习的经历，帮助学生突破母语特定文化交际的模式和范围，从而培养学生对外语文化规约的认同和尊重的态度，帮助学生在交际中实现从适应过渡到跨越。

（二）国内大学英语教学中的文化教学目标

学者胡文仲、高一虹指出，对于国内的外语教育来说，外语教学的目标就是学生社会文化能力的总体提高，而不仅仅是把英语当成一个交流的工具。具体可以体现在以下几个层面。

（1）从微观层面来说，外语教学的目标是交际能力。

（2）从宏观层面来说，外语教育的目标是社会文化能力，即运用已有的知识及技能有效地加工社会文化信息，使人格更加整合，潜能发挥更充分。其具体又包括语言能力、语用能力和扬弃贯通能力三个方面。

（3）从中观层面来说，学者们指出，外语教学的目标是培养学生在真实的交际中、在理解和运用的基础上的创新能力。

据此，学者们一致认为，为了更好地让文化教学形成体系，变得更加系统，有必要制定一个文化教学大纲，也就是在现有教学大纲中增添文化项目表。

1. 文化教学大纲的定位

胡文仲、高一虹指出，外语教育也是一种人文教育，对于目的语文化整体的了解将有助于学习者具有更高的素质和更完善的人格。

《大学英语教学大纲》一般设有词汇表、语法结构表、功能意念表和语言技能表四个方面。那么，拟订的文化教学大纲需要包括要解决的问题，以及为什么要这么说，如表 6-1 所示。

表 6–1 大纲各种项目表的教学目标比较

项　目	教学目标	主要问题
语音项目表	要正确发音，要字正腔圆、流利清晰，要地道	发音是否标准
语法、词汇项目表	要知道怎样遣词造句，要能写会说语法正确、用词准确的句子	说得对不对
功能意念项目表	要知道在什么场合说什么话，怎样说	说得是否得体
文化项目表	要知道是什么思想观念、心理特征、价值观念决定人们的言语和行为	为什么这么说

学者们认为，功能意念表和交际能力表虽然在一定程度上体现了文化因素，但不够系统。它们的出发点是语言本身（某一功能或意念在特定语言中的表达形式）或具体的交际行为（交际行为的类型、身份和情景），文化项目表的内容则应该包括跨文化交际活动所涉及的行为和观念。概括来讲，功能意念项目表侧重于"怎么说"，文化项目表侧重于"为什么这么说"。

可以看出，文化项目表和其他几个项目表联系紧密，缺一不可。还要看到，文化项目与其他项目的不同之处就在于，它隐含在语音、语法、词汇和功能意念项目中，通过语音、语法、词汇和功能意念的形式体现出来。

2. 文化教学大纲的定量

胡文仲、高一虹等学者根据其他学者的观点拟订了一个适用于英语教学的粗略的文化项目表，如表 6-2 所示。

表 6–2 文化项目表

文化行为项目	介入性文化行为项目	属生活必须的（如就餐、住宿、购物等）
		属人际关系的（如称呼、寒暄、介绍等）
		属娱乐消遣的（如看电影等）
		属情感态度的（如兴奋、愤怒、惊讶等）
		属观点意见的（如讨论、建设、同意等）
		属个人隐私的（如年龄、收入等）
		属时空意义的（如身体碰触、守时等）
文化行为项目	非介入性文化行为项目	属生活必须的（如穿着、搬家等）
		属家庭生活的（如家庭团聚等）
		属娱乐消遣的（如听音乐会等）
		属婚姻习俗的（如恋爱、生育等）
		属知识和思想教育的（如课外活动等）
		属社会职责的（如求职、志愿者等）
		属宗教活动等（如宗教仪式等）
文化心理项目	属社会价值观的（如个人与集体、竞争与和谐等）	
	属人生价值观的（如成就、命运、金钱、友谊等）	
	属伦理价值观等（如公正与善良、他人与自我、礼节、面子等）	
	属审美观念的（如色彩、数字、字体等）	
	属自然观念的（如战胜与适应、禁忌、吉祥等）	

二、文化教学的内容

从某种角度来说，明确文化学习的具体内容是学好西方文化的重要前提。表 6-3 是文化学习的内容。

表 6–3 文化学习的内容一览表

文化分类	具体文化内容
语言文化	1．词语内涵
	2．习语、谚语
	3．语篇结构
非言语交际文化	1．体态语
	2．副语言
	3．环境语
观念文化	1．地理历史——英美地理、历史
	2．宗教——基督教、天主教
	3．艺术——美术、建筑、音乐
	4．哲学——哲学简介
	5．文学——英美文学
	6．科学技术——世界科学技术发展简史
	7．价值体系——英美价值体系

续　表

文化分类	具体文化内容
制度文化	1．政治制度——英美政治制度
	2．法律制度——英美法律制度
	3．经济制度——英美经济制度
	4．生活习俗——英美生活习俗
	5．礼仪——英美礼仪常识
物质文化	1．饮食——英美饮食简介
	2．服装——英美服装流派

有关文化学习的具体内容，下面我们选取其中的一些重要部分来进行详细说明。

（一）语言文化

1．挖掘词和短语的文化内涵

（1）颜色。

“红色”一词，在汉语中表示欢乐、喜庆、愉快等意思。在英语中 red 却有“战争、流血、恐怖”的意思，常常表示“愤怒”和“犯罪”。

“白色”一词，在中国常常与死亡、丧事相联系，表示不幸、不吉利和悲伤等意思。英语中 white 却代表着善良、纯洁、幸福等含义。在英美国家的婚礼上，新娘穿白色婚纱，其寓意为新娘的童贞和纯洁及新婚夫妇爱情的纯洁和忠贞不渝。英语中的 white 还含有“公正”“高尚”以及“虚弱、胆怯”等不同意义。

在中国，黄色是一种尊贵之色。由于中华民族发祥于黄河两岸的山西、陕西、河南等地区，而这里的土地是黄颜色，因此黄色是万世不易的大地自然之色，代表了天德之美，于是就被称作“帝王之色”。汉语中，“黄帝”一词就是用尊色作谥号的。天子穿的衣服叫“黄袍”。皇帝的文告叫“黄榜”。相反，英语中的 yellow 含有“胆小卑怯”之意。

（2）动植物。

“龙”在我国被视为吉祥的神物，有不可思议的伟大力量，龙是封建社会帝王的象征，又是中华民族的象征，汉语中也就出现了很多褒义表达法。而西方人却认为 dragon 是邪恶的象征，认为龙是凶残肆虐的怪物，应予消灭。

英语中 magpie(喜鹊) 只是一种短翅鸟，常带有贬义，喻指爱饶舌的人，但在汉语中它与喜事临门相连，人们称之为“报喜鸟”。

英语国家的 owl(猫头鹰) 代表着庄严与智慧，在鸟与兽发生争执的时候，扮演着法官的角色。而汉语的“夜猫子进宅” (an owl visiting a home) 预兆着房主将遭不幸。猫头鹰的形象与它的叫声足以让许多中国人毛骨悚然。

在英国文化里 daffodil(水仙) 是春天与幸福的象征，常用它来描写春天及春天激发起的欢乐情感。汉语中的“水仙”则象征着纯洁。

2．注意有典故的词汇和短语

英语中有许多具有文化内涵的词，它们的形成与广泛的使用有赖于一些众所周知的文学形象或历史事件，在汉语中我们称之为典故或成语，在英语文化中，这样的词汇不胜枚举。

fight with the windmills(和风车搏斗)出自西班牙作家塞万提斯(Cervantes)的代表作《堂吉诃德》(Don Quixote)。堂吉诃德原叫吉哈达，是个穷乡绅，却迷恋骑士小说，满脑子骑士梦，还为自己起名堂吉诃德。他想像一个真正的骑士一样，云游四方，行侠仗义，但是却屡屡闹出笑话，包括他把大风车当成邪恶的巨人，却被风车打翻在地。经过一系列的荒唐可笑的蠢事，最后他在懊悔中离开了人世。后来人们常用 fight with the windmills 一语比喻“同假想的敌人(或坏事)战斗”“无谓的努力”或“白费力气”。

我们都知道，叱咤风云的拿破仑(Napoleon)的完败之地是位于比利时首都布鲁塞尔以南十几公里的一个小村镇——滑铁卢(Waterloo)。拿破仑称帝后，野心勃勃，四处征战，侵略了很多欧洲国家，如奥地利、普鲁士、英国、俄国等。他的军队甚至远征埃及，气焰嚣张，不可一世。但是，1815 年，由威灵顿公爵(Arthur Wellesley，first Duke of Wellington)率领的英、德、荷等国联军，在滑铁卢与拿破仑发生遭遇战，法军大败，拿破仑也从此一蹶不振，被放逐到一个荒岛结束一生。meet one’s Waterloo 也就成了“惨遭失败”的同义词。

3. 了解谚语的深层含义

谚语是一个民族长期以来的文化智慧的积累和经验的沉淀。英语中有许多谚语阐释了生动的真理，反映了西方文化的价值观念和行为准则。学习谚语能帮助我们更加透彻地了解西方文化的精髓。下面列举一些常见的谚语。

a black sheep	害群之马
a bolt from the blue	晴天霹雳
a stony heart	铁石心肠
a wolf in sheep’s clothing	伪君子
add fuel to the flame	火上浇油
apple of one’s eye	掌上明珠
at one’s finger’s tip	了如指掌
at one’s wit’s end	智穷计尽
be at the end of one’s rope	山穷水尽
be dead drunk	烂醉如泥
between the devil and the deep sea	进退维谷，左右为难
cast pearls before swine	对牛弹琴
cry over spilled milk	覆水难收
flog a dead horse	徒劳无益
fly into a rage	勃然大怒
good for nothing	一无是处
go through fire and water	赴汤蹈火

have ants in one's pants	坐立不安
in the bag	稳操胜券
kill the goose that lays the golden eggs	杀鸡取卵
kill two birds with one stone	一石二鸟，一箭双雕
let the cat out of the bag	泄露秘密
neither fish nor flesh	不伦不类
shed crocodile tears	猫哭耗子假慈悲
show one's colors	原形毕露
teach one's grandmother to suck eggs	班门弄斧
wash one's hands off	洗手不干
It never rains but it pours.	不鸣则已，一鸣惊人。
More haste, less speed.	欲速则不达。
Strike while the iron is hot.	趁热打铁。
Where there is a will, there is a way.	有志者，事竟成。
When in Rome, do as the Romans do.	入乡随俗。

（二）非言语交际的信息

非言语交际 (non-verbal communication) 是文化学习的一项重要内容。来自于不同文化的人，由于语言不通，在交际过程中，非言语交际信息往往会起到很重要的作用。非言语交际并不仅仅局限于手势、表情等，还包括不同文化对时间、空间、色彩的不同看法以及在听觉、嗅觉、视觉、触觉等感官方面的不同感知特点。下面介绍其中的三种。

1. 体态语

体态语泛指能传递交际信息的一切表情和动作。由于不同文化传承的动作习惯不同，学习者要加以注意并用心领会。体态语的熟练掌握能帮助我们成功地进行跨文化交际。中西方的体态语既有相同的地方，也有不同点。在此我们主要探讨不同的方面。

（1）动作一样，意义不同。以“跺脚”为例，英语中的含义是“不耐烦”，在汉语中表示“气愤，恼怒，灰心，悔恨”。

（2）意义相同，动作不同。例如，同样要表示“叫别人过来”的时候，中国人习惯把手伸向被叫人，手心向下，几个手指同时弯曲几次；而美国人则会把手伸向被叫人，手心向上，握拳，食指弯曲几次。

2. 副语言

说话时的音高、语调、音质等都属于副语言，所谓副语言就是指伴随话语发生或对话语有影响的有声现象。喊、叫、哭、笑、叹气、咳嗽、沉默等也可以看作是这一范畴。

副语言在交际过程中代表着一定的含义。比如，某个字音拉得很长表示强调或暗示，说话口气尖酸表示冷嘲热讽，整句话带鼻音可能表示对方生气了，压低嗓音表示谈话内容较为机密，结结巴巴说话则暗示对方在说谎或紧张等。所有这些副语言都是伴随话语而发生，对话语有一定影响，或者有某种意义，从这个角度来说，学习掌握这些语言之外的副语言现象能更好地理解说话者的意图。

3．环境语

环境语是指文化本身所造成的生理和心理环境，包括时间、空间、颜色、声音、信号和建筑等。这些环境因素都能为交际提供信息，所以环境语也能展示文化特性。下面以时间为例进行说明。

欧美文化是典型的单元时间文化，他们认为时间是一条线，是单向的，因此在单一时间内只能做单一的一件事。这就决定了欧美人做事严格按明确的时间表进行，并强调阶段性的结果。他们认为时间是有形的，认为“时间就是金钱”，十分注重做事的效率。

中国的传统文化是典型的多元时间文化，他们认为时间是由点构成的，认为可以在一段时间内同时做多件事情。做事没有明确的时间表，往往比较随意，不看重阶段性结果，只要在最终期限内完成所有任务就可以。他们认为时间是无形的，强调“以人为本”，不是十分讲究做事效率。

这样两种不同的时间观念在跨文化交际中就会凸显出来。比如，中国人在拜访朋友时一般不会事先约定，尽管有时会让主人措手不及；而欧美人不仅要事先约定，往往还要约定谈话结束的时间，时间到了，谈话就要结束。在这样的前提下，一个中国人突然去拜访外国朋友就会让主人产生一些误会。中国人认为欧美人很冷漠，而欧美人认为中国人没有时间观念。

（三）观念文化

1．英美国家的地理和历史知识

我们知道，一种文化的传承源起与一个国家的地理、历史变迁是密不可分的，所以学习文化就必须研究其演变和发展的过程。有效地掌握英美国家的地理、历史知识将使文化学习更有据可依。

为了更好地获得这种客观性知识，学生应该扩大自己的阅读量。既可以阅读一些历史人物传记、纪实性的文章，也可以观看一些纪录片，如《世界地理杂志》。为了积累知识、开阔眼界，这些学习资料可以不必局限于英文书刊，也可以借助中文的书和影像资料。

2．价值观念和思维方式

价值观念是文化的核心，价值观念又决定了思维方式。因此，在文化学习过程中，要尽量了解中英两种文化在价值观念和思维方式上的异同，使自己能在交际中做出正确的预测，完成有效的交际。中西方基本价值观念和思维方式的不同可以归纳为以下四个方面。

（1）自然观。中国传统思维方式的重要标志是朴素的有机的整体思维。在此思想观念的指导和影响下，中国人在思想意识、思维模式以及言语观方面都倾向于求整体、求笼统、求综合，更加重视直觉。因而，中国人的语篇结构也是从整体到具体或局部，先综观全局，后具体到细节。与中国文化相反，英美文化中强调将人的本质与自然界相分离，人的灵魂和人的肉体相分离。英美文化的上帝信仰，使个体不用依赖他人。另外，西方的哲学家认为世界上的万物都是对立的，事物都是一分为二的。因此，西方人重视逻辑，习惯于分析。

（2）人性。关于人性，中国人的传统观念是人性本善。这源于孔子的思想，他指出，“人之初，性本善，性相近，习相远”，认为“仁者爱人”。孟子发展了孔子性本善说，注重发扬人的“恻隐之心”“羞恶之心”“辞让之心”等与生俱来的善行。西方的基督教的人性论强调“人之初，性本恶”。他们认为自己在上帝面前是有罪的，被西方学者称为“原罪说”：即人类祖先亚当和夏娃因吃了禁果而犯了原罪，失去乐园，堕落到万恶的现实中来受苦受难。在世上只有悔罪，才能在基督再世的审判末日得到解脱。

（3）思维方式。从实质上看，思维模式属于最为隐含的文化内涵之一，也是一个民族文化的核心。具体来说，思维模式既能反映民族文化的本质特征，又是构成民族文化的重要内容。在文化内涵的各个构成要素中，思维模式起着关键性的作用，它会决定人们的价值观念、行为准则和精神追求等。可以说，思维角度下的中西方文化差异主要体现在思维模式上，而且该模式也是造成中西文化差异的一个重要原因。表 6-4 就是中西思维模式的差异对比。

表 6–4　中西思维模式差异一览表

地区	思维模式			
中国	整体思维	形象思维	主体思维	间接思维
西方	个体思维	抽象思维	客体思维	直接思维

（4）人际关系。中国人一直以来推崇的都是“群体取向”和“他人取向”原则。在“群体取向”的影响下，中国人提倡凡事以家庭、社会和国家利益为重，个人利益必须服从国家利益，社会提倡“舍小家保大家”。在人际交往中，中国人在言行上一般都不愿得罪人，有时还会说一些善意的谎话。与中国文化相反，西方人崇拜个人主义，每个人都被当作一个完全不同于其他人的独特个体。西方人更强调个人意志、个性自由以及自我实现。所以，西方人在与人交往中总是显得坦率、直接。

（四）制度文化

1. 社会习俗

我们知道，不同的文化背景有不同的语言习惯和行为方式。因此，学习者在学习过程中要对目的语文化中的人们的一些行为方式有所了解。例如，在日常交往中英语国家的人喜欢谈论天气、地理位置等话题，而不谈论年龄、工资、婚姻状况等禁忌话题。再如，中国人在接受礼物时，习惯推辞几次才接受，也不会当着客人的面打开礼物；而英语国家的人则习惯当场把礼物拆开，并且要赞美几句。

对于社会习俗的学习，最好的方法当然是身临其境了，但是一般学生没有这种条件，因此可以通过观赏英文的影视剧来学习西方的社会习俗，这些直观地对西方人的生活、学习、工作、娱乐等方面的多角度描绘为我们提供了学习资料。因此，在观看的过程中，我们要有目的、有意识地去关注西方的社会习俗，只有这样才会有所收获。

2．日常交际礼仪

在日常生活中，中国的礼节与西方的礼节有很大差别。如果你想同西方人和谐相处，了解西方的礼节是非常重要的。以问候语为例，英语的表达很宽泛、不具体，而汉语往往就事论事且明知故问，问话人并不在乎听话人回答的内容如何，也不期待回答，只是问候而已。

（五）物质文化

1．餐饮礼仪

一般来说，宴会请柬的下方都会注明客人该穿的装束。较隆重的社交场合，欧美人士主张男士们都穿一样的装束，如颜色相近的整套深色西装或黑礼服。

西方习俗是男女交叉安排，以女主人的座位为准，主宾坐在女主人右上方，主宾夫人坐在男主人右上方。而在中国，安排席位一般按照各人的职务顺序排列，以方便各自交谈。如果夫人一同出席宴会，则要安排女士们坐在一起。

西餐餐具的摆法：正面放汤盘，左手放叉，右手放刀，汤上方放匙，再上方放酒杯。餐巾放在空汤盘里或插在空酒杯里，面包、奶油盘摆在左上方。

普通西餐的上菜顺序是：面包、汤、各类菜肴、布丁、咖啡或红茶。在正式餐会上，内容会更加丰盛。

入座后摊开餐巾或离座前收起餐巾，均应以主人为先。

2．西方节日文化

通过学习西方节日文化，可以对西方的宗教和历史有更为深刻的认识。以万圣节(Halloween) 为例简单介绍一下。万圣节起源于公元前 1000 年左右的欧洲凯尔特部落。凯尔特人崇拜祭司神。据凯尔特人的宗教信仰记载：每年的 10 月 31 日，死亡之神和黑夜之神要将天下亡灵驱赶到祭司神面前。万圣除夕的许多活动都与迷信有关。万圣节前一周，孩子们就会在家长的帮助下开始准备南瓜灯、鬼怪面具和让人感到恐怖的服饰。到了万圣节前夕，孩子们成群结队提着南瓜灯笼，扮相狰狞，挨家挨户敲门，嘴里喊着："Trick or treat(捉弄或款待)"，开门的家长既要表示害怕，还要拿出准备好的糖果招待孩子们。

3．西方禁忌文化

所谓禁忌就是那些因传统习惯或社会风俗等原因应避免使用的词语或忌讳的行为。如果不了解一些禁忌，很可能会给自己或对方带来一些不必要的误会或不快。文化教学中，一定要掌握一些禁忌文化。

英语国家忌讳数字是 13。据《圣经》记载，在最后的晚餐上，出卖耶稣的犹大是餐桌上的第 13 人，因此 13 是个不吉利的数字。由此，饭店里没有 13 号房间，高层住宅 13 层标为 12B 或 14A，请客忌讳 13 人，每月的 13 日不举行重要的活动。

在英美等西方国家，黑猫被视为禁忌动物。如果人们遇到黑猫穿过马路迎面走来，那将预示着灾祸临头。

英语国家用鲜花送礼时也有一些禁忌，包括花的颜色和数量的选择。送花忌送双数，因为双数的花会招来厄运；也忌讳送白色的花，如白色百合花，被看作是厄运的预兆或死亡的象征。

为了保证交流的顺利进行，避免触及对方所忌讳的语言和行为，需要在学习中加以重视。

第三节 英语文化教学的原则

教学活动是一个有机整体，文化教学也不例外，因此，要遵循一定的教学原则。只有这样，教学过程才会有调度依据，并能发挥各个环节的最优作用。

一、相关性和实用性的原则

文化内容包含很多方面，涉及社会生活的各个层面，但是由于各种客观教学条件的限制，不可能在大学英语教学中做到面面俱到，因此在实际教学过程中需要遵循相关性和实用性的原则，对一些与学生所学的内容密切相关、与日常交际所涉及的主要方面密切相关，以及与跨文化交际密切相关的文化内容进行重点讲授。

在此基础上，相关教学内容要具有广泛的代表性，应属于主要目的语国家中有代表性的主流文化。鲍志坤在《也论外语教学的文化导入》中谈到文化内容的纷繁复杂，提出在教学中应该遵循“适度的原则”和“主流的原则”。这种提法从本质上讲与相关性原则和实用性原则是相通的。为了保持一致，在这里统一称作相关性和实用性的原则。顾弘和张燕在《论外语教学中的“文化导入”》中又进一步解释了相关性和实用性的原则，并提出文化教学既要做到“从文化的角度学习语言，又要从语言的角度学习文化”。

二、循序渐进的原则

文化教学的导入，不是一蹴而就的，需要一个循序渐进的过程，对此很多学者都有专门的论述。

林汝昌提出:“外语教学应考虑以下三个层次:语言的结构层次，语言结构的文化层次，语言的语用文化层次。”指出文化导入的三个层次是不可分割的有机体，只是在实践中各有所侧重。

曹文提出，“文化教学包含两个层次，即文化知识层 (culture knowledge) 和文化理解层 (culture understanding)，以及连接这两个层次的文化意识 (culture awareness) 教育”。曹文进一步解释道:“文化知识层培养的是具有观光客型生存技能 (tourist-type survival skills) 的语言学习者，而文化理解层培养的是具有参与者型跨文化交际能力 (participant-type intercultural skills)的语言学习者”。在文章最后，他强调，“文化教学的定位应是以文化知识为起点，文化意识为桥梁，文化理解为最终目的。”

王开玉也提出：文化教育具有“阶段性”，也主张把文化教育划分为“文化知识层次的教学与文化理解层次的教学”，作者认为：“文化知识层的教学主要传授的是知识文化，……不直接影响交际的背景知识。文化理解层次的教学主要传授的是交际文化，即直接影响交际的背景知识和文化模式。”

尽管三位学者的言论不尽相同，但主旨思想是一致的，并且都体现了外语跨文化教学的一个公认的原则：高校英语跨文化教学具有阶段性或者层次性，在教学中应该遵循循序渐进或层进性的原则。换句话说，文化教学应根据学生的语言水平、接受能力和领悟能力来确定文化教学的内容，并按照由浅入深，由简单到复杂，由具体到抽象，由现象到本质的步骤有序地开展。

三、多元互动的原则

苏向丽首先分析了世界形势和趋势，并总结了多年来文化教学的经验，在此基础上提出，“为了适应时代的发展，与多元的社会和跨文化交际的语境相配合，语言文化教学应采取多元互动的原则”。文中作者从三个层面对多元互动原则做了进一步的阐述和说明，包括多元互动的教学原则与策略、多元文化互动原则在语言文化教学中的应用和多元互动的语言文化教学的优势等，并指出多元文化互动的原则及教学策略的目的是通过“对比互动”等一系列的训练，使学生增强文化差异的敏感度，在保持自身文化的基础上接纳另一种文化，以敏感和包容的态度来接受，在此基础上，培养学生的文化洞察力。

四、以理解为目标的原则

以理解为目标的原则是指英语教学中的文化教学应该“以文化知识为起点，文化意识为桥梁，文化理解为最终目标”。由此可知，文化知识的导入只是文化教学的第一步，其目的在于培养学习者的文化意识，它是文化理解的基础。文化理解是指学习者能够以客观、正确的态度看待、理解母语文化和目的语文化，并能够在跨文化交际中以得体的行为方式与非本族语者进行交往。

该原则是由教学受制于社会需要的规律所决定的。如今，不同文化之间的交往日趋频繁，这已经是必须要面对的现实。文化理解是国际交往的桥梁，只有正确理解自身及彼此文化，才能实现不同文化间的顺畅交流，也才能真正获得跨文化交际的能力。

在文化教学的实施过程中，不应过分强调知识的灌输和行为的简单模仿，应通过对目的语文化的分析和解释等手段使学习者认识到目的语文化与本族文化的异同以及异同之渊源和生成的原因。

文化教学的评价应该侧重学习者对目的语文化的共情能力，而不应强调他们对非本族文化的排斥或接受情况。比如，在讲授美国人对老年人的态度时，就不应以中国人对老年人的态度为标准去衡量美国人的行为。而应该引导学生认识到，中国人和美国人对待老年人的不同态度与中美文化中深层的价值观、世界观以及不同的社会现实等因素有关。通过了解和研究现象产生的文化渊源，更好地学习文化知识。

五、有序性原则

有序性原则主要包含两层含义:（1）在内容的编排上要体现文化知识本身的逻辑结构及其系统性;（2）文化教学的活动要结合文化知识本身的逻辑结构和学生的身心发展情况有次序、有步骤地进行,从而使学生能够有效地掌握系统的文化知识,全面理解目的语文化。

有序性原则是文化知识本身系统性的要求,也反映了教学制约于学习者身心发展规律。与其他科学知识一样，文化知识也有其自身的科学体系。学生学习文化知识就必须参照逻辑顺序，掌握基本结构，否则，就会造成学习上的困难。有序性原则对文化导入内容的选择和编排，还有一些具体的要求。

六、理论与实践相结合的原则

任何知识的习得都要经历理论与实践相结合的过程。将知识学习与实践相结合的原则既符合知识学习的规律，又符合文化教学的要求。基于此，在文化教学过程中，教师不仅要向学生传授文化知识，还要设法创造机会，使学生能够在真实或模拟的情境中运用所学知识，以加深他们对所学知识的理解，并培养他们运用所学知识的能力。因为知识的学习需要经过选择、领会、习得和巩固四个阶段，它以掌握为目的，以应用为结果。

知识的学习过程是掌握，但是仅有掌握是不够的，只有真正会运用所学的知识，才能算是掌握。在教学中，如果教师只是向学生传授文化知识，而不给他们提供练习或运用所学知识的机会，他们是很难获得正确运用文化知识进行实际交际的能力的。

过去的文化教学存在一定的教学误区，表现为教师过分注重文化知识的传授，没有使文化和交际结合起来。文化教学的主要教学形式是单纯地向学生输入文化信息，这样做的后果就是，学生拥有很多文化知识，记住了很多文化事实，但却无法将所学的知识应用到实际交际中，仍然会经常犯文化错误。教师应该清楚地认识到，介绍和传授文化知识的根本目的是提高学习者的跨文化交际意识，培养其跨文化交际能力，而不是单纯的知识灌输。因此，在文化教学中，要重视实践。

对异国文化的学习过程，学习者一般要经历以下三个步骤。

1. 学习文化知识

比如，在介绍中英文化在话题选择方面的差异时，首先应向学习者说明两种文化在话题选择方面的差异，即中国人经常谈论的一些话题，在英美人看来却属于个人隐私问题，如家庭背景、婚姻状况、个人收入等涉及个人情况的话题。

2. 做出解释

向学习者解释这一差别是由中国的群体主义价值取向和英美的个人主义价值取向之间的不同所造成的。

3. 亲身体验

利用英语角或在课堂上创设交谈的情景，让学生练习话题的选择，以巩固他们对这方面知识的掌握和理解，从而提高其运用这一方面知识的能力，为以后真实的口语交际奠定基础。

第四节　英语文化教学新法与实践

一、显性文化教学法与实践

（一）显性文化教学法的特征

第二次世界大战之后，外语教学受到了人类学和社会学的影响，文化教学也不例外。人类学视角的文化是“特定群体整个的生活方式”。这种观点对外语界产生了深远的影响。这样，文化从“心智的完善”和“人类文明成就”转向了“某个社会的生活方式”，也就是说，外语教学中的文化从“大文化”转向了“小文化”。随着文化概念的扩大，如何在有限的课堂时间里有效地实施文化教学成了一个难题。很多外语界人士指出，必须区别“大文化”和“小文化”，并且在语言教育中应将重点从“大文化”转向“小文化”，在语言学习的初期阶段更是如此。在这个转变过程中，文学并没有被遗忘，因为人类学的观点也认为文学作品是异文化生活方式的镜子，而对异文化生活方式的了解也有助于更深入地理解外国文学作品。

这种相对独立于语言教学的、较为直接系统的、以知识为重心的文化教学法，我们称之为显性文化教学法。归纳起来，显性文化教学有三个主要特征。

（1）基于对语言与文化的密切关系的认识，在外语教学中有意识、有目的地补充了外国文化的教学。

（2）对“文化”概念的认识吸收了人类学和社会学的观点。文化教学的内容从“大文化”转向了“小文化”。

（3）不论文化教学的重心放在“大文化”还是“小文化”，文化均被认为是一种知识，传授的方式是直接、明确，较系统的，并相对独立于语言教学之外。

（二）显性文化教学法的优势

显性教学法直接明确地介绍外国文化，这有助于减轻人们由于对异文化不熟悉而产生的困惑感，而且这种知识是培养跨文化交际能力的基础。我们是在全汉语的环境下学习外语的，因此，显性文化教学法省时、高效的优点是显而易见的。而且，这些相对独立于语言教学的自成体系的文化知识材料可以很方便地供学生随时自学。

（三）显性文化教学法的缺陷

（1）尽管显性文化教学法追求直接和明确，但是，还有很多东西是无法教授的，如文化的内涵。一个已被普遍接受的比喻是：文化就像一座冰山，我们能够看到的只是它的一小部分，我们无法看到的却是大部分。因此，显性文化教学法很容易使学生对异文化形成简单的、粗线条的理解，形成的定型观念往往会阻碍跨文化交际的有效进行。

（2）虽然显性文化教学的理论基础是“语言与文化是不可分割的整体”，而实际的操作却把外国文化的教学与外国语言的教学脱离开来，这样不利于文化教学的整体实施。

（3）学习者始终扮演着被动的、接受的角色，与目的语文化之间构成一种静态的关系，这忽略了学习者实际面临异文化时的主观认识、思维过程和行为能力，忽略了学习者自己进行文化探究的能力和学习策略。

（四）显性文化教学法的实践运用

中国对显性文化教学的运用大致可分为两种模式。一种是在语言课程之外开设专门的文化课程，如英美概况、英美文化、跨文化交际等。这类课程直接系统地传授英语国家的历史、地理、制度、教育、生活方式、交际习俗与礼仪等有形的文化知识。另一种是在语言课程中“导入”与“语言点”相对的“文化点”。廖光蓉将英语专业基础阶段“文化导入”的内容归纳为以下几个部分，如表 6-5 所示。

这种文化导入虽然是有目的、有意识的，所涉及的文化知识既有文化事实、与文化有关的语言现象，也有跨文化交际的规约，但往往是结合阅读课文或听力对话等语言知识的学习，因此这种文化教学是不够系统的。

表 6–5 英语专业基础阶段“文化导入”的内容

主要方面	具体内容
知识文化	1．基础阶段阅读教学导入的主要内容包括物质生产成果、生产力发展、科学技术。 2．语言和著名文学艺术作品。 3．历史、地理、民族、政治等常识和当代社会情况。
词语的文化背景	1．源自文学典故的词语。 2．英汉基本意义相同但派生意义差别很大的词语。 3．文化含义不相同的词语。 4．英汉理性意思相同但感情意义、比喻及联想意义不同的词语。 5．体现文化内容的成语、俗语、谚语、格言等。
话语、语篇结构蕴涵的文化因素	包括上面的知识文化和词语的文化背景等方面的内容。
非语言形式的文化背景知识	1．手势。 2．姿态。 3．体距等。
干扰交际的文化因素	1．社会准则、风俗习惯，如称呼、问候、询问、道谢、打电话等用语的规约。 2．社会组织及其成员间的关系。 3．价值观念等。

二、隐性文化教学法与实践

（一）隐性文化教学法的理论基础

诞生于欧洲并迅速盛行全球的“交际教学法”给外语教育中的文化教学带来了新的思路。海姆斯的“交际能力”概念的提出进一步加强了外语教学必须教授外国文化的思想。

威尔金斯 (Wilkins) 以语言学习者的交际需求作为出发点提出的意念大纲，对交际教学法产生了深远的影响。意念大纲不只注重语言形式，还注重语言的交际功能，认为语言内容必须置于一定的社会文化背景下才有意义。这种从语言形式向语言内容的转变使语言教学的主要目标由用法转向了使用，也促进了文化教学与语言教学的自然结合。

专门用途英语 (ESP) 也是基于语言学习者的交际需求应运而生的，它也是“交际教学法”的一个重要组成部分。专门用途英语考虑了学习者个人具体的学习需求，随之发展起来的是学习者需求分析、各种水平的个人学习材料、分级语言测试等，以适应各种情况的学习者。专门用途英语清晰明白的“实用目的”给文化教学开拓了一个重要的思路，使外国文化的学习从文化全貌缩小到科技、商务等某些领域。

交际教学法进一步加强了“外国文化教学是外国语言教学的一部分”的认识。当注重以交际为目的的语言在一定社会文化背景下的使用时，外语教学与外国文化的教学自然地融合起来。文化教学不再是直接地传授文化知识，而是强调在课堂提供的真实的交际情景中以交际为目的而使用语言的过程中自然地习得异文化，是践行“通过实践来学习”的理念。隐性文化教学法就是融于语言学习之中的、较为间接、相对分散的、以行为为重心的文化教学法。

（二）隐性文化教学法的优势

隐性文化教学法的优势主要体现在四个方面。

（1）注重语言的社会功能和交际功能的培养，使语言教学与文化教学真正有机地结合起来。

（2）提倡“通过实践来学习”似乎可以填补如何教授外国文化的隐形内涵这一空白，尤其是隐含在语言使用中的文化知识和话语规则。

（3）课堂的各种交际活动给学习者提供了一个认识和感知异文化的机会，并注重学习者自主探究异文化的主观能动性和思维的过程。

（4）关注学习者个体的交际需求能够更加有的放矢地定义课堂文化教学的内容，在有限的课堂时间内最大限度地提高文化教学的有效性。

（三）隐性文化教学法的缺陷

隐性文化教学法的弊端主要包括两个方面。

（1）因为隐性文化教学法强调语言在特定社会文化背景下的使用，文化的概念被狭窄地定义为“小文化”，专门用途英语的兴起更进一步缩小了外国文化的范围，所以无法满足语言学习者的交际需求的文学就变得不再像以前那么流行了。

（2）过分强调语言和文化的自然结合，让学习者在语言学习的过程中自然地习得异文

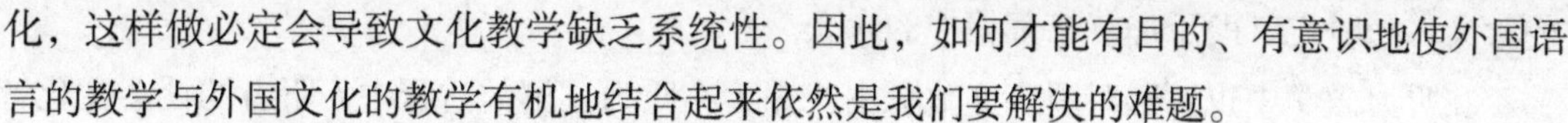

化，这样做必定会导致文化教学缺乏系统性。因此，如何才能有目的、有意识地使外国语言的教学与外国文化的教学有机地结合起来依然是我们要解决的难题。

（四）隐性文化教学法的实践运用

由于隐性文化教学法是与语言学习融合在一起的，因此在英语课堂教学中的应用也比较普遍。教师通过间接的方式，将文化内容分散到课堂教堂中，让学生在不知不觉中习得异文化。

比如，在学习“Would you like something to eat / drink?”这一句型时，教师引导学生思考，在我们日常生活中，我们会推托或谦让一番，而在英语中，我们只需说“Yes，please.”或“No，thanks.”就可以了。这样的回答方式也反映了中西方不同的文化导致的说话、处事的不同风格。

三、文化旁白教学法与实践

文化旁白是教师在课堂上最常用的方法。一般来说，教材所选的课文都有特定的文化背景，可以是作者背景，也可以是内容背景或者时代背景。如果学生不了解或缺乏相关的背景知识，就会影响他们对文章的正确理解，自然也就不能对阅读理解的问题做出准确的推理和判断。

例如，在《21世纪大学英语》第一册第十单元的Cloning：Good Science of，Bad Idea中有一句话：“Faster than you can say Frankenstein，these accomplishments，triggered a worldwide debate.”（不等你说出弗兰克斯坦，这些成果就已经引发了世界范围的大辩论）。初读这样的句子，如果没有相关的文化背景，学生将很难理解它的内涵和社会意义。因此，教师在讲授时，要以文化旁白的形式进行文化背景介绍。这里需要进行介绍的主要包括以下三点。

（1）“Faster than you can say Frankenstein”源于英语成语before you can say Jack Robinson，意为“开口讲话之前”。

（2）Frankenstein是英国女作家Mary. W. Shelley同名科幻小说中的主人公，是一个创造怪物而最终也被它毁灭的年轻医学研究者。

（3）本文提及此人物有其社会意义，它能使读者将克隆技术与小说情节产生联想，表达出作者担心克隆技术会使人类作茧自缚、玩火自焚的心情，这种担心又与世界上已经掀起的大辩论不谋而合。了解这些文化背景后，学生就能轻松地理解文章了。

文化旁白除了教师的解说以外，还可以借助图片或实物等实现。例如，对于具有特定文化蕴涵的词汇，用语言讲解有时候未必能让学生明白。利用图片，加上旁白，或放映一段影片，既能吸引学生的注意力，又有助于丰富学生的感性认识，促进理解。例如，当涉及美国历史上的“西进运动”时，会有很多描写西部边疆恶劣自然环境的词汇，如frontier，Death Valley，can-yon，grizzly bear等，这些词汇的文化蕴涵是中国学生比较陌生的。这时教师就可以借助相关图片，辅以简单的文字介绍，学生就会很快明白这些词汇的含义，同时也有助于理解拓荒精神的含义。

在听力教学中也可随时引入文化旁白。因为在听力理解的过程中，听者的社会文化背景知识与语用学知识和语言方面的知识同样重要。如果缺乏对中西文化差异的了解，就会影响对话语深层次的理解。请看《新英语交谈》第四课的一段对话。

John: OK, Beth, what' s the problem? Do you want to talk about it?

Beth: No... Yes...I don' t know.

John: Come on, Beth, I' m your brother. What' s the matter?

Beth: It' s Ken. He' s really fun to be with, but he' s the cheapest guy I' ve ever gone out with.

John: Why? What did he do?

Beth: Last night we went to a movie. I bought the tickets while he parked the car.

John: So?

Beth: Well, he never gave me any money for his ticket. And you won' t believe what happened next!

John: Yeah?

Beth: He went to the snack bar and came back with popcorn and a soda... for himself! He never even asked me if l wanted anything!

John: Wow! That sounds pretty bad.

Beth: I know. I really like him, but he makes me mad, too. What should I do?

John: You should start looking for a new boyfriend!

要理解为什么 Beth 认为她的男朋友 Ken 是最小气的人，就首先要了解欧美人的交往习俗。一般来说，英美人在很多场合讲究分摊费用，除非对方讲好是 a treat，否则费用大家应该分摊。搭乘朋友的汽车到较远的地方去旅游，应该付汽油钱；男女朋友约会也不例外。知道了这个习俗，就很好理解 Beth 认为她的男朋友 Ken 是最小气的人了。因为按照 go Dutch 的交往原则，她的男朋友应该还给她电影票钱。

四、外国文学作品的鉴赏法与实践

这种方式是指在教师的指导下，对文学作品进行多角度的剖析，了解人物的情感和不同文化背景人物间的交流和文化冲突。

《大学英语》(外语教学与研究出版社）第四册第三课 Solve That Problem With Humor 第 10 段 中 的 一 句 话:“Suddenly，the graying pencil-line mustache on Michener' s face stretched a little in Cheshirean complicity. ‘How very nice of you all to turn out to see me! ...shall we go in?’.

这里的 Cheshirean complicity(柴郡猫式的共谋) 虽是作者杜撰出来的一个短语，但 Cheshirean 一词是有它的产生背景的。柴郡猫 (Cheshire cat) 是著名英国儿童文学作家卡罗尔的作品《爱丽丝漫游奇境记》中的一个形象。总督(Michenner)酷似柴郡猫样地咧嘴一笑，把纠察人员及旁观的工人当作是来欢迎他的人，机智地使自己摆脱了困境。学生不能很快理解深层意思时，教师要及时地为学生讲清出处，这样学生也能更好地记忆。

五、角色扮演教学法与实践

角色扮演教学法可以利用微型戏剧的表演模式。微型戏剧一般只包括 3 ~ 5 幕，每一幕都有 1 个或 2 个反映文化冲突的典型事例。让学生通过观察体验剧幕情景，亲历文化休克、困惑和尴尬的情景，寻找造成交际障碍和文化冲突的原因。在设计角色扮演的脚本时要注意，脚本应该清楚简洁，具有趣味性和戏剧的张力，而且结局最好是开放式的，语言尽量采用日常生活工作或社交场景中使用的语言。

角色扮演活动中真正的表演时间一般只有 5 ~ 7 分钟，而准备的时间通常很长，有时可以达到一小时。角色扮演的主题可以是与来自其他文化的人第一次见面、进行国际谈判、在某一个你不熟悉的文化场景中拒绝别人等。

角色扮演的实施过程如下。

（1）向学生说明角色扮演的目的是使他们练习使用某一策略，鼓励他们尝试新的活动；向学生介绍角色扮演发生的情景。

（2）确定参演的学生，给参与的学生提供背景知识，让他们有足够的时间做准备。参与的学生既可以是老师指定，也可以是学生自荐。老师最好教师还要指导参与表演的学生的准备工作。

（3）教师给观看角色扮演的学生们分配学习任务，让他们协助布置表演场地。

（4）表演过程中要做笔记，记录下表演者说的要点，以便之后开展讨论。

（5）表演结束后，请观看的学生们思考，在相似的情景中有没有其他的解决问题的方法。

（6）请学生们回答一系列的问题，目的在于使学生们能够描述角色扮演中出现的问题，给学生思考其他策略的机会。

例如，教师可以帮学生设置场景如下：两个美国人正在穿越一些虚构的地方：Fondi，Dandi 或 Crony。过了一段时间，他们想返回居住的旅馆，但他们走得太远了。糟糕的是，他们又把钱弄丢了。他们需要向当地人询问，借钱买票乘车返回他们的旅馆。扮演美国人的两位学生应该想出一种向当地人借钱的合适的办法。如果他们不知道这些当地人的生活习惯和行为方式，当地人就不会借钱给他们。

在活动之前，我们可以为这些虚构的地方设置一些独特的生活习惯和行为方式，例如，Fondi 当地人表示同意某件事时，就会皱眉，眼睛向下看；而当他们不同意某事时，就会微笑点头；Dandi 当地人和别人谈话时，只与别人保持一英尺（30. 48 厘米）之内的距离；Crony 地区的人在需要帮助时，他们不会听从男人的建议，因为在他们的社会里，所有重要的事情都是由女性决定的。

活动开始后，教师可以要求扮演当地居民的学生应该按照当地居民的习俗去做。

类似这种角色扮演的戏剧活动，能够使学生在演绎或观赏的过程中，体验到一种真实的使用英语的语言环境，形成一种互动的学习氛围。在这样的活动中，既培养了语言的流利感，同时这种双向的、即时的、应景的语言输入与输出保证了语言习得过程的真实性与有效性，使得语言学习与文化活动相结合，体现了语言学习的实用性。

六、文化感受法与实践

文化感受法是指在给学生补充外语文化内容的同时，对两种不同文化进行对比，从而培养学生对母语文化和外语文化差异性和相关性的认识。

下面举例说明。

《大学英语》（外语教学与研究出版社）第三册第四课开始的一段中主人公有这样一句自我介绍："I have a wife，three daughters，a mortgaged home and a 1972 'Beetles' for which I paid cash." 如果按照中国的国情，有车是一些生活较富裕的家庭才会购买的"奢侈品"了，所以学生会很难理解主人公的境况。因此，教师有必要先向学生介绍一下西方的生活情况了。对于英美国家的人来说，汽车可以说是生活必需品，所以一个家庭有一部车是很平常的事情。主人公特意说了是 1972 年的 Beetles 汽车，但是，如果学生仅仅知道 Beetles 是德国大众产的"甲壳虫"恐怕是不够的。教师要介绍此款车的一些特点能帮助学生理解：这款车虽小，但很结实，又节油，关键是它是深受中低收入家庭喜爱的一种车型。有了这些必要的文化背景知识，学生对文章中的主人公的生活状况就会有进一步的了解了：他人过中年，又拖家带口，生活比较拮据。在此基础上，教师还可以进行小范围的拓展，对比中国人和西方人的消费观念。比如，在购买大宗商品时，中国人喜欢一次付清货款，而英美人则会采取多种购买方式，如分期付款、抵押贷款等。这样，中层文化被引入到深层文化，学生能够透过文化现象了解英语国家人的价值观念和思维方式，进而对英美文化有了全方位的认识。

七、同化法与实践

（一）同化法概述

同化法是由彼得勒等人于 1971 年提出的文化教学方法。这种方法包括三个方面。

（1）通过一篇短文指出在文化交往中出现的误解。

（2）对误解产生的原因给出几种不同的解释。

（3）要求学生作出判断，选择合理的答案。

文化教学应把"行为文化"的传授放在第一位，让学生逐渐意识到人们的行为都要受到文化的影响。只有进一步了解英美人士日常生活情景中的言语行为方式，熟悉英语词汇内涵和外延（包括其文化含义），了解不同社会背景的人的语言特征，才能避免交际时的"文化错误"，最终提高跨文化交际的能力。

同化法可以广泛地运用到听力课与口语课。教师先让学生就一些交际中的错误进行讨论，引导学生发现造成误会的原因。这种方式有利于从敏感性、宽容性和灵活性方面逐步培养学生的跨文化能力。

（二）同化法教学实践

下面介绍一个同化法在课堂教学中的实例。

题目：社会行为

教学目标：帮助学生了解英美国家人们的日常行为；引导学生就这些行为进行文化对比，增强文化意识。

【教学过程】

（1）把材料发给学生，让学生自己阅读。

（2）把全班分成若干小组。

（3）让学生在小组内就所读的内容进行讨论，并在四个选项中选出答案。

（4）请每组派代表总结发言。

（5）老师让学生发挥想象，如果这个情景发生在自己身边，自己会怎么办。

（6）围绕下面两个问题组织全班讨论。

① What did you learn about behavior in English-speaking countries from this activity?

② What did you learn about behavior in your home country?

阅读材料

Susan, an American college student, was walking on campus with a new exchange student Wang Bin from China. He had been staying with her family for a few weeks before school got started and he had gotten to know her family quite well. She was walking with him around the school to show him the classroom buildings. As they passed male and female students on campus, she would occasionally say hello to them as they passed. Wang Bin finally commented, “You know many people at this school.” Susan said she didn’t really know many people, which confused Wang Bin since she had greeted so many people. “I just like being friendly,” she added.

Then Susan happened to run into a close girlfriend whom she hadn’t seen in several months. They called excitedly to each other and then hugged. Susan introduced her girlfriend Larraine to Wang Bin, and explained that Wang Bin was a new student in the US. Larraine extended her hand and said, “Nice to meet you.”

After a brief conversation the three parted. A short time later, Susan and Wang Bin ran into Susan’s brother Andy who was also on campus with a group of his guy friends. Wang Bin and Andy knew each other quite well by now and got along very well. As soon as Wang Bin saw Andy he also excitedly called hello and grabbed Andy to hug him. Andy, stunned, pulled away and laughed nervously. Andy’s friends laughed and teased Andy about his new “friend”. Embarrassed, Andy quickly departed. Wang Bin obviously noticed Andy’s embarrassment but also was deeply hurt by Andy’s actions of rejection. He knew he had caused an embarrassment, but he didn’t quite know why Andy treated him this way. He had iust watched Susan and her girlfriend hug when they greeted and assumed the custom of hugging a friend to be acceptable here.

从以下四个选项中选择一个正确答案。

A. Andy doesn’t really like Wang Bin but has just been polite these last few weeks since Wang Bin is new to the US.

B. Wang Bin doesn’t know that it is not an American custom for male acquaintances to hug in public. It is the custom for men to shake hands. Since hugging is generally used only for some male relatives to greet, men might be thought to be odd or too friendly if they display such greetings in public. That is the reason Andy’s friends teased him and why Andy acted embarrassed.

C. It is impolite in America to hug a male acquaintance when other male friends are present. This causes jealousy among the friends. The American male must instigate the hugging of any foreign male friend or guest.

D. It is an American custom for brothers and sisters to hug and greet each other before acknowledging other friends. Wang Bin should have waited for Andy and his sister to hug first and for Andy to introduce Susan to his friends.

答案解析

A. This is probably not true at all. If Andy has been polite to Wang Bin at home, he probably does like Wang Bin. There is no reason to believe this would be true.

B. It is true that most men in America do not hug when they meet each other in passing or in business meetings. It is acceptable and appropriate for two men, in any circumstance and at any level of acquaintance, to shake hands instead. Even many male relatives do not hug in public (or in private).That is usually a sign of affection and not just of acquaintance. Some people might suspect that two men that showed such affection in public might be homosexuals, and this is probably why Andy’s friends laughed and teased him. It is completely acceptable for women to hug as a greeting and it is not thought to have a sexual connotation. This is the correct answer.

C. Since it is not considered appropriate for male acquaintances or friends to hug, especially in public, this answer is not correct. American men usually don’t hug a male friend, foreign or domestic!

D. American brothers and sisters often hug in public. But it is not required that they greet before others can greet either one of them. This is also the wrong answer.

随着英语教学的发展，还会有新的文化教学方法不断涌现。教师在课堂教学的过程中，要结合学生的实际情况和教学内容，选择合适自己的教学方法，真正提高学生的跨文化交际水平。

第七章　基于学生视角的大学英语教学评价改革

教学评价以一定的教学目标为前提，运用可行的教学手段，对教育现象及其效果进行价值判断，从而为教育决策提供教育依据。因此，教学评价是教学活动中的一个重要环节，也是大学英语教学中不可或缺的重要组成部分。本章就从学生视角来探讨与大学英语教学评价改革相关的内容，具体涉及终结性评价、形成性评价、动态评价体系以及多元评价体系等。

第一节　终结性评价与形成性评价

所谓教学评价，是指根据一定的教学目标，运用可行的教学手段，对教育现象及其效果进行价值判断，从而为教育决策提供教育依据，以改进教育服务的过程，是教学的重要组成部分。以评价功能为依据，教学评价可分为终结性评价与形成性评价。本节就对这两种评价方式进行阐述。

一、终结性评价

（一）终结性评价的概念

终结性评估也称“事后评估”“总结性评估”，是指在某个相对完整的教学阶段结束后对整个教学目标实现程度做出的评估。换句话说，终结性评价指的在教学活动告一段落时为把握最终的活动成果所进行的评价。例如，学期末或学年末各门学科的考试、考核。

当学完某门课程或该课程的重要部分之后，终结性评价可用来考查学生的学习是否达到了既定的教学目标，即通过对学生的成绩进行评定来确定教学方案是否有效。

（二）终结性评价的特点

布鲁姆 (Bloom) 认为，终结性评价有以下三个基本特点。

（1）从评价内容上看，终结性评估的内容概括性较高，评估题目多为知识、技能、能力等多种因素的综合体。

（2）从内容的分量上看，终结性评价评价的是学生对某门课程所有内容的掌握情况，由于评价的内容比较全面，因而评价具有分量大、频率低的特点。

（3）从目标上看，终结性评估是对整个教程或某个重要部分所取得的成果进行全面的评定，以便对学生的成绩给予评定或者安排学生的提供依据。

（三）终结性评价的方式

终结性评价的方式有很多种，其中最典型的就是测试。除此以外，论述、项目也是终结性评价的常用方式。

1．测试

（1）测试的类型

① 按照试卷的评阅方式，可以将测试分为主观性测试和客观性测试。

② 按照考试成绩的判别标准，可以将测试分为常模参照性测试和标准参照性测试。

③ 按照学习阶段，可以将测试分为有分级测试、随堂测试、期中测试和期末测试。

④ 根据测试用途的不同可以分为成绩测试、水平测试、诊断测试和潜能测试。

（2）测试的总体设计

① 确定考试类别。考试目的不同，试卷的内容、要求也不一样。进行题目设计之前，首先要明确考试的类别。

② 确定试卷结构。试卷的结构指的是不同类型的题目在整体测试中所占的比重，应根据考试的规模、目的、时间长短以及考生的水平等因素来确定。

③ 确定考试题型。根据不同的标准，题型有多种分类，而一项考试中到底应该采用何种题型，要看考试的类型、目标和要求。

④ 确定考试内容。教学大纲中规定的教学目标不仅应落实在教学工作中，而且它也是命题人员在设计考试内容时的重要依据。

⑤ 命题及编辑试卷。命题应经过选材、编写试题、审题等环节，每一个环节都与试题的质量有着密切的关系。

（3）测试质量的评价标准

① 信度 (reliability)。信度是指考试结果的可靠性和稳定性。用同一份试卷对同组考生测试两次以上，如果他们各次的考分基本一致，或者虽有变化，但变化不大，那就说明该测试有较高的信度。

② 效度 (validity)。效度又称“有效性”，是指一套测试或测试内容达到其预期测试意图的程度。换句话说，效度就是指一套测试是否测试了想要测试的内容。

2．论述

论述是指向学生提出问题，要求他们根据问题的要求，自己组织语言来呈现答案，可用来测量概念、组织、建构、整合、关联和评定观点等方面的能力。一般来说，论述包括以下两个类别。

（1）扩展性论述。这类论述是指在所提问问题下，学生可以自由地组织相关的知识材料，有条理地陈述自己的观点。

（2）限制性论述。这类论述对答题的内容和形式有所限制，要求学生的作答必须在一定的范围内进行，作答篇幅也受到限制，不允许学生自由发挥。

3．项目

除测试与论述之外，项目同样可以作为终结性评估的一种手段。在具体的实践中，项目的范围较为广泛，包括调查报告、网页制作、招贴画制作、模型制作等。例如，在考试中，可以通过让学生表演来检测学生的各种能力，而不必通过书面测试的方式。不难看出，不仅项目学习本身是一个活动，其成品的展示还可以作为终结性评估的一种方式。

二、形成性评价

（一）形成性评价的概念

形成性评价指的是在教学过程中，为引导教学前进或使教学更为完善而进行的对学生学习结果的确定。形成性评价能够及时了解阶段教学的结果和学生学习的进展情况、存在的问题等，以便及时反馈、及时调整和改进教学工作。形成性评价是一种持续性评价，评价内容涉及学习行为、学习策略、学习能力、情感态度、参与情况、合作意识等各个方面。

形成性评价具有过程性评价、表现性评价、真实性评价等众多评价的特征。研究发现，形成性评价有利于促进学生语言技能的提高，有利于学生综合素质的发展。形成性评价具有诊断促进功能、反馈激励功能、反思总结功能、记录成长功能。形成性评价强调以科学、恰当、建设性的方式将评价结果反馈给学生，从而促进学生的发展。形成性评价可以帮助学生总结学习过程中的得与失，反思自己的学习过程，记录自己的成长过程，为学生提供一个自我展示的平台，激励其展示自己的努力和成绩。

（二）形成性评价的功能

1．反馈激励

形成性评价旨在对学习过程进行诊断、激励和促进。通过形成性评价，学生可以回顾自己的学习历程，找到自己的不足，看到自己的进步，并从自己的成长中获得激励。这样一来，学习就变成了一个自我鼓励的良性循环过程。

2．诊断促进

由于形成性评价发生在教学的过程之中，因而有助于教师分析学生是否掌握了某种策略，是否具备了某种图式，是否具备应有的语境基础；可以帮助教师分析学生不参与的原因；可以帮助教师分析学生是否真正掌握了知识点。

例如，听力教学过程中的形成性评价可以帮助教师判断学生是否明白，分析学生明白或不明白的原因，从而服务于教师对教学安排的调整。

3．记录成长

学生在学习过程中的表现是终结性评价的必要参考，但这些数据信息只有通过形成性评价才能获得。教师可以引导学生对自己每一堂课、每一单元的表现进行记录，也可以帮助学生构建手工成长记录袋或者电子档案袋。这样不仅可以为终结性评价提供数据，还可以为形成性评价提供基本信息，使学生能记录自己的学习成长，看到自己的进步。

4．反思总结

形成性评价可以为学生提供反思自己的学习过程、学习效果、学习策略的使用等方面的参考。需要特别说明的是，教师在进行形成性评价的过程中不仅能为学生提供分数，还应组织学生对自己的学习行为、学习策略、学习效果进行分析，进而引导学生总结得失，寻找原因，制订下一步的学习计划。

（三）形成性评价的原则

一般来说，形成性评价应坚持下面几项原则。

1．真实性原则

根据真实性原则的要求，教师应通过学生完成真实的学习任务中的表现评价学生的行为，把形成性评价作为一个全新的评价体系，使评价真正起到促进学生自我知识建构、自我能力建构、自主发展的作用。

2．发展性原则

形成性评价应遵循发展性原则，即评价以促进学生的学习与全面发展为目标。发展性原则允许学生多次解答一个问题、完成一个项目、完善一篇写作，只记录最终的理想的成绩，而不是将学生学习过程之中的不理想的测试成绩记人最后的总评。

3．主体性原则

根据主体性原则的要求，教师应尊重学生在评价中的主体地位，将教师评价、学生互评与学生自评等方式有机结合在一起，使学生通过自评不断反思自己的学习，通过互评来提高合作意识与团队精神，进而形成有效的学习方式，使学生成为真正意义上的学习主人。

4．过程性原则

评价关注的是学生在学习过程中的行为表现，评价于学习过程和教学过程之中实施。因此，形成性评价必须坚持过程性原则。

（四）形成性评价的形式

形成性评价的实施形式较为丰富，下面对其中的一些常见形式进行介绍。

1．日常记录

形成性评价是一种过程性评价，因此教师可以根据学生的日常语言、行为和学习做记录，记录内容包括对日常重要事件的记录以及对学生的活动和进步的纪实和描述。此外，日常记录也可以让学生将自己的学习经历以及学习中的各种感受记录下来，即采取学生日志的形式。

2. 座谈

一般来说，座谈包括两种形式：① 与学生的个别交谈；② 组织学生开展的学生会议。例如，在项目学习过程中，教师可以定期召开学生会议，通过小组汇报项目开展情况、小组讨论来完成自己的项目操作。

需要注意的是，学生会议旨在监控与评价项目学习，从而通过项目学习促进学生的发展，并不是要了解学生的学习压力和困难。

3. 课堂观察

观察前，教师要根据课堂教学目标确定观察的内容，选取观察的对象与观察的方式，拟定观察量表。课堂上，教师可以观察学生的行为表现、态度变化、参与情况、任务完成过程与质量。作为形成性评价的方式之一，课堂观察主要涉及以下几个方面的内容。

（1）教师的空间布局、班级规模等因素对学生认知、情感、态度和行为的影响。

（2）教学过程的开放性和探索性。

（3）师生交往的方式。

（4）教师提问的次数和问题类型以及学生对问题的反应。

课堂观察有助于分析学生在课堂上的各种行为、教师的各种操作，为完善教学设计提供依据。

4. 测验

形成性评价中的测验是检查学生对知识和技能掌握最常用的评价方式，主要用于评价学习的成果而不是学习的过程。换句话说，形成性评价中的测验不是用于评定、甄别或选拔，而只用于诊断和促进，即通过对学生的学习情况进行诊断来为下一步学习提供参考。测验不能只是对学生在测验中成绩的反馈，还应反映出学习者已经掌握的知识和技能以及尚未掌握的知识和技能，从而为下一步的教学设计提供参考。若将形成性测验的结果纳入最终成绩判定之中，则测验就不属于形成性评价的范畴。

5. 成长记录袋

成长记录袋是记录学生学习过程与成果的一种工具，可以用于描述学生的进步，展示学生的成就，评估学生的状况；可以用于总结性评价，也可以用于形成性评价。

根据记录内容的不同，成长记录袋可以分为以下两类。

（1）成果型记录袋。成果型记录袋主要记录学生的优秀作品，作为总结性评价的参考。

（2）过程型记录袋。过程型记录袋，通常包括学生的说明、问题、草稿、草案、修改稿、最终产品以及对作品的自我评价，用于监控、调整与发展。

为了充分地发挥记录袋的作用，需要让学生自主地选择作品，并对其中的作品进行自我反思。在反思作品时，不仅要在指导中明确提出要求，还应当让学生填写成长记录袋，便于促进学生对所选内容的反思。成长记录袋如表 7-1 所示。

6. 评价量表

评价量表是传统教学课堂评价中最常用的方法，也是一种比较有效的评价工具。对教师而言，评价量表可对学生的行为进行各种评价，学生也可以通过量表自评或互评。对学生而言，量表的使用可以使评价更加可靠、公平，并可以节约时间，有效诊断学生的优势与不足。

一般来说，评价量表应遵循以下几个步骤。

（1）确定评价指标。评价量表的制作是评价量表的基础，因此为了明确评价量表应侧重的内容，应首先确定评价量表包含的指标。

（2）制定评价标准。除确定评价指标外，还应明确评价的目的和要求，并制定出评价标准。

（3）给出评级等级。评价者在评价过程中可根据教学的具体情况逐项给出相应的等级评定。

（4）根据量表进行评价。评价者首先应该仔细阅读评价表，熟悉评价指标，根据评价要点做好课堂听课记录，随时对照教学的实际情况分析并填写评价量表中的评价指标的实际情况。

（5）信息的汇集与处理。在课堂结束之后，评价者应对所收集到的资料进行整理、汇总、综合，并针对评价对象的进一步发展提出存在的问题及建议，从而提高教学效率。

表 7–1 成长记录袋

学生姓名：　　日期：
关于所收集项目的描述：
学生意见：
我选择该项目放进我的成长记录袋，是因为：
教师意见：
教师姓名：　日期：
所选择项目的优点：
要考虑的事情或者要改进的领域：

例如，写作评价量表既可以帮助学生反思自己的写作学习，又可以为教师安排下一次写作教学提供依据，写作评价量表如表 7-2 所示。

表 7–2 写作评价量表

Items	Item description	1	2	3	4	5
Grammar	Language is correctly used in terms of tense, sentence structure, spelling, and so on.					
Style	Language is formal in terms of choice of words and structure of sentences.					

续 表

Items	Item description	1	2	3	4	5
Structure	There is a good introduction, a solid body and a reasonable conclusion.					
Data	The group has collected enough data and arranged them quite well.					
Design	The whole format is well designed with pictures, photos, charts and descriptions.					
Effect	Students’ arguments are clearly stated and fully supported.					

7．学习日志

所谓学习日志，是指学生学习历程的档案记录，主要用于记录学生的学习行为。可见，学习日志不是日常意义的学习日记，而是由学生自己制订，也可以是教师给出模板，但是都需要学生自己来完成学习日志的记录。学习日志如表 7-3 所示。

表 7-3 学习日志项目

描述一下你是怎样收集信息的	描述一下你是如何处理信息的	描述一下你是如何应用信息的
阅读	分析	修改
采访	绘图	评价
上网	整理	检验
其他	筛选	展示

（五）形成性评价的设计

1．形成性评价的标准设计

设计形成性评价的标准是进行形成性评价的起始环节。具体来说，就是根据教材内容的特点，并结合学生的具体情况，首先将教学过程分为若干阶段，然后再确定每个阶段计划达到的目标。因此，形成性评价标准通常包含三个部分，即诊断性评价标准、形成性评价标准和目标达成评价标准，这些标准构成一个由低级到高级的评价阶梯。

2．形成性评价的过程设计

形成性评价过程要解决的问题是根据教学的安排进行设计，如评价在什么阶段开展，选择什么样的评价方式等。就课堂教学而言，每节课都会根据所处教学阶段的不同而开展若干活动，每个活动都应该有与之对应的评价，然后根据评价的结果来调整下一步的教学活动安排。

3．形成性评价的内容设计

形成性评价在进行内容设计时应遵循从知识到理解，从理解到应用，从理解到分析和综合，最后再到评价的过程，这样才能符合认知发展规律。因此，教师在设计评价内容时一定要分解课堂教学的过程，根据教学过程的要求设计评价内容。

例如，在阅读之前的诊断性评价中可以是词汇和语法的理解情况，也可以是背景知识的掌握情况。在阅读过程之中，评价的内容可以是逻辑的推理、判断，也可以是信息的传递、信息的辨认以及信息的应用。

4. 形成性评价的方式设计

不同的评价内容需要选用不同的评价方式，通常包括下面几种。

（1）如果评价的是学生的参与，可以采用评价量表、调查问卷等方式。

（2）如果评价的是应用能力，可以采用提问、讨论、课件制作、表演等方式。

（3）如果评价的内容是理解能力，可以采用选择、匹配、排序等形式。

5. 形成性评价的反馈设计

一般情况下，反馈的设计有以下两种。

（1）定量设计。借助于问卷和量表数据的统计的方式并以数量的方式呈现评价结果就属于定量设计。

（2）定性设计。课堂教学中的评价反馈设计多采用定性的方式来描述学生的表现。

在进行形成性评价的反馈设计时，必须明确如何获取评价信息，获取什么样的评价，如何呈现评价信息以及由谁向谁呈现评价信息等问题。

（六）形成性评价的实施

1. 制订评价计划

为提高形成性评价的有效性，教师应在实施评价之前制订评价计划。评价计划要有明确的评价内容、标准与方式，要提前设计好反馈方式。

此外，评价计划还要适用于全体学生。需要特别说明的是，教师应注意将评价纳入自己的日常教学中，逐步地开展课堂教学的形成性评价。

2. 构建评价机制

评价机制是形成性评价得以顺利实施的重要保障。因此，学校要组建评价共同体，构建评价的管理系统，形成评价制度，拥有一个完整的评价体系。如果缺乏良好的评价机制，形成性评价就难以达到预定的目的。

3. 形成性评价之元评价

所谓元评价，就是“评价之评价”，是对评价的结构、过程、结论及其反馈进行全面、系统的评价，以修正评价结论、改进评价活动的过程。积极开展形成性评价的元评价，即对形成性评价进行评价是保障形成性评价有效实施的重要前提。

具体来说，形成性评价的元评价主要从评价内容、评价方式、评价标准、评价操作、评价效果等方面来判断形成性评价是否起到了应有的诊断和促进作用。如果没有，则需要进行及时的调整和改进。可见，缺乏元评价机制，将会难以保障形成性评价的有效性。

上面对终结性评价与形成性评价分别进行了阐述。实际上，终结性评价与形成性评价都是在教学过程中具有实际效果的评价手段，但二者在具体的方式与效果上有所区别，如表 7-4 所示。

在传统的英语教学中，终结性评价始终占据着核心地位。但是，随着素质教育的展开，侧重学生学习结果的终结性评价为适应时代的发展要求，开始越来越多地与侧重学生学习过程的形成性评价结合在一起。总之，终结性评价与形成性评价各具特色，对英语教学发挥着互相不可替代的作用，二者不是互相矛盾的，而是相辅相成、相互促进的。

表 7–4　终结性评价与形成性评价的比较

对比名称	终结性评价	总结性评价
评价主体	教师	教师、同学、同伴
评价目标	通过评价，对学生的学习结果进行评定，区别出优劣之分或者对学生的学习进行等级鉴定	鼓励并帮助学生自主地调控自己的学习过程，激发学生的学习兴趣，不断地增强学生的自信心。另外，帮助教师对学生的学习情况进行监督与指导，从而对教师的有效教学提供一定的指导。
评价标准	以预期的既定目标为评价标准，对学生与学生之间的学习进行横向比较	通过学生的纵向比较，在学习过程中是否取得了一定的成长和进步。
评价主体	教师	教师、同学、同伴
评价内容	知识和技能	知识、技能、态度、情感等
评价手段	期中考试、期末考试等考试手段	课堂观察、调查问卷、成长记录袋等
评价结果	侧重与对测试结果进行评价	侧重对学习过程进行评价，附带教师评语

第二节　动态评价与多元评价体系

除终结性评价与形成性评价之外，大学英语教学过程中还应推广动态评价体系与多元评价体系，以更好地适应时代发展对大学英语教学提出的要求。

一、动态评价体系

（一）动态评价的内涵

在过去的很长一段时间内，我国的大学英语教学评价体系以心理计量学为理论基础。由于这种评价体系所提供的是关于学生在单一时间点上的测验表现或成就的相应信息，故而被称为“静态评价”，静态评价以评价者为中心，着重评价学习的结果，描述个体已形成的能力，因此很难将课堂教学评价应有的诊断、导向、激励等功能充分发挥出来。这既影响了教育目标的实施，又严重阻碍了学生的个性发展以及综合素质的培养，难以满足当今社会发展对英语人才的需求。

动态评价（dynamica assessment，简称为 DA）是最近二三十年在西方兴起的一种新的评价理论，是与静态评价相对的概念。具体来说，动态评价从动态历时的角度出发来评价个体的认知与元认知过程，并运用交互方法对个体的潜能进行评价。在这一过程中，学习者既可以与教师共同进行课程的设计、实施和评价，还可以直接介入自己的学习过程。此外，学习者还能够以协作的方式参与课程学习和作业设计，而课程的设计也充分考虑学习者对可输入信息的能动选择（如开放式课程设计）。因此，动态评价不仅可以用来对个体学习者的潜能进行评价，还有利于促进个体认知能力的改变，从而使评价由传统静态评价的“结果导向”逐渐向“过程导向”转变。

（二）动态评价的理论基础

动态评价的理论基础源于维果斯基 (Vygotsky) 的社会文化理论 (sociocultural theory of mind，简称 SCT)。根据社会文化理论的观点，人的心理机能不仅是社会学习的结果，也是文化和社会关系内化的结果。换句话说，社会文化因素对于人类的认知发展过程发挥着不可替代的核心作用。因此，个体对基于当前水平的外界支持或外部介入的反应揭示了尚未全面开发的认知功能。此时，如果进行恰到好处的介入，就可以使个体超越其单独行动时的水平，进而促进个体的更快发展。

在维果斯基的社会文化理论的基础上，动态评价理论认为，教育旨在发现学习者在学习过程中所出现的问题背后的原因，从而引导他们树立新的发展目标，而不是为了证明学习者的学习是否有问题。鉴于此，动态评价的功能并不仅仅是提高学习者完成某一特定任务的能力，还应引导学习者不断超越当前的能力水平，使他们的学习逐渐进入更理想的状态，即帮助他们走向“卓越”。(Feuerstein，et al.，1988)

动态评价除发挥传统的终结性评价的教学检测功能之外，其本身也是一种反思性教学手段。在 Poehner 看来，动态评价中的“评价”与教育学、心理学中的概念存在本质的差别。具体来说，在教育学、心理学中，“评价”通过对个体进行观察和记录来推断学生的潜在能力，而动态意义的评价则是为了将学生的潜能和主观能动性激发出来，从而引领学生学习能力的不断发展。

需要注意的是，动态评价的开展周期往往受到学习者的发展状况的影响。随着时间的推移，学习者在参加任务时会面临更高的难度，外界的介入也越来越少。因此，随着学习者水平的提高，动态评价应及时调整其介入支持方式，并不断增加任务的难度。

（三）动态评价的模式

20 世纪七八十年代，许多学者都对动态评价模式进行过研究。下面介绍其中的主要观点。

（1）费厄斯坦 (R. Feuerstein) 的学习潜能评价设计。这一模式采取“前测—中介—后测”的程序，强调中介学习是认知发展的要件。

（2）伯恩斯 (M.S. Burns) 等人的连续评价模式。这一模式采取“前测—学习或训练—再测—学习或训练—后测”的程序，以此来评价学习者的认知能力或认知缺陷。在具体的实践中，这一模式分两阶段实施，且常以教学、阅读、知觉领域作业为题材。

（3）坎皮奥内 (J.C. Campione) 和布朗 (A.L. Brown) 的渐进提示评价。这一模式首先建构一套“从一般、抽象到特定、具体”的提示系统，然后再遵循“前测—学习或训练—迁移—后测”的基本程序，以此来了解学生的学习、保留、迁移能力。阅读、数学、逻辑推理、结构复杂问题解决的作业是这一模式的主要题材。

（4）布多夫 (M. Budoff) 的学习潜能评价。这一模式采用“前测—训练—后测”的程序来对学习者在训练中的获益能力进行测量与评价。

上述模式尽管不尽相同，但都大体可以分为前测、教学或训练、后测等阶段。前测用来了解学生的当前水平，后测则用来测量学习者经过培训或学习后的水平。通过对前测结果与后测结果进行对比，就可以了解学习者的发展状况及存在的问题，从而判断教学和学习效果。

（四）动态评价的功能

动态评价体系以促进学生的全面发展以及能力的培养为出发点，可以最大限度地发挥评价对于教学活动的导向、反馈、诊断、激励等功能，具体体现在以下几个方面。

1．提高教学质量

动态评价体系可以对课堂教学过程进行全面反馈，帮助教师从教学内容、教学实践、教学语言等方面了解教学活动的运作情况，并了解自己在教学中的表现以及教与学之间的差距。这就有利于教师及时调整进度，缩小差距，从而将大学英语教学质量提升到一个新的高度。

2．降低学生的外语学习焦虑，激发学习动机

很多英语学习者都曾对英语学习产生过焦虑情绪。可以说，外语焦虑感是语言学习中的一大障碍，也是对语言学习质量产生影响的重要因素。因此，如何采取合理的评价措施来最大限度地降低学生的焦虑就成为一个亟待解决的问题。

动态评价体系从评价学生的“过去”和“现在”，转向评价学生的“将来”和“发展”。换句话说，动态评价体系对学生在发展过程中存在的个性差异和不同发展水平予以足够重视，这就使学生成为课堂教学的积极参与者和决策者。这一方面可以充分发挥学生的自主性，提高他们的自信心，使他们认识到自己的优势；另一方面又可降低学生的外语焦虑感，将学生的学习动机激发出来。

3．培养学生的学习自主性和自主学习能力

动态评价体系关注学生的情感因素，侧重学生学习的历时发展过程，从而可以对学生的学习状况进行更加全面的反映。这有利于学生对自己的学习进程进行有效的检查和调控，并积极主动地对学习过程进行反思，培养和提高了学生的自我学习管理能力。

二、多元评价体系

根据《大学英语课程教学要求》，评价旨在帮助学生不断体会英语学习过程中的进步与成功，建立学习的信心，并全面提升语言综合运用能力。因此，在课程、教学与评价之间形成一种健康、良性互动的关系就具有十分重要的意义。

建立多元评价体系可以丰富评价手段，充分调动教师与学生的能动性与积极性，将师

生的潜能充分发挥出来，从而全面提升教学与学习质量。多元评价体系是一个范畴很广的概念，在具体的实践中可从以下几个方面来展开。

（一）内容多元化

教学评价不仅要对教师的“教”与学生的“学”进行评价，还应涉及教学过程、教学管理以及教学课程等内容，以此来使教学评价更加科学合理、富有实效。

1. 教师教的评价

（1）教学内容。

教学内容的评价具体表现为：教学的重点、难点是否突出；教学内容是否准确无误；教学内容是否注重基本理论、知识、技能的传授；教学内容是否与实际相结合；是否注重知识的前沿性。

（2）教学组织。

教学组织的评价具体表现为：教师的课程安排是否系统、连贯、富有启发性；教师在讲课过程中，是否重视与学生的交流，对学生的信息是否及时地进行反馈；作业布置、批改以及辅导答疑是否具有层次性、激励性。

（3）教学态度。

教学态度的评价具体表现为：教师授课是否认真负责；是否虚心听取同事以及学生的意见；是否真正的关心学生；是否刻苦钻研教材、不断地提高自身的专业素养。

（4）教学表达。

教学表达的评价具体表现为：教师的讲解内容是否熟练；层次是否清晰、有条理；是否有助于学生了解和掌握教学内容。

（5）教学方法。

教学方法的评价具体表现为：是否注重学生的个别差异、因材施教；是否运用和掌握现代化的教学手段并应用于教学实践中；是否注意对学生学习动机的激发和兴趣的培养；是否注重加强对学生学习方法的指导与培养。

（6）教学效果。

教学效果的评价具体表现为：教学目标是否达到；课堂气氛是否活跃；学生对该学科的学习是否有强烈的学习兴趣和学生是否掌握了与本门学科相关的学习方法。

2. 学生学的评价

（1）学力评价。

所谓学力，就是指学习者通过学习所达到的知识水平、能力水平、技能水平和在现实水平上基础上所具备的学习潜力。通俗地讲，学力就是学生在学业上达到的程度。对学生进行学力评价可以调查、了解学生的学习能力状况及个别差异，既可为培养学生各方面的能力服务，又可为完成既定教育目标提供有用的信息资料。开展学力评价时常使用实验法、观察法、评定法法，其中标准学力测验和智力测验是最常用的方法。

（2）品德与人格评价。

教学评价应从多个侧面展开，包括采用多种方法对学生的品格和人格进行全面的测验与评价。需要特别说明的是，教学内容的思想性、科学性等对学生思想品德和人格形成与变化的影响的测定与评价是品格与人格评价的重点。

（3）学业评价。

学业评价指的是根据学科课程标准所规定的学习目标和学习内容，对学生个体或群体的学习过程和成果进行的评价。学业评价通常以测量为基础，反映学生个体学习的进展和学习效果，由此作价值判断，通常有补救、促进和协调的功能。

为了全面评价学生的学习状况与结果，学业评价往往采取一定的测量工具与评价方法。具体来说，测量工具包括成就性测验、诊断性测验、自我报告清单、预备性测验、教师自编的掌握性的测验或标准参照性测验等。评价方法则包括诊断性评价、形成性评价、安置性评价和综合性评价等。

3．教学过程评价

鉴于教育评价常常忽视在整个教育过程中学生获得整体素质的提升，而只注重对教育结果、学生学习成绩的评价，过程评价由此产生。可见，过程评价主要是对师生双方通过教学达到目标的情况进行评价，其目的是体现对学生发展、教育整体过程的关注。

4．教学管理评价

英语教学管理以英语教学的规律和特点为基础来对英语教学工作进行计划、组织、控制和监督。而英语教学管理评价就是对这一过程及其结果进行测定，以不断加强和改进教学管理工作。

教学管理评价是学校英语教学工作和英语教学评价的重要内容之一，通常包括学校和其下属单位的教务管理方面的评价、第二课堂的评价等。它使英语教学管理工作具有明确的目标和方向，对英语教学管理具有指导功能。

5．教学课程评价

课程设置是否科学、合理关系到教与学的质量，因此英语教学评价必然涉及对课程的评价。课程评价是对英语课程价值及功能的评价，主要有以下三种代表模式。

（1）泰勒 (Taylor) 的行为目标模式。在这一模式下，教学活动受到预定目标的影响，因此教学评价的任务就是判断实际教学活动是否实现了这一目标以及实现目标的程度，并通过教学反馈调整教学活动，以便以后能顺利地实现这一目标。

（2）吉斯克里芬 (Guiscriff) 的目标游离模式。这一模式不考虑目标，而主要通过检验方案的结果来判定价值。可见，目标游离模式与行为目标模式存在很大不同。

（3）斯塔弗尔比姆 (Stufflebeam) 的 CIPP 模式。这一模式以决策为中心，将背景评价、输入评价、过程评价和结果评价有机结合在一起。CIPP 模式将目标作为行为目标模式的中心和依据，因此其本身也应该作为评价的对象。

（二）主体多元化

就目前的情况来看，仍有很多人对教学评价存在这样一个错误观点，即评价就是老师的事，由老师来实施。但是，在提倡以学生为中心的时代背景下，学生也应积极参与到教学评价中。此外，教育决策机构、专职的评价机构、学校管理人员、学生家长等也应参与到教学评价中来，从而使教学评价从单一的教师评价模式转变为多元化评价模式。

1．学生自我评价

学生自我评价是教学评价中的一个重要方法，是学生主体地位的有效体现。通过自我评价，学生能够自我反省自己的学习情况，正视自己在学习中所遇到的问题以及自身需要提高的地方，从而逐步增强学习的信心。

具体来说，学生的自我评价主要包括对学生的学习方法、学习态度、学习内容、学习结果和学习中的优缺点等进行的评价。需要说明的是，学生的自我评价离不开教师的有效指导。教师应根据评价的目标制订自我评价表，从而有效地指导并引导学生进行自我评价。

下面是一个学生的自我评价的范例，如表 7-5 所示。

表 7–5 学生自我评价表

Student Name:　　　　　　Date:
The attached portfolio item is (e.g. , first draft, describing a picture). this piece of work shows that I can: ___Take risks____support ideas with evidence or reasons ____collaborate____organize related ideas using ____use a writing____with a variety of sentence structures process ____participate in discussion ____use effective spelling strategies____self-edit ____other:____
Please notice: Now I am planning to :_______ Student Signature:________

2．学生相互评价

学生相互评价一方面依赖于同学之间在长期的学习与磨合中形成的互相真诚与彼此信任，另一方面又需要学生具备一定的沟通技能和合作技能。因此，学生相互评价在实施的过程中离不开教师的有效引导与调节。

但这并不是说学生相互评价必然需要复杂的程序，简单的活动同样可以实现同伴评价。例如，教师可安排学生以小组的形式参与学习任务，并在活动结束后要求学生对自己和他人的贡献进行评价。当然，这种评价必须遵循一定的规则，如要求学生排除主观偏见的影响，以事实为依据来发表观点、进行评价。

学生相互评价的具体开展方式可由教师根据情况而定，表 7-6 是同伴评价的一种参考方式和范例。

3．教师评价

学生的自我评价和相互评价都必须与教师的评价结合起来。教师评价主要涉及学生的课堂笔记记录情况、在课堂上的参与程度、作业完成情况以及单元测验成绩等。此外，教师需要做到以下几点。

表 7–6 学生相互评价表

Setting Improvement goals Your Name:_______ Date:______ Your partner's Name:_________ 1. review your partner's work sample. ______________________________ 2. what do you think the sample shows your partner can do? ______________________________ 3. what do you think your partner did well? ______________________________ 4. what do you think your partner could make better? ______________________________

（1）教师同学生一起探讨学习的目的，定期检查学生自评与互评的情况，评价学生的进步，向学生提供反馈意见，帮助学生确立新的学习目标。

（2）教师向学生示范学习与评价的方法，管理学生学习，帮助学生进行自我评价。

（3）在学生制定和应用评价标准的过程中，教师要给予一定的指导，帮助学生对教学过程进行反思。

教师评价应当包括评价学生的优点和缺点两个方面，通常以评语的形式来体现。为方便学生获得有效的诊断性信息，评语可附在学生的作业本中。

4．师生合作评价

由于教学中的很多活动都需要教师和学生共同参与，因此师生合作评价也是一种重要的评价方法与手段。

师生合作评价可以为师生提供许多有价值的信息，对教学有着重要的意义。对教师来说，教师可获得学生的反馈，进而逐步改进教学，提高教学效率。对学生来说，学生可从中得到个人反馈信息，进而发现自己的不足，明确努力的方向。

5．师生与家长合作评价

家长的有效配合有利于学习效率的提升。如果家长也参与到教学评价过程中，可使每位参与者的角色、地位发生一定的变化，从而更好地促进评价的实施。具体来说，在师生与家长的合作评价过程中，教师由评价的权威变成评价的组织者和参与者，学生由被动受试变成评价的主动参与者，家长则由评价的旁观者变成评价的促进者。这不仅可以丰富评价主体，还可使评价结果更加科学、全面。

表 7-7 是一个由教师、学生、家长参与的英语课文背诵合作学习评价表。

表 7–7 英语课文背诵合作学习评价表

年级:______班别:______　　　　____第____周____月____日

姓名	课次、评价结果、检查人（组员、教师、家长）签名			
17单元 检查人签名:	Lesson 65	Lesson 66	Lesson 67	Lesson 68
	自评结果: 他评结果:	自评结果: 他评结果:	自评结果: 他评结果:	自评结果: 他评结果:
18单元 检查人签名:	Lesson 69	Lesson 70	Lesson 71	Lesson 72
	自评结果: 他评结果:	自评结果: 他评结果:	自评结果: 他评结果:	自评结果: 他评结果:
19单元 检查人签名:	Lesson 73	Lesson 74	Lesson 75	Lesson 76
	自评结果: 他评结果:	自评结果: 他评结果:	自评结果: 他评结果:	自评结果: 他评结果:
20单元 检查人签名:	Lesson 77	Lesson 78	Lesson 79	Lesson80
	自评结果: 他评结果:	自评结果: 他评结果:	自评结果: 他评结果:	自评结果: 他评结果:
阶段（月）情况	评价结果: 评价人员:		优点: 需要改进的方面: 建议:	
本组组长: 组员: 备注：本评价表可以在组内使用或周末在家使用。检查人员由组员、组长或家长、老师来担任。评价分三级：能背诵、能流利朗读、朗读不够流利。				

（三）标准多元化

在过去很长一段时间内，由于受到传统教学观念的影响，我国的大学英语教学往往采取统一的标准来进行评价，而没有考虑到地区差异。此外，地区教育行政部门也采取统一的标准要求不同的学校，而学校在这种情况下也必然用统一的标准来要求不同的学生，其直接结果就是学生的个性差异被抹杀。

英语教学评价标准的科学性在很大程度上决定着整个评价结果的精确度。近年来，社会对学生个性化发展的呼声日益强烈，因此为适应时代的要求，课程评价标准必然要趋向多元化，具体可从微观与宏观两个层面展开。

（1）在微观层面可以根据每个学生的具体情况，确立不同的评价标准。这些措施对于评价标准多元化的实施大有裨益。

（2）在宏观层面应该根据各地经济、教育发展水平制定不同的评价标准；各个地方学校应该根据自己的办学条件、培养目标等来制定和实施具体的评价标准。

第八章 基于学生视角的大学英语教学手段的运用研究

随着多媒体技术与互联网的迅速发展，当代英语教学手段与过去相比，已经发生了很大变化。而当代英语课堂教学要想真正提高英语教学的质量和效率，除了要在教师的“教”和学生的“学”上面下功夫以外，必要的英语教学手段是非常重要的。本章我们就来具体探讨多媒体与网络在英语教学中的应用。

第一节 多媒体在英语课堂教学中的应用

一、多媒体教学概述

（一）多媒体的组成与特点

1. 多媒体的组成

（1）文本 (Text)。文本是指各种文字，它是多媒体中最基本也是应用最为普遍的一种媒体元素。

（2）图形 (Drawing)。图形是指由线段或形状构成的矢量图。比如计算机绘制的直线、曲线、圆、矩形、图表等。对它进行任意缩放不会影响其清晰度，即图形改变大小后不会失真。

（3）动画 (Animation)。动画就是一系列图像的运动模拟景象，它是由一些独立的静态图像组合在一起，通过连续播放而形成的，让人们在视觉上能感受到一种连贯的运动。如米老鼠跳跃的动作，人走路或跑步等。在多媒体中穿插一些动画，可以使课件的整体风格更活泼，更吸引人，并能调节人的情绪。

（4）图像 (Image)。即数字图像，是由像素点阵构成的位图，如人物画、景物照或者其他形式的图案。对它进行缩放会改变其清晰度，如一些细节会损失或产生锯齿。用图像来表述一个问题往往要比文字更直观，也更具吸引力。例如，用一张图片来介绍一处自然景点，就比文字描述更具说服力，也更能引发人们的想象力。

（5）视频 (Video)。视频也是一种图像数据，一些有联系的图像数据连续播放便形成了视频。这里的视频指计算机视频，它不同于电视视频。电视视频是模拟信号，而计算机视频是数字信号。视频信息一般通过摄像机、录像机等设备获得，再输入到计算机内部。视频类似于电影和电视，画面有声有色，在多媒体中充当着重要的角色。

（6）音频 (Audio)。音频即声音，它包括各种音响效果。在多媒体中，声音都是经过数字化处理的。采样时声音由模拟量转化成数字量，即 A/D 转换；播放时由数字量转化成模拟量，即 D/A 转换。在课件中音频用来做解说词和背景音乐等。

2．多媒体的特点

（1）集成性。

多媒体利用了数字信号综合处理的方式，有机结合文字、音频、图形、动画、图像、视频等多种信息，并强调了媒体之间的相互作用和关系，以获得这种相互作用所产生的多媒体信息。

（2）多样性。

人一般是以视觉、听觉、触觉、嗅觉和味觉等五种感觉来表达和接收信息的，而其中视觉和听觉运用得最多。计算机多媒体技术正是利用了人的这种感知特性，综合运用文本、图形、动画、图像、音频和视频等多种信息媒体，丰富了多媒体的表现力，激发信息接受者的兴趣和注意力。

（3）交互性。

以前的计算机技术很被动，由程序员编写程序，输入数据，然后接受计算机输出的结果。现代计算机技术为用户提供了使用和控制信息的手段。人们可以按照自己的思维习惯人为地改变信息的组织过程，按照自己的意愿主动地选择和接收信息，拟定观看内容的路径，在使用中重点研究感兴趣的部分，实行人机互动，把人的活动融合到计算机的程序中，增强了人们对多媒体信息的兴趣和注意力。

（二）多媒体英语教学的优势

与传统的英语教学相比，多媒体英语教学具有以下几个方面的优势：

1．体现出了学生的主体地位

多媒体英语教学符合以学生为中心的教学原则。多媒体课件的使用使教学环境更趋于真实，提高了教学的交互性，调动和发挥了学生的主观能动性。学生真正成为学习的主体，化被动学习为主动学习，有利于学生语言素质的全面提高。

2．激发了学生学习的兴趣

在外语教学中，多媒体教学将声音、图形、图像、视频及动画综合运用，正好满足了语言交际的需要，创造了一个相对真实的交际环境，更能调动学生的学习积极性，激发他们的学习兴趣，非常有利于学生语感的形成和听、说、读、写等语言运用能力的提高。

3．为学生提供了多种学习路径

传统的课堂教学是让几十个水平各异、基础不同的学生，在规定的时间内，被动地接受同一个教师教授的同样的学习内容，而多媒体英语教学真正打破了明显的校园界限，解决了由于时间和空间的限制所造成的教学难点，改变了传统“课堂”的概念，使学习内容变得容易被理解和掌握。学生能真正共享世界各地的学习资料，并提高获得信息、分析信息和处理信息的能力。

（三）多媒体英语教学的原则

多媒体英语教学除了遵循传统教学的一般原则，还应当遵循以下几个主要原则：

1. 情景性原则

根据学习内容，多媒体提供有关情节、景色、现象的真实、模拟或相近的画面，使教师与学生之间建立共同经验，学习者通过对媒体提供的资料的观察和感知，形成表象，以便作为归纳、概括知识和形成概念的依据。例如，人教版高中实验教材 Unit 4 of Book 1 中 Earthquake 一课的教学，教师可利用多媒体展示包括汶川地震或唐山地震在内的不同时期的地震灾害，要求学生观察并记住有关地震的基本知识，懂得如何自救和拯救别人，真实的画面给阅读教学提供了想象空间和震撼的视觉效果。

2. 示范性原则

多媒体提供一系列标准的行为模式（如书写、动作或操作行为），而学习者将通过模仿和练习来进行技能的学习。比如通过因特网指导学生进行电子书信写作，包括建立免费的电子邮件、了解电子邮件的书写格式，通过 Google 查询笔友网页并建立联系等。

3. 原理性原则

借助语言的描述、媒体的呈现帮助学习者对典型事物的特性、发生和发展的原因、规律和基本知识有所了解，并以此作为演绎推理或类比学习的前提，使学习者突破学习的难点，掌握科学原理。比如处理“Look Carefully and Learn”时，教师选用录音机为媒体，要求学生听完课文录音后，说明“观察”与“结果”之间的发展规律，并通过类比将其规律迁移到学生的日常生活当中去。

4. 真实性和探究性原则

真实性是指多媒体能提供有关史料、文献等客观、真实的事实，使学生获得真实的事实性材料，便于识记。探究性原则是指多媒体提供某一事物典型的现象或过程，利用文字或语言设置疑点和问题，供学生作为分析、思考、探究、发现的对象，以帮助学生理解原理并掌握分析和解决问题的步骤。

5. 系统化与最优化原则

外语学习是一个循序渐进，从初级到高级阶段发展的连续体。外语教学应遵循学习内容系统化，教学目标渐进化，实现识记、感知、理解、运用、创新的递进。目前的教学光盘、多媒体教室及网络系统可为师生提供丰富的具有渐进性和系统性的教与学的资源。教师应根据学生现有的水平来选择，并能自动跟踪学生的学习进度，发现学生的学习困难，并给予及时的帮助与指导。系统性的目的是使教学最优化。在某一方面知识内容的教学中，几种教学媒体都可用的情况下，选用教学效果最好的媒体。

（四）多媒体英语教学的模式

在多媒体课堂教学环境下，有多种教学模式可供选择，教师应当灵活运用。

1. 支架式教学模式

支架式教学思想来源于维果斯基的最近发展区理论，即教学决不应消极地适应学生智力发展的已有水平，而应当走在发展的前面，不停顿地把学生的智力从一个水平引导到另一个新的更高水平。英语多媒体支架式教学模式利用这一概念框架作为学习过程中的知识框架。该框架按照学生智力的“最近发展区”来建立。在教学中把一个复杂的学习任务分解成若干步，每一步都上一个台阶。同时考虑满足 i+1 条件，增加适当难度的教材内容。这样就可通过这种脚手架的支撑作用（支架作用）帮助学生逐步接近并最终达成学习目标，真正做到使教学走在发展的前面。支架式教学模式包括以下几个主要步骤。

（1）搭建支架。

即围绕当前学习的主题内容与知识点，按维果斯基的“最近发展区”的原则及克拉申的 i+1 输入假设理论建立知识框架。这一环节设计中教师要注意制订合理可行的教学目标和处理好教学要素之间关系的策略。

（2）进入情境。

即基于所建立的基本概念框架，启发和引导学生进入概念框架中的某个层次或节点，将学生引入一定的问题情境中。也就是说，利用多媒体为学生创设一个真实的英语语言环境。在这一环节中，要特别注意坚持视听与思考结合和媒体选择与组合的最优化策略。

（3）独立探索。

即培养学习者独立探索的能力，探索内容包括确定与给定内容有关的各种属性，并将各种属性按其重要性大小顺序排列。探索开始时要先由教师启发引导，然后让学生自己去分析。探索过程中教师要适时提示，帮助学生沿概念框架逐步攀升。事实上，教师的引导和提示是非常必要的，起初的引导、帮助可以多一些；以后可以逐渐减少，放手让学生自己探索；最后要争取做到无须教师引导，学生自己能在概念框架中继续攀升。这一环节中教师要注意充分调动教与学两方面的积极性。

（4）协作学习。

即进行小组协商、对话、讨论等活动。结果有可能使原来确定的、与当前所学内容有关的属性增加或减少，各种属性的排列次序也可能有所调整，并使原来多种意见互相矛盾的复杂局面逐渐变得明朗一致起来。在共享集体思维成果的基础上达到对当前所学概念比较全面正确的理解，即最终完成对所学知识的意义建构。

（5）效果评价。

效果评价是反馈原则的重要体现。对学习效果的评价包括学生个人的自我评价、师生共同评价和学生相互评价。评价的内容主要包括学生的自主学习能力；学生对小组协作学习所作出的贡献；学生是否完成了支架式教学目标，即知识的意义建构等。

2．小组互助教学模式

小组互助的教学模式给教师和学生提供了面对面相互了解的机会，要使学生受益，小组人数不能太多，小组人数多少的确定取决于许多因素，其中包括小组练习的目的和性质。一般来说，如果小组活动的目的是促进小组成员间的相互影响和发展技能，一个小组应当不超过 10 人，最理想的是 4 到 6 人。现代教学论越来越重视教学中的这种人际交互作用，它是实现各类教学目标、培养健全人格、促进个体社会化的有效途径。

在这种教学模式中，可以让学生对自己所学到的知识展开讨论、回顾、检查、修正、强化和应用，并互相报告自己的学习经验，达到相互促进的目的。相互作用的教学模式对高级智力技能和认知策略的培养以及对情感领域中态度的形成、意识的发展和人际关系处理等方面有着特殊的作用。可以用角色扮演、模拟、游戏和情景学习等具体有效的方式进行。教师是这种模式的策划者、指导者和参与者，所以教师事先应做周密的设计，注意把握讨论话题的发展方向和深度，力争获得预期的效果。

3．自主分层教学模式

学生来自不同的环境，英语水平也参差不齐，并且呈现两极分化的趋势。针对这种情况，教师应利用自主分层教学模式（A、B、C 三层学生的学习能力和基础分别为较差、中等与较好）提高教学效率。这种教学模式依据学生的实际设定三个教学目标和教学途径，即新课分层教学模式，听说课分层教学模式和复习课分层教学模式，并落实因材施教、区别对待的原则，努力适应学生个性化发展的需要，使每个学生都能达到课程目标的要求。

在自主分层教学模式中，教师展示不同层次的教学要求，设计不同的教学途径，使学生在教师的指导下根据自己的实际英语水平与学习情况，选择相应的层次，这是分层自主性的体现。同时，学生还可以根据自身的发展情况不断调整要求，这便是层次的变动性。网络的应用为自主分层教学提供了强有力的支持。此外，这种教学模式变“显性分层”为“隐性分层”，较好地避免了分层可能对学生自尊心造成的伤害。

4．个别化教学模式

个别化教学模式是指以学习者为中心，适合于个别学生需要的教学。

理论与实践证明，学习必须由学生自己来完成，当学生按自己的进度学习时便能积极主动完成任务并获得成功的经验，反之则不利于学生的学习。这就要求教师根据每个学生的特点和需要，针对每一个目标为每一个学生设计学习经验，以便学习能顺利进行。

多媒体辅助教学正是朝着这一方向发展的。当然，不是所有的学习内容都适合个别化教学模式的，比较合适的有：掌握一般的具体概念和原理、学生学习与事实有关的信息、培养解决问题的基本技能、发展某些动作技能等。进行个别化教学时，教师的工作主要是帮助学生制定自学步调和程序、提供资料或寻找资料的途径、解决学生学习中遇到的问题和检查学生学习的成果。

5．集体教学模式

集体教学模式是在传统的学校班级教学的基础上由于视听媒体技术的引入而形成的一种教学模式。

这种教学系统的结构是以学校和教师为中心的结构，其基本要素之间的关系是以教师为主的集体教学方式。教师通常以讲解、演示、表演等形式向一定规模的学生群体传授教学内容，一般在教室、实验室、现场等地方进行。教师以讲授为主，辅以其他传媒手段。此外，教师还可以利用单个或组合媒体材料，比如幻灯片、电视、录像、影碟等的演示效果来启发和诱导学生。这种授课演示也可以没有教师的参与，而是完全通过电影、电视、录音带或影碟来实现。因此，这种教学模式又被称为视听传播教学。

集体教学模式的最大优点是教学效率高，它使学校能比较有效地利用其设备资源和教师资源，同时还便于学校行政管理。

二、多媒体课堂教学

（一）多媒体课堂教学中的变化

教师在多媒体环境的教室里，利用多媒体课件引导学生进行学习活动，这就是多媒体课堂教学。在这种教学模式里，教师和学生在教学活动中的角色发生了很大的变化，“课堂”和“课本”的概念得到了极大的延伸。相对于传统的课堂教学，多媒体课堂教学的变化主要体现在以下几个方面。

1. 课堂环境的变化

与传统的课堂教学相比，多媒体课堂教学首先是课堂环境的不同。课堂环境中的多媒体教室提供声频、视频系统，在教室的任何一个角落，学生都能够清楚地听见、看见教学内容，都有均等机会参加到课堂活动中去，大班教学的一些传统弊端可以得到解决。多媒体教室环境甚至可以在一定程度上解决师资短缺的问题。

2. 教师的变化

多媒体课堂教学环境下教师的角色也发生了很大的变化，主要体现在以下几个方面：

（1）教师的引导作用。

有了精心制作的多媒体课件，教师将从繁重机械的讲课工作中解放出来，交互式的多媒体课件能够代替教师的讲授工作。在学生和多媒体课件交互的过程中，教师的任务则是引导学生正确地参与交互活动，教会学生如何正确地实现交互，从而让学生在与知识的交互作用中理解语言知识的意义和运用方法，真正地让学生去建构语言意义。

（2）教师的监督作用。

“一言堂”的课堂格局改变后，教师有时间和精力去观察学生的学习过程，去发现学生在主动学习过程中的心理和认知特征，为学生提供针对性的建议，并给予及时的纠正。

（3）教师的评估作用。

在传统课堂教学中，教师只能根据学生的几次作业对学生进行简短的评价，这种评价往往只针对学生的作业表现。多媒体课件课堂上，学生参与的活动增加了，师生间的课堂交流也增加了，教师对学习对象有了更为清晰的了解，能够进行适当、深入和中肯的评价。这种评价能够涉及学生在语言学习过程中学习习惯、认知特征等方面。这样，更能够激发学生的学习兴趣，端正学生的学习态度。

3. 学生的变化

学生的变化主要体现在以下几个方面：

（1）语言知识的学习方面。

在多媒体课堂教学环境中，学生开始主动作用于语言知识。多媒体课件设计的各种交互式练习能增加学生语言知识操练的机会，学生在课堂上也增加了与教师交流的机会。在操练和交流过程中，学生会增强思考，主动地去思考问题，考虑语言的使用，而不再是简单的课堂记笔记行为。

（2）语言知识的意义建构方面。

在多媒体课件设计的与主题相关的情景中，学生通过“协作”式的练习，反复的交互式语言操练，能够真正地理解语言在语境中的使用，实现语言知识的意义建构。

（3）语言知识的实践方面。

教师在使用多媒体课件时，引导学生对语言知识进行反应，学生在从手忙脚乱的记笔记中新中国成立之后，可以在教师的指导下练习和实践语言知识。

4. 教材的变化

在以多媒体课件为基础的课堂教学条件下，教材得以“激活”，并发挥出最佳的作用。例如，在由东南大学主编，上海外语教育出版社出版的《大学英语》多媒体课件软件包中，每一单元中的“Before Reading”部分能够以图、文、声、像创造与课本紧密相关的语言文化和学习环境，为学生接触学习主题作铺垫，以一种多维感官和立体的角度“激活”课本，同时也激发了学生的学习兴趣。在多媒体课件的教学辅助下，“激活”的课本能得到更深层次的发掘。

（二）多媒体课堂教学的策略

在多媒体的教学环境下，课堂教学发生了巨大的变化，因此，多媒体课堂教学只有遵循一定的策略，才能保证教学活动的顺利进行。

1. 制定合理的教学目标

目标要切合实际，不能太高，不然会达不到目标，学生容易失望，影响情绪；也不能太低，这样学生很容易达到，也起不到激励作用。所以，确定目标时，要遵循最近发展区理论和 i+1 输入假设理论，力求合理可行。

2. 处理好各教学要素之间的关系

多媒体辅助英语教学系统是一个由教师、学生、多媒体信息、多媒体技术所组成的有机整体。要使多媒体辅助英语教学的功能得到充分发挥并取得最佳效果，必须树立整体观念，适时处理好各个要素之间的关系，使各要素在完成具体目标的过程中，实现有机配合。

3．力求媒体选择与组合的最优化

各种媒体有不同的功能和特点。某一种媒体对某一种教学活动来说，可能会比别的媒体更有效。因此在选择媒体时，要注意选择那些能够获得更好效果的媒体。使用多种媒体比只用一种媒体的学习效果大，因为教学包括许多环节和步骤，需要多种媒体配合。

4．充分调动教与学两方面的积极性

在多媒体辅助英语课堂教学中，要体现出教师和学生都是主体。因此，只有充分发挥教师的主导作用和学生的主动性，即两个方面的积极性，才能取得良好的教育教学效果。

（1）教师的主导作用主要表现在以下几个方面：

①确定符合学生接受能力的教学信息量。

②认真进行教学设计。

③选择适当的多媒体材料。

④编制高质量的多媒体辅助英语教学课件。

⑤引导学生生动活泼主动地进行学习。

（2）学生的主动性主要表现在以下几个方面：

①通过自己动脑、动手、动口去获取知识，发展智能。

②学习时认真观察，积极思考，能发现、提出问题，并运用所学知识分析、解决问题。

③能选择合适的多媒体教材进行有效的自学。

此外，多媒体辅助英语课堂教学还要体现出新型的师生关系。这种新型的师生关系即一种民主、平等、友好、合作的关系。有了这种关系才能充分调动教与学两方面的积极性，使教学过程始终处于教师与学生协同活动、互相促进的状态之中。

5．确保多媒体的有效性

多媒体辅助英语课堂教学要讲效益，不能是无效的劳动。讲效益包括要讲教学效益，也要讲社会效益和经济效益。要以学生的发展、社会需要和国情为出发点，精心设计课堂教学，确保多媒体辅助教学的有效性。

6．视听与思考密切结合

在多媒体辅助英语课堂教学中，视听与思考紧密相连，不可分割。多媒体辅助英语课堂教学不能没有视听，但只有视听没有思考也达不到多媒体辅助英语课堂教学的目的。

运用视听与思考相结合的方法，使学生的认识不能仅仅停留在感性阶段，而必须从感性上升到理性，由形象思维向抽象思维转化。在多媒体辅助英语课堂教学中要注意词语与图像的统一，既要为学生提供丰富的事物的具体图像，又要善于运用词语作恰当的讲解，使多媒体演播和教师的讲解密切配合，做到演播适时、讲解恰当。

7．及时反馈

多媒体辅助英语课堂教学必须有反馈通道，利用反馈来实现调控。学生对教师的教学做出的反映是反馈；教师对学生的反馈做出评价，也是一种反馈。不论是学生的反馈还是教师的反馈，都要及时、准确，才能起到调控教学过程的作用。

三、多媒体在英语课堂教学中的具体应用

这里我们主要针对各具体课程来探讨多媒体在英语课堂教学中的具体应用。

（一）语音课

语音是一门实践性很强的课程，语音课程的目的在于教会学生正确的语音语调。掌握正确的语音语调才能进行正常的语言交际，而学习语音语调离不开模仿。在语音课中，一般采用发音训练、辨音训练、语音技巧训练、正音训练、语调训练、朗读训练等形式来帮助学生正确地掌握语音和语调。这些训练都可以在语音实验室中进行。

语音实验室能产生一种纯正的、近乎没有人为修正的语言环境，这种语言环境能帮助学生增强语感、纠正发音、积累英语语境体验、增强在口语环境中的自我调整能力。通过语音实验室，学生得到的是经过语音设备复制的纯正声音元素。

在语音实验室上语音课，学生通过耳麦收听语音教师或外籍教师的标准发音。同时，还可以用幻灯、投影仪、电脑课件把每个音素的发音部位及发音时的气流图形象地展现在银幕上，让学生能直观地了解发音的要领。必要时也可以把学生的发音情况摄制下来，放给学生看，让学生观摩、分析，在教师的指导下，改正自己的错误发音，并跟着电脑光盘、课件中外籍教师的示范发音反复跟读、模仿，直至能正确发音。

（二）视听说课

英语视听说课也是一门注重培养学生英语实用能力的实践性很强的课程。其目的是使学生能够在外语场合中与外国人进行正确和流利的交流。例如，在迎送、宴请、导游、介绍产品、业务洽谈等语言环境中，可以用外语自如地与外国人沟通。

多媒体实验室运用电影、录像、录音等手段，即音、像、文字组合的立体教学进行英语视听训练，而英语视听训练又被分为精视听说课和泛视听说课。这样有精有泛，以精带泛，精泛结合，相辅相成，巧妙地吸引和刺激着学生们的学习兴趣，使其在整个学习过程中处于兴奋状态，以此充分调动学生的积极性，让形象和言语结合起来，视、听、说三者统一符合人的认识规律和外语学习规律。

泛视听说课采用多而杂、大量的视听，突出一个“泛”字，使学生更多、更广泛地接触地道的英语文化，开阔学生们的视野和知识范围。可以为学生播放一些英文版电影、录像，这种图声并茂、语速自然、不同口音、多种文体、题材广泛的客观性节目，既能听到人物对话，又能看到人物对话的自然表情姿态，易模仿，便记忆，使学生身临其境，达到事半功倍的效果。

精视听说课的教学目的是利用语言实验室教学设备，用电影、录像、录音教学片提供的精选材料，反复视、听、说，透彻理解，通过一系列的练习，训练和发展学生的听说能力和语言交际能力。

（三）阅读课

传统的阅读课，尤其是精读课中，教师通常采用的方法是让学生听录音，教师讲解单词、课文，然后做一些练习，巩固所学知识。教学重点是向学生传授语言知识，而没有考虑培养学生的英语应用能力。而在多媒体教室里上精读课，就可以通过幻灯、投影、录像、课件等将课文中的语言环境、较难的英语句式、语法内容等充分展现给学生，并让学生愉快地参与教学活动，从而提高教学质量。

在多媒体教室内上精读课，还可以对学生进行多方面外语应用能力训练。比如，教室可以播放幻灯片，让学生进行口头作文、复述课文或者问答训练等；还可以利用录音机、电脑把语音画面在银幕或屏幕上体现出来，让学生同步翻译，还可以让学生看英语无声电影、电视剧，让学生练习配音，培养翻译能力。这样，既充分地调动了学生的学习积极性，又有利于培养学生的语言运用能力。

（四）写作课

写作技能的高低是衡量语言综合能力的重要标志，是学生在英语学科中创造力的直接体现。但英语写作课常常是比较枯燥的一门课，特别是写作课总是与实践脱节，无法引起学生的兴趣。而在多媒体教室上写作课，可以调动学生的注意力、学习兴趣等非智力因素，提高教学质量。例如，在练习写应用文时，教师可把诸如书信、感谢信、个人简历、广告、合同等应用文的写作要求及注意事项教给学生，然后用多媒体教室中的设备把有关应用文显示在银幕或屏幕上，给出写作素材，学生就可以比较容易地学会有关应用文的写作。

（五）翻译课

传统的翻译课主要是从书面到书面的学习，这使得学生对应用环境、人物情感、体态语言了解甚少，所以在课堂上学生往往由于怕出错而不敢开口翻译。但是，当翻译课搬到多媒体教室之后，这一问题便可得到解决。例如，在练习英译汉时，学生可以通过屏幕或显示器呈现的故事、声音等进行翻译。这样学生既能了解语言的使用场景，也能了解语言使用者的表情、手势等，从而学到灵活地道的语言。此外，教师还可以有选择地放一些外语电影、电视剧等，让学生练习翻译。总之，多媒体教室可以创造情景，帮助学生学习与练习。

（六）课外活动

课外活动是课堂教学的延伸和有效补充，对英语教学的高效、顺利进行起着重要的辅助作用。而多媒体教室恰好为学生提供了开展课外活动的便利条件。例如，可以组织学生在课外观看电影、电视剧等，了解外国的人文、地理、风俗习惯和语言环境，增长外语知识；可以看外语资料片、电影、电视等，然后写观后感；可以看电视台外语教育节目，提高视听说能力；可以在教师的指导下利用电脑、多媒体光盘等阅读外语名著，提高外语阅读能力和文学欣赏能力；还可以在教师指导下学习制作外语教学课件。可见，多媒体技术在开展英语课外活动中起着重要的作用，教师应当充分利用电脑、投影机、幻灯机、录音机等现代教学媒体，提高现代教育技术水平。

第二节 网络在英语课堂教学中的应用

一、网络教学概述

（一）网络资源的分类与特点

1. 网络资源的分类

（1）教育网站资源。

网络资源包罗万象，可以从不同的角度进行分类。从多媒体的表现形式上来看，可以将网络资源分为文本资源、声音视频资源、图片图像资源等。从不同组织结构和呈现方式来看，网络教育资源有新闻组和电子公告牌、在线数据库、教育网站、电子期刊、电子书等。其中，新闻组和电子公告牌是为教师和语言学习者提供讨论服务的平台。其中讨论的主题涉及面很广，讨论的内容具体而深入。在线数据库通常有图书馆目录和各种专门用途的数据库，如科技论文数据库、学位论文数据库、会议文献数据库等。许多数据库检索服务中心可以通过互联网方位在线数据库的目录检索，如 ERIC 教育资源信息中心 (http://eric. syr. edu)。该数据库是由美国教育部资助的世界上最权威、最全面的教育文献数据库。

（2）网站信息资源。

根据信息发布者的身份，可将网络资源分为政府教育机构信息、科研院校教育信息、企业集团教育项目及教育产品信息、信息服务机构教育信息、个人信息等。其中，政府服务机构教育信息一级或二级域名一般是“.gov”或行政区代码。如 http：//www. ed. gov（美国教育部网址）、http：//www. moe. gov. cn（中华人民共和国教育部网址）等。科研院校信息站点的一级或二级域名一般是“.edu”或“.ac”。如 http://www. edu. cn（中国教育和科研计算机网）、http://www. Kuleuven. ac. be（比利时鲁汶大学网址）等。企业集团的教育信息，其站点则通常以“.com”为一级或二级域名。

（3）网络电子期刊。

电子期刊又称为电子出版物或网上出版物。从广义上来说，任何以电子形式存在的期刊都可称为电子期刊，它涵盖通过联机网络可检索到的期刊和以 CD-ROM 形式发行的期刊。网络电子期刊包括电子报纸、电子杂志、电子新闻和信息服务三类。大量期刊在网上发行，而其基本内容与印刷期刊基本相同。如《理论语言学研究》是一本在日本东京都八王子市发行的有关理论语言学方法的期刊，其网络电子版同时在语言学讲坛上发行（http：//www. linguistics. corn. cn/rtl)，读者可以免费阅读。还有许多专业团体和学术组织都有自己的网上发行物，如较有影响的期刊 Language Learning & Technology、TOSOL 等。电子书的基本特点就是超媒体、反应性、学习者控制和界面复合型因此，电子期刊是一种非常好的媒体表现形式，它兼具平面与互联网两者的特点，且融入了文字、图像、声音、视频、游戏等，将信息呈现给读者。

此外，网络资源还可分为免费网络资源和有偿网络资源。网络上大部分的 WWW、BBS、FTP 等资源都是 24 小时免费开放的，可供学习者免费进行查询、浏览、下载、讨论和打印等。有偿网络资源则是由一些商业化网站或部分商业化的网站所运营的网络教学资源。免费网络学习资源是网络化学习的主要对象和资源主体，也是计算机网络迅速普及的重要推动力。例如，“中国考试网——王长喜英语网站”(www. sinoexam. cn) 就是一个关于大学英语四、六级教育的免费教育网站，具有很强的影响力。有偿网络资源与免费网络资源能为教师与学习者提供大量所需资源，它们长期共存，互相补充、共同发展。

2. 网络资源的特点

与实体资源相比，网络资源具有以下特点或优点：

（1）信息资源多，范围广。

万维网 (World Wide Web) 可以说是互联网上资源最多，信息最丰富的地方。在网络信息资源的海洋里，人们几乎可以查找到所有题材的资料。而据统计，互联网上的信息资源有 90% 以上是各种外文信息，其中英语信息就占 82.3%。此外，互联网上还有数不清的文学和文化素材、新闻报刊和杂志、教学论文、英语教学杂志、教案、教参、自学辅导材料、教师进修站，甚至学位课程选修点等。可见，互联网络为英语教学提供了取之不尽、用之不竭的语言素材。不仅如此，由于互联网是一个无纸化的媒体，它没有纸张教材的容量限制。在进入互联网时，人们仿佛进入了一个巨大无比的图书馆，将网络资源说成“海量”一点也不为过，而语言教师和语言学习者则可以根据自身的需要，对信息进行筛选，探索和整合知识，从而形成自己对意义的建构。

（2）信息传播快而及时。

互联网上信息资源的传输速度非常快，而且更新非常及时。从广义上来说，互联网上的资源包括电子邮件、电子论坛、网页讨论以及各种实时交流手段。通过电子邮件，人们可以及时收发信息；通过电子论坛，人们可以随时随地进行各种话题的讨论和交流，获取最新的研究成果和信息。与传统的书报相比，网络的发行可以做到真正意义上的“及时”。无论是一则新闻还是一项新的科研成果，都可以在第一时间向全球发布。相比之下，传统上的书报却要经过印刷、发行等渠道，最快也要半天（如报纸）才能呈现在读者面前。

（3）呈现形式的多媒体化。

网络的快速发展与多媒体的迅猛发展是紧密相连的。网络资源所提供的信息都是利用计算机技术存储、传输、处理的多媒体信息资源，例如文本、声音、图像、影视等。教师在多媒体环境下教学，不仅可以快速、有效地帮助学生认知，也可满足各种类型学生的学习需求，提高教学效果。

（4）引用方便，省钱省时。

网络中的大部分资源都可供全球共享，而且绝大部分可以免费索取，虽然也有一些网络资源需要付费，但与传统的报刊相比仍然非常便宜。人们可以用很少的钱，利用网络资源建立一个中型甚至大型的个人虚拟图书馆，但几乎很少人有能力办一个真正意义上的小型的多学科图书馆。因此，教师一旦建立了个人虚拟网络图书馆，就能非常方便而省时地检索资料，所需资料往往只在弹指间就能轻松搞定。由于这些工作都是利用计算机完成的，所以对选中的资料可以轻松复制、粘贴和重新排版，最终制成电子教案或打印出具有个性化的教材。

（5）资源使用的个性化。

如前所述，由于网络资源信息量大，涉及面广且查找方便，因此它非常适合教师个性化教学的需要。教师在准备教材时，可将关键词输入搜索引擎，或访问相应的网站，就可以轻松地查找到所需的资料。再将查找到的资料复制、重新编排成教学材料，在教学中就可以使用富有个性化的教材了。而传统的教材在编写时间上没有网络资源那么及时，在内容的难易程度上往往受制于使用对象的知识和能力，而内容受篇幅的限制常常满足不了教学的需要，因此，教师一般要花大量的时间查阅参考书，对大量的教学内容进行选择和调整。可见，网络对教师教学资源的选择和使用的个性化具有非常重要的作用。

（二）英语教学中网络的优势

网络英语教学资源与实体英语教学资源相比，具有以下几个方面的优势：

1．提供强大的交互功能和空间

在传统的远距离外语教学中，教师与学生以及学生与学生相互之间是相对孤立的，学生无法适时地直接与授课教师或其他学生进行必需的交流。这就使学生无法及时解决学习中所遇到的问题，当然也就无法得到教师的指导。而以互联网为基础的远程外语教学打破了这种相对孤立的状态，通过多种渠道和灵活的教学模式来实现外语教学活动，比如网上虚拟教室、在线交流、BBS、电子邮件以及在线学习等。这样，当学生在学习的过程中遇到困难，教师就可以及时的给予指导和帮助。

2．提供丰富的信息资源与灵活多样的学习环境

由于以互联网为基础的外语教学集网络多媒体技术与虚拟现实技术于一体，因此，在互联网络上可轻松建立起虚拟实验室、虚拟图书馆、虚拟教室、虚拟课堂等。这类虚拟的网上学习场所，可为学生提供多层面及全方位的学习资源与立体化及动态化的学习环境。学生不再被有限的教学资源和固定的学习场所限制，从而真正让学生从被动学习转向主动学习。

3．提供便捷的教师评价与自我评价

在传统的外语教学中，教师对学生学习效果进行评价是一件非常费时、费力与费财的苦差事，当然，学生进行自我评价显得更加困难了。而通过网上的电子授课系统、电子题

库、电子考试系统、电子管理系统以及电子评估系统，就可以解决这些问题。一方面，教师可轻松地对学生的学习活动和学习过程进行监督，对学生的学习效果进行及时快捷的评价。另一方面，学生也可以及时得到与自己学习相关的反馈信息，及时对自己的学习过程、学习内容、学习方法以及所取得的学习效果进行评价。这样，学生就可以适时调整自己的学习方式、学习内容与学习进度，并及时地与其他学习者进行必要的交流。

4．同步或异步开展教学活动

通过互联网进行外语教学，可以使教学活动开展的步伐更加协调。一方面，教师可通过网络媒体的转播直接给学生授课，学生也随时接受教师的讲课与辅导。另一方面，教师也可事先将授课内容制作成电子教案，把授课过程录制成录像节目并存放于教学网站上。这样，学生就可以在任何地方及任何时间，以自己的学习方式，根据自己的实际情况进行学习。学生可以自己掌握学习进度，遇到无法解决的问题还可通过网络向教师、同学或其他专家请教。

（三）网络辅助英语教学的特点

网络辅助英语教学就是运用超媒体网络技术来进行英语语言教学的过程。作为一种全新的教学方式，网络英语教学的特点包括以下几个方面：

1．教学目标的多元性

学生个体之间并不是完全相同的，而是存在差异的，比如学生的学习风格、学习方法和学习兴趣等决定了教学目标需要多元性。传统的教学方式很难实现多层次的教学目标，而通过网络对英语教学进行辅助就可以克服这一困难。网络辅助的英语教学可以根据学生的实际，确定教学的起点和目标，学生的学习环境可以做到个别化。学生可以根据个人兴趣、理解能力和学习进度选择学习内容。从认知的角度来说，教学信息的多媒体表现及其超文本结构，很方便实现教育心理学界提出的知识、理解、分析、运用、综合、评价等各种学习目标。

2．教学方式的先进性

网络辅助教学以建构主义理论为基础，强调以学生为中心，认为学生是认知的主体，是知识意义的主动建构者，教师只对学生的知识意义建构起组织、调控、作业评价等作用，彻底改变了传统的以教师为中心的课堂教学模式。超媒体教学环境包含了动作、图示和符号等信息表达方式，不仅提供了真实的情景画面，还提供了语音语调等言语符号信息。网络教学的方式多种多样．如集体教学方式运用了网络中一点对多点的广播功能，学生自主控制的个别化学习方式，多层次学习方式等。教学环境的情景性，既有利于培养学生的形象思维，又有利于培养学生的抽象思维。教学方式的多样化，教学材料丰富多彩，图文音像相辅相成，能激起学生的学习兴趣。

个性化教学引导教改新趋势。网上英语课堂以其丰富的网上资源和网络技术的特征，在教学实施上充分显示其针对性、灵活性、适时性和自主性的个性化教学特征，这是传统教学所不具备的。

随着学生人数的不断增多，外语教学日益显现出学生人数增加、教师缺乏的矛盾。而“无师化”教学则缓解了这一矛盾。所谓“无师化”教学是通过利用网上声像设备的电子多媒体课件资源，在教师的督促辅导下实现无教师自学的一种网络环境；这种多媒体课件是针对所学教材，具备所有教师授课的文字、声像，而且讲解细致周全，练习附有详细解答，便于自学的文档。

3. 教学管理的便利性

网上英语课堂的投入使用，使任何一台与校园网连接的 PC 机都可以实现语音室的大多数功能，并且不受时间、地点的限制，学生可以随时随地进行语音、听力练习与影视欣赏。在实际教学管理方面，网络外语教学还能充分发挥优秀教师的潜力和作用。优秀教师受到学生的欢迎，可是因为接触的学生人数有限，即使他们满工作量地进行传统的课堂教学，也无法充分发挥他们的潜力和作用。而网上英语课堂可以把优秀教师的教案搬上网，供所有教师学生使用，并且可以通过在线的课程点播，把优秀教师的授课直接传输到各个站点，让更多的师生受益。既缓解了师资短缺的矛盾，又充分发挥了优秀教师的潜力和作用。

4. 教学过程的交互性

网络辅助英语教学的最大特点就是具有交互性。交互的方式既包括师生之间、生生之间的交互，也包括人机交互。利用计算机网络进行英语教学，可以使学生进入一个实际的语言环境中，网上交谈、电子邮件等都是真实的和自然的交际环境。这样，学生不但可以及时得到反馈信息，提高学习效率，而且可以在与机器交流、与网友交流的过程中，提高学习兴趣，增强学习的紧迫感。

二、网络在英语教学中的具体应用

（一）网络资源的设计与应用

1. 建立课程网站，丰富课程与学习资源

目前，建立网络教育资源是我国政府和教育部门高度重视的问题。教育部早在 1998 年就颁布了《面向 21 世纪教育振兴行动计划》，提出要实施现代远程教育工程，形成开放式的教育网络；在 2000 年又提出在中小学实施“校校通”工程，并提出了具体的建设目标、任务和实施办法。这些举措都有力地推动了网络教育资源的开发与应用。

网络课程建设是现今教育信息化进程中的一个重要内容。网络课程是指在互联网上表现的关于某一门学科的教学内容、目标体系以及网络教学的各种活动的总体规划和进程。下面通过我们建设的双语教学网站来展示怎样建设课程网络资源。

高校的双语教学是指在非语言类课程中使用外文教材，用英语或英汉结合的方法讲授专业知识的教学方式。目的是为了增强学生用英语来理解和表达专业理论的能力，引导学生去接触更多的英文文献与资料，加深学生对国外先进的知识体系、思考方法以及前沿学术理论的进一步了解，促使其积极主动地全面掌握专业知识和技能，着力培养学生的国际意识、国际交往能力和国际竞争能力，并为今后进入的专业研究打下良好的基础。从学科教学来看，双语教学使学科教学的媒介发生了变化，把专业学科教学与外语学习高度融合，既注重专业知识的教学，又关注学生第二语言的习得，培养学生利用外语学习专业知识、进行技术交流的能力。针对双语教学的特点，我们在设计授课、学习、作业、答疑、测试等诸多教学环节时，采用专用的网络教学模块，以便高效地处理教学模式、授课方式、学习策略、教学评价等方面的问题。平台采用开放的技术，力图架构一个自主、可控、丰富、灵活、开放、交互的教学支撑环境。整个系统的总体结构如图 8-1 所示。在所有的模块中，教师和学生模块的功能是相同的，只不过在教师模块中增加了后台管理功能。教师可以随时查看、收集、发布信息，调控教与学的动态。

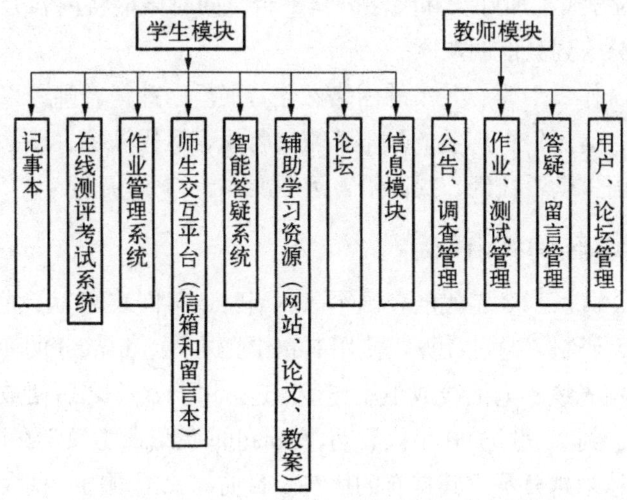

图 8-1　网络化双语教学系统的总体结构示意图

课程网站的建设既可以丰富教学资源，又可以为学生提供自主探究与合作学习的机会和平台，通过网络互动学习、交流，增加学生对知识的感性认识，加强对课堂教学内容的理解，促进探究和解决具体学习问题的能力。但是网络资源的建设和开发有其自身的局限性，需要一定的外部条件和技术支持，应当整合学校人力、物力资源实现资源共建共享。

2. 进行电子交流，增强师生互动和课程学习

电子交流主要利用 QQ、微信、电子布告栏、电子邮件等形式进行教师与学生的交流、学生与学生的交流或人机互动，在双向或多向的师生交流中全方位地感知语言信息。师生和学生之间可以通过 QQ、微信、电子邮件进行专项讨论、答疑解惑和思想交流。这种交流方式有助于学生在占有大量资料的基础上最大限度地使用目的语。同样，在人机互动中，学生通过因特网访问网站、进行在线阅读、获取语言信息。此外，教师还可以通过博客和微信的形式与学生进行交流。下面我们具体介绍一下这两种交流形式。

（1）博客。

博客是一种通常由个人管理、不定期张贴新的文章的网站。能够让读者以互动的方式留下意见，是许多博客的重要因素。博客一般以日志的形式呈现个人感受与灵感。作为大众化媒体工具，它简单易用，可以作为教学交往园地的延伸，成为教师和学生探讨课程学习问题与困惑的平台。这种形式可以将学生置于较为真实的学习环境和学习共同体中，围

绕共同关注的主题，自由发表意见，充分展现自我，形成相互支持的良性互动学习氛围。教师可以通过博客及时了解学生的心声和需求，以对话的形式走近学生，赢得学生的信赖，从而建立平等的伙伴关系。

（2）微信。

微信（wechat）是腾讯公司于 2011 年 1 月 21 日推出的一个为智能终端提供即时通信服务的免费应用程序，微信支持跨通信运营商、跨操作系统平台通过网络快速发送免费（需消耗少量网络流量）语音短信、视频、图片和文字。

微信提供公众平台、朋友圈、消息推送等功能，用户可以通过“摇一摇”“搜索号码”“附近的人”、扫二维码方式添加好友和关注公众平台，同时微信将内容分享给好友以及将用户看到的精彩内容分享到微信朋友圈。

它体现开放、合作、平等、共享的网络文化特征。因此，教师可以借助这种较为强大的汇聚与沟通手段，运用集思广益的教学策略进行语言运用训练，使学生在分享知识与信息的过程中，形成语言学习社区，提高语言运用能力。

（二）E-mail 辅助英语教学

E-mail 产生于 20 世纪 60 年代的美国军队。当时，美国政府为了能在战时快速准确且大范围地收发信息，研制了通过计算机使用 E-mail 的方法。E-mail 的使用一般要通过因特网，而因特网则可用光缆、电话线或卫星连接。E-mail 自产生之后便被广泛应用于人类社会生活的各个领域。到 20 世纪 90 年代后期，E-mail 的英语课堂教学在国外逐渐盛行起来，而且在英语教学中越来越显示出其特有的优势。目前，我国国内一些大专院校已经开始尝试通过因特网进行远程教学。下面我们就具体介绍一下 E-mail 辅助英语教学的相关内容。

1. E-mail 课内共时讨论

所谓共时，是指所发出的信息会立刻在同一时间发送到每台计算机上。因此，这种教学形式一般仅限于配有联网计算机的教室。共时交流必须有特殊的软件，如 Moos 在美国英语课堂教学中就十分盛行。与传统的课堂模式相比，E-mail 辅助下的课堂教学有许多优势。目前，已有许多实验证明了这一点。其中普拉特 (Pratt) 与沙利文 (Sullivan) 于 1994 年比较了“传统课堂与 E-mail 课堂参与模式”，如图 8-2 所示。

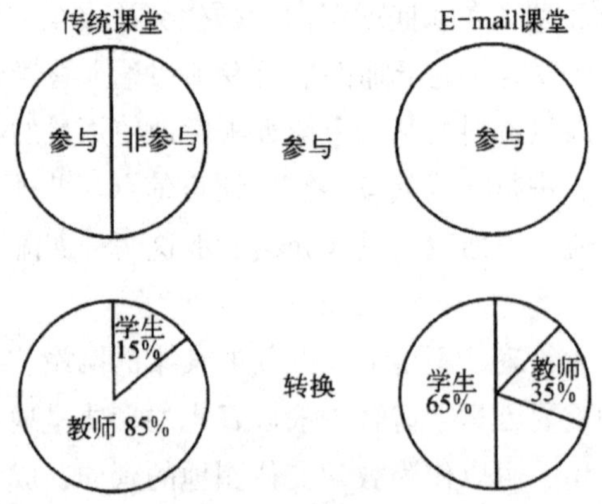

图 8-2 传统课堂与 E-mail 课堂参与模式比较示意图

从上图可以看出，E-mail 共时课堂教学充分体现了以学生为中心，教师为中介者的现代外语教学原则。

此外，还有一些实验表明，共时课堂具有以下特点或优势：学生交流更加注意句法与文法 (Kelm)；快速交流、反馈及时 (Kerr)，会产生大量而且丰富的语言 (Krooneeberg)；学生之间增进了交流与互相帮助，从而减少了对教师的依赖 (Kern)；外语学习的动机（积极性）得到了提高 (Kelm) 等。值得注意的是，E-mail 共时教学在英语写作课中使用得最多。现代写作理论所强调的主要是写作过程，而不是创作成品，它注重在培养学生学习和认识的过程中，逐渐提高自觉写作的能力。对教师而言，他只是学生写作兴趣的培养者和热心读者，而不再是学生写作成果的评判者。国外相关研究也发现，运用 E-mail 训练学生的写作能力，许多学生都愿意先交草稿，再作多次修改，使作业更趋完善。这比起传统的写作方法，作品质量要高得多。目前，Email 共时交谈在国外很流行。我们可以进行有益的借鉴，教师还可以组织自己班级与国外或国内某个班级定时在网上同时进行交流。

2. E-mail 课堂教学中的师生关系

与传统的英语课堂教学相比，E-mail 课堂教学中的师生关系发生了很大变化。它表现为一种教师与学生对等交流的教学形式，因为 E-mail 教学形式的实施首先要求学生能够独立使用它。我们可以通过以下几种交流形式看出教师与学生关系的新变化。

（1）平等式与非正式协商。

许多教师在从事英语教学的过程中都有一个共同感受，很多学生由于害羞或学习较差，怕与教师进行面对面的交流，教师也常常为此而苦恼。但是如果借助 E-mail 进行辅助教学，教师可以主动给学生提供 E-mail 地址，并告诉学生，他们的问题和建议可以随时得到答复。这样，那些胆怯或学习较差的学生就可以与教师平等对话了。不仅如此，那些学习较差的学生还可根据自己的实际情况自主学习。这样，一方面来自外界的学习压力不断减少，主动性与自信心得到提高；另一方面，也不影响较好的学生。这种交流形式还有助于避免因种族、性别、社会背景及口音引起的交流中的歧视与不便 (Keens，1995)。因此，我们可以把这种交流方式称为“平等式交流”。

（2）对话日志。

学生每周或在更短周期内发送学习日志给教师，然后教师给予评价、提问及答疑。这是一种非常普遍的激发学生及时反馈学习状况，并进行写作练习的好方法。与传统教学中的交作业、批作业相比较，这种优势显而易见。例如，学生可以在一个星期的任何一天的任何时间发送日志给老师，同时可以得到教师的及时批复。而对于教师来讲，他们可以随时收发或回复日志，不必在特定的时间里集中收作业、批作业，这就有助于平衡教师的工作量。这种交流方式除了直接、快速等优点之外，还能使学生有更多尝试修改日志的机会，不必担心交上去的作业即使错了也无法挽回。

3. 课外辅助教学

建立网上课外辅助教学系统，一般采用通信录 (List) 或 USENET 新闻组。班级通信目录是一种较简单的教学方式。例如，教师可通过 Pine 或 ELM，或请计算机管理人员帮助把所教的学生编进通信目录 (称作 EFL × × ×L)。它的作用是，当教师或目录中的任何一个学生发信息给 EFL × × ×L，这条信息便会自动发送给目录中的所有成员。此外，教师还可为某个班建立 USENET 新闻组，它的优势在于所有的讨论或信息可按论题编辑，而且所有的内容都可存在主机里，以供学生随时查阅。教师采用通信目录和 USENET 新闻组的教育技术可以进行以下教学活动：

（1）课前或课后讨论。

通过班级目录，教师可针对某一课题，例如在听说课上要讨论的有关大学生就业的问题，提前发送题目和资料给学生准备。还可组织学生课后就这一问题在网上展开进一步的讨论。

（2）发送作业或学习资料。

教师可以通过班级目录及时发送学习信息、学习资料及学习要求给学生。这可以节省教师大量的时间，减少他们的笔头工作。学生则可打印出所需要的东西，也可储存在盘上。

（3）共享日志。

通过 USENET 新闻组，教师可以把学生的日志整理或编辑成班级的共享日志，再发送给所有学生讨论。例如，就人类面临的生存环境一题，学生会有各种不同的观点反映在日志上，教师可选一些有代表性的观点发送给全班同学并注明出处。这可为全班同学创造广泛交流与互相学习的机会。

（4）语法练习。

通过班级目录和 USENET，教师还可以组织多种形式的语法练习活动。例如，在开学初，教师可每周发送不同的语法题目让学生练习。在学期中，教师可把学生分成小组，各小组从教师发送的题目中选出几个语法题进行练习。学期末，每个小组轮流在网上发送各小组讨论的结果，并附上自己编写的例句。这种语法练习的教学方式完全不同于传统语法教学中单调的死记硬背的方式，它更能激发学生学习的主动性和学习兴趣，目的在于培养学生的语言学习能力。

（5）形成学习互助圈。

当学生和教师在学习和工作中遇到困难和问题时，可发送求助信息给目录中所有成员。这样，学生的学习困难不仅有教师帮助解决，所有同学也可以参与解决。另外，教师在管理和教学过程中遇到困难时，也可以请全体同学出主意、想办法。

第九章　现代信息技术与大学英语教学探索

第一节　现代信息技术及其应用

一、信息技术的内涵

根据教育部的精神，我国《中小学信息技术课指导纲要（试行）》中指出：“培养学生对信息技术的兴趣和意识，让学生了解和掌握信息技术基本知识和技能，了解信息技术的发展及其应用对人类日常生活和科学技术的深刻影响。通过信息技术课程使学生具有获取信息、传输信息、处理信息和应用信息的能力，教育学生正确认识和理解与信息技术相关的文化、伦理和社会等问题，负责任地使用信息技术；培养学生良好的信息素养，把信息技术作为支持终身学习和合作学习的手段，为适应学习社会的学习、工作和生活打下必要的基础。”

信息技术是以计算机技术、通信技术、微电子技术为基础的一门新兴的高新技术。广义地说，信息技术是人类对数据、语言、文字、声音、图画、影像等各种信息进行采集、处理、存储、传输和检索的经验、知识及其手段、工具的总和，它具有超速度、网络化、信息流、数字化、智能化和多媒体化等特点。

具体地说，信息技术是指人类获取信息和处理信息的方法和手段以及人类获取信息及处理信息所采用的工具和技术设备。它分为两个部分：一是硬件技术设备，如印刷出版技术、音像视频技术、基于计算机技术的资源开发以及其他综合技术等，它们是发展信息技术的物质基础。二是软件，指通过计算机等设备实施的对象、理论构想和知识体系、研究成果。如为教育教学设计的计算机辅助教学软件、计算机教学管理软件、教学设计、资源管理、资源开发利用及一系列的相关技术。

21 世纪是信息传播日益国际化的时代。在学科教育中信息技术的特点主要为以下几点。

1. 技术手段的数字化

信息时代是以计算机和网络通信为基础，将文本、图形、动态的图像、动画、声音等各类信息数字化地再现、存储、传递和处理。在学科教育中，数字化就是将教学信息存入网站或刻录光盘，便于师生大量、反复应用。

2. 信息表现的多样化

多媒体技术可以使信息表现形式多样化，如通过文本、图表、影像、声音、音乐等集成来传递各种信息，使信息丰富多彩，有效地刺激学习者的视觉、听觉等感官。教学信息的多媒体化还可以使学习内容多元化、综合化和娱乐化，有利于获得最佳的学习效果。

3. 信息交互的智能化

交互技术是智能化的重要表现。人机交互功能就是人与计算机等媒体中的各种信息进行交互操作，特别是实时交互操作。计算机随时提供所需要的各种信息，比如学习者在学习过程中随时可以借助计算机自我评估学习效果。

4. 信息资源的网络化

随着网络的发展和信息高速公路的普及，网络所提供的人际间的信息交互服务，使得学习者在相同或不同时间、在相同或不同地点的个体之间进行动态信息交流。知识信息将按照不同学科、不同分类，在不同的地方由不同的制作者分布。在这个网络中，接受者和传播者不仅可以共享信息资源，而且可以共同补充、更新和完善信息资源。

5. 远距离传播与实时传播

相对于电话、广播、电视等通信手段，计算机技术借助卫星通信和光纤通信技术，数字化信息传播具有传输距离更长、速度更快、范围更广、可靠性更高的优点。如网络教学中，教师授课通过网络传播，学生可以在异地实时接收进行学习。学习者还可以通过人机交互有选择地接收信息，由被动接收信息转变为主动接收信息。

6. 信息技术多元化

信息技术在教育中的发展是以多媒体技术为核心，以超文本和超媒体现代化技术手段为重要标志的。多媒体技术与信息技术的结合形成多媒体信息技术。多媒体信息技术是对文本、声音、图像、动画等信息进行综合处理的技术，它包括多媒体信息的传输、压缩、转换以及综合处理等。多媒体计算机技术、光纤通信以及多媒体计算机网络等都是多媒体技术研制成果的应用。

二、信息应用技术

20 世纪 80 年代中期以来，互联网得到迅猛发展并获得了巨大的成功，世界上许多国家和地区纷纷加入互联网行列。1989 年，欧洲粒子物理实验室万维网 (World Wide Web，简称 WWW，3W 或 Web) 的出现，为全世界的互联网用户提供了一种获得信息、共享资源的革命性的全新途径，它是访问互联网的一种最容易、最流行的方式。1993 年发明的 WWW 浏览器 Mosaic 以及后来 Netscape 公司发布的 Netscape Navigator，使互联网上信息传播如虎添翼，进而推动网络教学的发展。今天，互联网已成为世界上覆盖面最广、规模最大、信息资源最丰富的计算机网络。用户只要有一台计算机、一个调制解调器 (Modem)

和一条电话线，然后向互联网服务提供商 ISP(Internet Services Provider) 申请一个账号，便可进入互联网，共享网上其他计算机系统中的资源，相互通信和交换信息。

互联网源于英语国家。目前，网上绝大部分信息资源以英语作为载体，信息平台也多为英语界面。据统计，万维网上 82.3% 的信息是用英语表达的。熟练地掌握英语是快速获取和利用信息的前提。在信息技术与学科教育的整合中，英语教师运用网络技术有着得天独厚的条件。但是，尽管有可以驾驭的语言工具，如何得心应手地利用网络技术是英语教师所面临的一大问题。以下将简要介绍一些常见的信息应用技术。

（一）收发电子邮件 (E–mail)

E-mail 是互联网中最快捷、最方便的一种人际交流方式，它突破了空间距离和物体媒介的限制，极大地拓展了人与人之间的联系。E-mail 是与他人联络的一个基本途径。收发者必须先将电话线与电脑连接，在电脑上安装一个 E-mail 软件，然后向邮局申请一个账号（即 E-mail 地址），也可以在某一个网站上申请一个免费 E-mail 地址，同时设置一个用户口令或密码。

E-mail 地址主要由三部分组成：用户名称、@ 和机器地址。用户名称是用户在申请注册时自己设定的，中国人一般都用自己姓名的汉语拼音的声母或全称作为自己的用户名，也可以在姓名后加上自己的工作单位或出生年月；符号 @(即 at) 是个位置标志，必须出现在每个用户名后面；机器地址是接收函件的机器地址，结尾一般是 .com(communication) 或 .cn(China)。用户地址中每一个字母或标点符号都必须拼写准确无误，否则发出的信件就会被退回。

E-mail 软件具有发信、收信、回复、转发、存储、打印和地址簿等功能。收信时点击“收取”窗口，就会自动收取信件。写信时点击“撰写”窗口，弹出写信的对话框，就可以在有关栏目上填写相关的内容，比如收信人的 E-mail 地址，写信人的地址，信件的主题和信身。撰写信身时通常使用口语和书面语，或用特殊的电子通信文体。信尾一般附有固定的发信人 E-mail 地址，但为了方便收信人，发信人也可以写上自己的姓名和邮寄地址。在电子函件中传送附件 (attach file) 对初学者来说有些困难，但这项技能非学不可，因为它在教师、学生的日常网上交流中几乎是必不可少的。具体操作方法是：在 E-mail 对话窗口上点击“附件”按钮，然后在“我的文档”或软盘中查找相关文件，双击该文件名，附件就可以挂在信身后。

电子函件使用最频繁、最广泛，是外语教师最方便、最实用的网上交际工具，是互联网最常用的功能。电子函件操作简单、容易学。对硬件要求不高，花费也不大。

（二）访问互联网或万维网

互联网是世界上最大的计算机网络，蕴藏着浩如烟海的信息资源。它们分布在全球成千上万台计算机服务器上，以其超文本链接方式、开放性、交互性和多媒体的特点吸引着数以亿计的用户。互联网是万维网的载体，要进入万维网的各个站点，只需在计算机上安装一个应用程序软件，即万维网浏览器 (如 Internet Explorer)，以及浏览辅助软件。万维网上的每一个文档、文件或图像都有它自己独一无二的地址，即网址 (web address)，作为互联网的“邮政”地址。网址一般由四个部分组成，以 http://www. britcoun. org/english/ index. htm 的网站为例：

http://http 代表 Hypertext transfer Protocol(超文本传输协议)，它是万维网专用的一套超文本传送规则，是进入万维网各站点或网页的金钥匙。www. britcoun. org/ 是域名 (domain name)，它告诉万维网浏览器到万维网中哪台电脑（或网络服务器）上去找文件。该域名中网络服务器名称是 britcoun; 域名中 org(organization) 代表网络服务器属于什么性质的单位。

english/ 是索取文档途径 (directory path)，它告诉万维网浏览器从外部进入该网络服务器后要经过什么途径才能找到要找的文件。

index. htm 是文件名称 (file name)。通常由两个部分组成，中间由圆点隔开。其圆点后面部分是文件的扩展名，代表文件的性质，扩展名一般不超过 3 个字母。

当进入万维网后，必须借助搜索、查询和下载等技巧检索信息资源。

1．搜索工具和方式

搜索引擎是获取万维网资源的主要工具。目前国外最著名的搜索引擎有 Google，Alta Vista，Excite，Infoseek 和 Yahoo 等，国内著名的有搜狐、中文 Yahoo、天网等。

(1)Google (http://www. google. com/)。

Google 是斯坦福大学拉里 · 佩奇 (Larry Page) 和谢尔盖 · 布林 (SergyBrin) 两位博士于 1998 年开发成功的第二代搜寻引擎，该产品一推出就引起轰动。Google 公司于 2000 年 9 月宣布推出繁体及简体两种中文版本，以支持全球中文的查询用户，为中文搜索引擎市场开辟新局面。目前 Google 有十五种不同的语言可供选择。中国使用者可以在网站主页设定汉语，指定自己喜好的语言版本。Google 网站目前索引了十亿六千万的网页，其数据库容量之大十分惊人。Google 搜寻引擎采用连结分析，有些网页即使 Google 自己没建库，通过连结也可以搜寻到。

Google 的查询方法很简单，不熟悉者可以用进阶查询，勾勾选选。查询后会显示结果的笔数、总数、词汇和花费时间。用户可以自行设定查词结果显示的笔数，如 10、30 或 100 笔；如果没有设定，Google 的预设是 10 笔。每笔查询结果显示标题、摘要、网址、档案大小、页库存档和类似网页查询等项目。

(2)Alta Vista (http://altavista. digital. com/)。

Alta Vista 是目前最优秀的搜索引擎，它有 3，000 个网页，支持 13，000 个新闻组的全文检索，同时带有一个含时间变量的数据库，能保证所查询的信息是最新和最全面的。

(3) Excite (http://www. excite. com)。

Excite 引擎有 150 万个全文页面，每星期更新，并发表 55，000 个站点的概述，它提供新闻、广告、网业述评、专栏等信息。

(4) Infoseek (http://www. infoseek. com)。

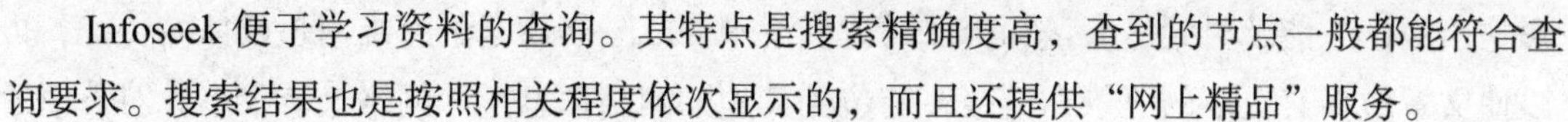

Infoseek 便于学习资料的查询。其特点是搜索精确度高，查到的节点一般都能符合查询要求。搜索结果也是按照相关程度依次显示的，而且还提供“网上精品”服务。

（5）Yahoo (http://www. yahoo. com/)。

Yahoo 具有一般查询和复杂、高级查询的搜索功能。它提供主题分类目录，帮助查询者限定搜索范围，它会根据所给的关键词在选定的主题资料中进行搜索，找到相关的网页标题或网页。Yahoo 亦具有搜寻到模糊词尾的关键词的功能。

使用搜索引擎只需通过浏览器，然后输入查询要求（关键词或主题词），相关信息就会一一列在你面前。而列出的每条信息本身又都是超文本或超媒体链接点，它可以将你带到下一个相关网页或网址，依此类推，层层深入，直到找到所需要的内容。

（6）搜狐 (http://www. sohu. com)。

搜狐具有内容丰富、信息量大、分类清晰、中文界面友好、搜索功能强等特点。

（7）天网。

天网的搜索范围局限于国内四大网（CERNET，Chinanet，CASnet，Gbnet)，其优点是搜索网页较多、查询速度快、查询准确率高。

2．查询工具和技巧

在网上查询资料必须借助软件查询工具。互联网上有许多优秀的计算机辅助语言学习软件，有些是免费软件，有些是需要付费的共享软件。但是索取这些软件并非易事，查询者应借助网上提供的软件搜索服务的站点。目前受到行家竭力推荐、查询者青睐的站点有：

Filez. com (http://www. filez. com/)

Nerd's Heaven Software Directory (http://boole. stanford. edu/ nerdsheaven．html)

Shareware. com (http://www. shareware. com)

Snoopie (http://www. snoopie. com/)

目前常用的信息查询方法有两种：一种是利用搜索引擎进行关键词、主题词或自然语言查询；另一种是按照检索目录中主题分类指南进行查询。这两种方式可以随时切换使用。但是，要想提高查询精确度和效率，需要有一定的检索技巧。

3．下载技巧

下载资料时应先选定所选的文本，点击“复制”指令钮，然后把相关资料“粘贴”在文件中。软件下载是把一个文档从互联网移至你自己的机器上。最简单的操作方式是直接通过浏览器，通过鼠标在想要的软件链接点上点击，就可以等待完成下载过程。需要注意的是，从网上下载软件时要防止计算机病毒感染。在互联网下载照片或图片，配合课文内容，增添相应图片加以说明，使学生扩大眼界。下载后可以保存在软盘或其他磁盘里，可以反复阅读或作为学习的参考资料。

（三）订阅电子刊物

万维网上有不少电子刊物可以免费订阅。免费发送的电子刊物只在线发表，不以纸张形式出版，并能及时到达大量和分散的读者手中。电子刊物基于万维网超媒体的特征，可以使文章包括有更多的背景和链接，定位到其他的网络信息中。网络上有很多针对英语学习者的免费赠送的电子刊物，例如 Enjoyenglish 是全球第一份中英双语、双码（汉语简体、繁体）免费电子杂志，每周发送。它的主要栏目有：新闻英语、词汇辨析、谚语大全、英汉对照、词汇仓库、特别英语、英文教室等。该刊是“中国电子杂志联盟”(http：//china-ezl.yeah. net/) 的会员刊物之一，十分适合初中级水平的读者。还有不少值得英语教师收集语料素材、支持免费订阅的电子刊物，如：

语言学习和技巧 (Language Learning and Technology)，网址：http：//llt.msu.edu/。

英语作为第二语言的电子刊物（Teaching English as a Second Language:An Electronic, ournal），网址：http://www.writing. berkeley. edu/TESL-EJ/.

此外，网上 E-mail 函件专递服务可以每天为学习者送来订阅的各种资料，既有真实材料，也有经过加工、为不同程度的学习英语的学生服务的学习材料。值得推荐的有：

1. Daily Brief (http://www.lncinc. net)

这个 E-mail 函件专递服务站每天早上为你免费送来世界各地的新闻，内容覆盖政治、经济、商务、体育、娱乐等各种要闻。订阅方法比较简单，给下面的地址发一个空白函件。记住：在 Subject 一栏需输入 SUBSCRIBE。如：

To: db-request@incinc. net

From:（申请者的 E-mail 地址）

Subject: SUBSCRIBE

2. Word. A. Day (http://www. wordsmith. org. awad)

这是一个专门帮助订阅者学习新词汇的一日一词的网页。申请者只需给下面的地址发个空白函件，在 Subj ect 一栏里写上 SUBSCRIBE 和申请者的姓名即可。如：

To: wsmith@wordsmith. org

From：（申请者的 E-mail 地址）

Subject：SUBSCRIBE(申请者姓名)

（四）电子投稿和发表

互联网不仅可以提供丰富的资源，还可以为师生提供一个很好的表现自己的舞台。当今，英语专业印刷版刊物相对较少，作者发表的难度很大。电子投稿和发表不失为一条极好的途径，它帮助师生通过互助共享发展自我，完善自我的无限潜力。投稿前，作者首先要研究刊物的需求和潜在的读者群，了解刊物读者的兴趣和需求，定位写作的内容；其次是根据自己的写作兴趣和目的，选择相关的电子刊物，特别是要从网页或站点上了解约稿通知。约稿通知中一般包括：刊物名称、读者对象、稿件类型、内容要求、稿件长度、体例格式、投稿方式、投稿地址等一些内容。了解刊物的出版形式（印刷或电子版）、出版频率（月刊、双月刊或季刊）、发行量、栏目、稿件要求和稿件录用率等信息。写的作品要经过认真修改、加工、提炼和校对。写完后一般通过 E-mail 寄出，投给国内外电子刊物。

学会电脑写作是在 21 世纪信息时代生存和发展的一项必备基本技能。写作过程是个很好的学习和提高过程。学生可以通过学习电脑写作，提高写作技能，并尝试在网上刊物上投稿，展示自己的学习作品。教师抓紧学习电脑写作、通过电子投稿发表自己的教学和研究成果是更新知识和提高业务水平的一条有效途径。将自己成功的教学经验和体会写下来，一方面加深自己对有关理论的理解，增强进一步研究和实践的信心；另一方面通过发表文章把自己的见解和意见与他人共享，使同行得到启发和借鉴，促进学科的发展。现代信息媒体为英语师生上网学习和练习写作提供了广阔的实践空间：

适合学生的电子刊物有：

Exchange (http://deil. lang. uiuc. edu/exchange/)

Soon Online Magazine (http://www. soon. org. uk/)

Wings Electronic Magazine (http: //weber. u. washingtong, edu /-wings/ wings. html)

适合教师的电子刊物有：

Studies in Second Language Acquisition 第二语言习得研究（剑桥大学出版社）

网址：(http://www. cup. org/Journals/JNLSCATlsla/slaIFC, html)

E-mail 地址：tq@tesol. edu

English Language teaching Journal (ELT) 英语教学杂志

网址：http ：//www. oup. co. uk/eltj

E-mail 地址：www-admin@oup. co. uk

English Teaching Forum 英语教学论坛

网址：http://www. usia. gov/education/engteaching/intl/ieal_for. htm

E-mail 地址：etforum@usia. gov

（五）网上交流

英语学习者可以通过上网聊天来提高自己的英语水平。网上交流的硬件要求不高。与朋友互通邮件只需安装 E-mail 即可；要访问某个网站或在网上发布自己的看法，则必须安装浏览器；在网上打电话，要求配声卡和话筒；想与对方进行声像视频实时交流，还要配上电子摄像头等多媒体设备；两人间实时讨论还需要 TALK 或 TELL 应用软件；群体讨论则需要使用 IRC(Internet Relay Chat) 特别软件。

根据互动方式，网上交流可分为个人交流和群体交流。E-mail 是开展键友 (key pal) 交流活动的有效途径之一。与传统笔友 (pen pal) 不同，键友活动借助现代媒体工具，使人与人之间交流更加经济、快捷、有效。E-mail 是理想的语言学习环境，学生之间、师生之间或教师之间的网上交流与对话不仅会加深相互间了解和友谊，还有利于促进思想交流和对所学语言的自然习得。

开展键友活动时，教师应当帮助学生建立 E-mail 地址，决定键友交流的对象（国外或国内，同学或不熟悉的人)，了解对方的地址；帮助学生理解键友活动的意义和作用，规定活动中使用英语进行交流，决定键友交流活动的组织要求(如时间、双方交流信件的频率等)，帮助学生结成互帮互学的对子；讲解 E-mail 基本用法，包括从上机到收发信件等一系列步骤和诀窍；鼓励学生养成对来信立即回复的好习惯，培养学生合作意识和对礼貌语言的运用。

根据互动的时间可分为非实时互动和实时互动。键友活动或网上聊天属于非实时交流，这种讨论交流过程更接近于阅读和写作。互联网上电子论坛 (electronic discussion lists) 属于群体之间实时交流。在论坛上，参加者可以通过键盘与来自世界各地的人们自由交流，谈论经济、文化、历史、人文、地理、语言、教育等方方面面，是英语学习者交流与学习的场所。这种群体(或个人)之间的实时交流允许参与者同时在不同的电脑上进行在线键盘交谈。每个人在自己。的屏幕上所写的内容会同时出现在参与讨论的所有人的屏幕上，故又称实时讨论。电子论坛一般都有两个地址，一个是向所有讨论组成员送函件的地址，另一个是论坛对外读者服务、帮助参与者加入或退出论坛的地址。欲加入某个电子论坛组织，应先和该论坛的管理者取得联系，然后申请加入。申请者一般通过服务站点来搜索寻找符合自己口味的电子论坛。常见的服务站点有：

Liszt(http：//www. liszt. com/)：查询者只需输入一个词或词组，这个搜索器就会帮助检索世界上最大的电子论坛讨论组目录。

Publicly Accessible Mailing Lists(http://www.neosoft. com/internet/paml/bysubj.htm/)：该网站以论坛名称或讨论专题为线索，帮助搜索网上数千个讨论组目录。

Reference. com (http：//www. reference. com/)：该网站帮助你对几千个电子讨论组进行详细的搜索。

根据参与的对象，网上交流可分为学生论坛和教师论坛。学生论坛 (Student List) 与键友活动不同，它常年运行，且不受各个国家或地区不同学期的约束。加入学生论坛可以与来自世界各地的学英语的学生交朋友，共同学习英语、共同发展。专家认为，最大、最有名的网站当推 SL-LISTS: http://www.latrobe. edu. au/www/education/sl/sl. html。该论坛由澳大利亚 Latrobe 大学主办，面向全球英语的学生。申请者只需向 LISTERV@LUGB. LATROBE.EDU. AU 发送 info ENGL-SL 的指令就可得到一份关于论坛的介绍和加入方法，或了解该论坛最新发展情况。这个学生论坛根据学生的不同要求和兴趣组织 10 个小组，其中 CHAT-SL(一般讨论组) 和 ENGL-SL(英语学习讨论组) 比较适合我国中学生。教师可以根据学生的语言程度为全班学生注册加入学生论坛，鼓励学生报名加入一个学生论坛(如这个大论坛中的任何一个分组论坛)，每周参与讨论，交流学习或提出问题，总结自己参与论坛的收获和体会，对整个活动做出评价。

教师论坛 (Teacher List) 是世界各国英语专业人士进行学术讨论和交流的场所，它能帮助教师获得信息和各种教学资源、研究材料，了解本领域最新动态和信息。网上可供中小学英语教师加入的电子论坛很多，最好的去处是 TESL-L 网站。该论坛有很多分会，加入

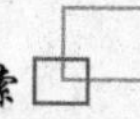

方法很简便，申请者只需给论坛服务地址 (LISTSERV@ CUNYVM. CUNY. EDU) 发一封 E-mail 即可。信中不要在 Subject - 栏中写任何东西，但要在信身中输入：

SUN TESL-K12+ 申请者的姓名。

发送加入申请后，论坛系统会寄来一封"欢迎信"，说明论坛的特点和服务项目、收发常识、讨论方法和索取材料的办法。论坛成员就可以上网参与讨论，每天收取一定数量的函件。如果想退出某个分会论坛，只需给论坛管理地址发个指令：SET TESLCA-L NOMAIL; 要彻底退出所有分会和整个 TESL-L 论坛，只需给同样的地址发以下的指令：UNSUB TESL-L。

值得推荐的是"中国英语教学联系网"-ELTECS-Chi-L(English Language Teaching Contacts Scheme for China List)。该网站是英国文化委员会中国办公室为希望自我发展和交流英语教学观点的中国英语教学专业人士设立的网上论坛，由英国文化委员会主席海伦娜 · 肯尼迪（皇家律师）1998 年 10 月 9 日在北京发起，这个网站已拥有近千个用户，其中有不少来自英国、比利时、日本和其他国家。任何拥有电子信箱的中小学英语教师随时都可以加入这个网站，与其他人交流想法、专业知识和经验。要加人中国英语教学联系网可将指令：SUB ELTECS-Chi-L+ 申请者的姓名，作为电子邮件发往 LISTSERV@LISTl. BRITCOUN. ORG。例如：SUB ELTECS-Chi-L Zhonghua Zhang。

（六）制作多媒体课件

作为一种有效的教学辅助手段，多媒体课件是以多媒体技术为基础的计算机辅助教学方式，能高密度大容量传输教学信息。它通过直观、生动、新颖的图像、动画、声音、文本等方式刺激学生的感官，激发学生兴趣，引导学生思维，提高课堂教学效果。制作多媒体课件是英语教师的一项重要技能。目前，用于英语课件制作的软件很多，诸如 PowerPoint、Authorware、Flash 和 Director 等。

第二节 基于信息技术的英语教学

一、基于信息技术的课堂教学变革

实践表明，运用互联网进行英语教学可使教学内容化远为近、化虚为实、化静为动、化抽象为具体、化宏观为微观，使英语教学从单一的模式向直观性、趣味性、艺术性和立体化模式发展。信息技术带来的教育新技术的广泛应用，随之带来教学方法、教学过程、教学资料等许多变化，自然也会改进教学效果。但是，如何将信息技术与英语教学整合是值得深入探讨与研究的课题。

首先，信息技术对英语教学整合将使课堂教学模式产生很大的变革。具体表现在：

（一）教学信息源的变化

学校和教师不再是唯一的、甚至也不是最主要的信息源。随着现代传播技术、多媒体技术和网络通信技术的发展，大容量光盘百科全书、各类图文声像并茂的软件、原版VCD电影、电视教育节目、外语新闻节目、网上外语课程、国际互联网等开始在教育中大量应用，学生可以从更广泛的途径获得比传统课堂更丰富、比一般外语教师更地道的外语信息。

（二）信息类型的变化

信息类型变化主要包括信息载体形式的变化和信息内容组织方式的变化。信息载体形式的变化是指从文字印刷方式的课本，到电子方式的音像制品和幻灯、电影，再到数字、网络方式的教学软件和数据库等。这种变化改变了教学信息的表现形式和存取通达方式。信息内容组织方式的变化是指从相互独立、线形序列、标准统一的课本教材转变为具有高度集成性、交互性、个别化和智能化的教学软件。丰富多样的组织方式改变了知识获取和建构的方式。

（三）信息流向的变化

以多媒体技术和网络技术为标志的现代教育媒体技术，将教学媒体与教师（活媒体）共同构成一个学习环境，教学信息被它有机、超链接地组织成一种网状结构，信息的流向和控制是双向多边的，教师和学生同处在信息接收与发送地位。英语课堂中，教师的主要作用不再是直接提供语言信息，而是组织语言信息、创设语言情境、激发交际需求和学习兴趣，引导探究学习活动。信息流向的改变和控制的多边交互对教师提出更高的要求。作为整个教学方案的设计者和学生活动的指导者，教师是课堂教学成功的关键。教师的教学思想、教学目的、教学方法和风格，以及教师对学生需求的了解、对电脑设备的熟悉和操作熟练程度等都会影响教学效果。

二、基于信息技术的教学模式

现代电脑多媒体技术的应用将打破传统课堂模式，取而代之的是一种开放的、大信息量和充满活力的新概念，这些新技术对传统的英语教学提出了新的挑战。在信息技术和英语教学的整合中应把信息技术作为认知工具，为学生营造发挥创造潜力的课堂教学环境。教学活动设计的基本出发点在于促进学生与教师之间、学生与学生之间的交流，促进学生积极投入到英语学习中来，充分发挥自己的积极主动性，提高课程学习的参与度和交互性。基于信息技术的英语教学模式有以下几种。

（一）演示型教学模式

英语教学中的演示型教学是指采用多媒体的表现形式，利用Word，PowerPoint编写演示文稿，把教学主要内容、材料、数据、范例等显示在屏幕上，以辅助教师的讲解，是一种较为基本的教学方式。演示型教学在课堂上需要一台电脑，配合投影仪和话筒，教师根据教学目的选用一些现成的多媒体教学软件，或自己动手制作多媒体课件，通过超级链接功能把声音、图表、剪贴画或其他相关文件插入或链接到演示文稿中。课件演示手段集视、听、说为一体，教学过程显得生动活泼，有利于突破教材的重点和难点，优化教学过程，创设情境，激发学生的情趣，充分调动学生的学习热情，提高教学效率。例如：在教 SEFC 第一册第 26 单元 (An Interesting Life) 时，可从 http：//www. bobgeldof. com/ 网站搜索一些关于流行歌手 Bob Geldof 的资料，例如 Bob 的代表作 (Do They KnowIt’s Christmas?)、Bob 本人的照片和一些饥饿不堪的非洲人的图片，以及一些反映 Bob 为非洲贫民义演的画面，编成一组“幻灯片”，同时配上录音。在课堂上展示这些资料，增强感性认识，并让学生就这些材料在课堂上讨论，突出课文主题教学，有利于学生感知、想象和理解。

决定是否采用某课件的依据是：课件的教学目标是否与课堂教学目标相一致；学生知识水平是否达到课件所需要程度；课件能否有助于提高教学效率；课件能否引起学生的兴趣和积极参与；课件是否具有较好的交互性能和超文本链接功能。

教师应把媒体由讲解演示的工具转变为学生认知的工具，避免把信息技术仅仅作为一种播放工具或用来展示知识内容的观念。但是，我们经常发现不少课件存在一些缺陷。有的课件过分追求多媒体的音响效果，在课件中插入鼓掌声、怪声音或过多的音乐，这不仅不能增强教学效果，反而会妨碍学生的思考，干扰课堂教学。有的课件追求华丽的界面，采用比较亮丽、鲜艳的色彩或与教学内容无关的画面，这不仅会冲淡主题，而且会分散学生的注意力。也有的课件重演示现象、说明问题、传授知识，轻揭示过程、培养能力。还有的课件以教为主的教学设计多，以学为主的教学设计少。演示的课件应当体现有效性、适当性和效率性。教学中要注意不过度使用投影仪，屏幕投影的时间最好控制在一半课时，压缩教师的讲述，把时间留给学生，增加学生与教师、学生与学生的互动交流。千万不能把课堂教学从传统的“一言谈”转变为现代教学技术伪装下的“屏幕谈”。

（二）网络辅助教学模式

以计算机为基础的现代信息技术不仅是教师演示的工具，还将逐渐成为学生获取信息、研究问题、培养能力、增长知识的辅助手段。网络辅助教学模式是指学生在教师的组织和指导下，借助网络计算机进行集中学习的一种教学方式。它利用多媒体技术的交互性特征，使人机之间进行直接双向交流，促进学生积极、主动进行探讨式或发现式学习，使他们通过自己的思考及在网上寻找信息、寻求答案，提高他们的思维能力和创造能力。

网络辅助教学模式是伴随着多媒体计算机语言实验室而出现的，它可以分为局域网教学模式和广域网（互联网）两种形式。目前很多学校都建成了校园宽带网，为在互联网上学习或下载、开展交互性教学提供了很大的便利，并应用于多种语言技能的训练。在听力教学中，教师先从网上下载一个播放器 (RealPlayer)，利用播放器进行网上实时与即时电视广播的收听与收视。Real Player 16.0 的界面上标有多个新闻媒体和娱乐公司的链接频道，只要用鼠标双击这些频道图表，计算机就会自动链接这些频道并在播放器的右边显示屏幕中播放的声音和画面。引导学生上网进行听力训练有助于接触大量地道的语言材料，选择加工 Real Player 中的听力材料是辅助听力教学有效手段。

网络交互式教学在阅读教学中有广阔的用武之地。互联网的资源非常丰富，教师可以为学生提供学习网站的网址，让他们在互联网上浏览阅读。这种方法比较适合于课外的阅读练习，以扩大阅读量，提高阅读能力。但是，中学生英语词汇量毕竟有限，识辨能力不强，如果把他们扔到浩瀚的网络海洋中让他们自己汲取知识，学生进入阅读网页后可能面对屏幕不知所措，不知道该读哪些文章，难免浪费时间，达不到阅读的目的。因此，网络辅助阅读教学时，教师应根据教学目的以及学生实际情况，选择阅读文本，制作网页，将互联网缩小化，让学生在教师设计的局域网上阅读。

Fast Reading 是在 Reading 的基础上拓宽知识，掌握快速阅读的技巧。通过 Reading 活动环节让学生了解 endangered animals 现状与根源，并明确解决问题的方法，对这个主题有一个完整的认知体系。设计时可以在屏幕上以预设的速度逐行滚动文本的方式对学生进行控时快速阅读。

通过 E-mail 进行网络交互答疑也是网络辅助教学的手段之一。E-mail 可以将教师与学生，学生与学生紧密联系起来，实现师生和生生的互动。在网络教学系统中安装电子信箱，让学生利用 E-mail 形式提交作业或向老师提出问题。如果学生在课堂学习中或在课后复习时有什么问题，可以随时点亮网上“答疑按钮”，屏幕开出一个 E-mail 窗口，学生可通过该窗口将问题用 E-mail 方式寄给教师，教师随时解答出现的问题，也可布置作业和发布信息等。如果学生提出的问题有普遍性，可以将问题放到网上的教学系统中，供所有学生参考。如果问题只针对某个学生，则可以直接将答案 E-mail 寄给学生。学生也可以 E-mail 形式在网上进行探究和讨论。网络辅助教学有助于开展协同学习与合作学习。

（三）虚拟现实教学模式

虚拟现实 (Virtual Reality) 是指利用多媒体技术仿真模拟或再现一些现实中不存在的情景或难以在课堂上实际体验的事物，使学习者身临其境，易于集中学习者的注意力，增强教学的效果。

将现实情景借助计算机技术处理后在课堂上播出，通过虚拟现实情景组织课堂教学，这种方式可以使学生在 cyberspace 的语言环境中、在与计算机交互过程中完成某一项特定学习任务。虚拟现实技术超越了时间和空间、静止和运动、语言和形象的障碍，能模拟现实情况下难以实现和完成的任务，变静态为动态、变抽象为形象。这种直观新颖的知识表达技术是常规教学手段无法比拟的。例如，在视听媒体的辅助下，设计虚拟学习者在国外生活或学习的情景（如在商场购物、在飞机场迎接客人、在医院看病、在街上乘坐公共汽车等），要求学生与不同的外国人进行对话，进行虚拟情景训练。这种训练方式利用了计算机的优势，临场感强，对提高学生对环境、学习内容的适应能力具有很重要的作用，尤其适合于口语教学。

虚拟现实是多媒体模拟技术发展的方向。制作虚拟现实并不复杂，只要拥有一部数码相机，利用 Real Producer 从 http：//www. real. com/ 下载制作软件，就可以模拟虚拟现实的情景。多媒体语言实验室一般都具备这种创设学习、训练环境的能力。

第三节　相关网站与网络资源

一、基于在线方式的 E–Learning

（一）E–Learning 的背景与内涵

1997 年 10 月，美国 CISCO(思科) 公司运用 E-Learning“电子学习”理念，启动了以 CISCO 网络技术学院为载体的互联网人才培训计划，旨在提高企业员工素质，以适应经济快速增长的需求。不到四年，CISCO 网络技术学院从最初的 64 家被迅速克隆增长到 7 000 家。目前已经有 60% 的美国企业以 E-Learning 的形式培训员工。据美国培训与发展企业预测，到 2010 年，雇员人数超过 500 人的公司，90% 都将采用 E-Learning 进行培训。

E-Learning 是在互联网基础上进行学习的过程，所以又称为在线学习或网络学习，它由三个要素组成：多媒体格式表现的内容、学习过程的管理环境以及学习者、内容开发者和专家组成的网络化社区。基于在线方式的 E-Learning 必须借助互联网技术、设计学习内容和管理服务三方面全方位支持。这种学习方式依托互联网多媒体技术平台，借助网络学习资源、网上学习社区及网络学习环境，汇集大量的数据、档案资料、程序、教学软件、兴趣讨论组等学习资源，形成了高度集成的资源库，通过网络把学习资源传送到学习者面前，使他们可以随时随地进行学习。

E-Learning 之所以在短时间内快速发展，是因为它有许多得天独厚的优势：

（1)E-Learning 是一种最具开放性的学习方式，它消除了时间和空间的障碍、拓展了学习的时空，在任何时间、任何地点为任何人提供学习机会。E-Learning 打破了教与学在时间和空间上的不可分割性，它可以走出课堂，不受铃声和作息的规定。因此，E-Learning 不仅适合于在校学生的课内课外学习，同时也适合于在职学习者的终身学习。

（2)E-Learning 降低了学习成本，大大节省了学习者在各方面的开支。研究显示，相对于面对面讲授或培训来说，E-Learning 会节省 70% 的费用。

（3)E-Learning 引领学习时尚，有利于学习者及时获取最新的信息。有过这方面学习经验的人都一致认为，E-Learning 总能在第一时间把最新的知识，内容活泼、富有趣味性的信息传递给学习者。而且，由于有名师或名家参与设计的学习目标和学习内容、专业人员的导航，学习者可以获取更多知识和技能，大大提高了学习效率。

（4）E-Learning 是个性化学习，它有利于培养学习者自主学习的意识，提高学习者之间的协作和交互能力。以在线方式为主要特征的 E-Learning 不仅仅是经济模式变化和信息传递方式变化的结果，同时也是信息获取方式变化、学习方式转变的结果。

基于上述认识，有人把 E-Learning 的优势简要地归纳为四个 R:

· Reach-E-Learning 能够吸引广泛的学习者；

· Reduce-E-Learning 能够降低学习费用；

· Retain-E-Learning 能够使学习者的大脑保持大量的知识和信息；

· Result-E-Learning 能够直接推动学习者自主发展，转变学生的学习方式。

（二）E–Learning 的实施

1. 自主学习

E-Learning 为学生提供了一个广阔的学习空间和崭新的学习手段，每个人都处在同一个信息网络之中，知识的传播、扩散、交流、共享和增值在信息网络中可以得到实现，学生不仅从中获得知识，而且还增加了学习的乐趣和效率。学生也可以利用 E-Learning 手段，根据自己的需要来选择学校、教师、课程和学习方式；根据自己的知识基础和特点自由地选择合适的学习资源。按照适合自己的方式进行学习，学生可以得到比课本更丰富、更新鲜的知识和信息。信息技术应用于学习中，把学生单一接受知识的途径改变为多元化方式，为培养学生创造性思维和进行创新教育提供了良好技术保障。多样性和灵活性的学习形式有利于激发学习者学习的主动性，使他们的学习方式发生变化。从学习者的自主学习方式来看，可以分成两个方面：一是学习者把 E-Learning 作为自己课堂学习的补充或辅助。二是学习者以在线方式注册报名学习某种网络课程。

E-Learning 为学习风格的个性化提供了更大的空间，为学习者自主学习创造了前所未有的条件，赋予他们选择学习内容和形式的主动权，因而备受教师和学生的欢迎。目前，越来越多的学生运用电子手段、电子教材或通过网络上的 E-Learning 系统来学习词汇、语法，或训练听、说、读、写等语言技能。

在线方式的网络学习是在校学生系统学习英语课程或在职教师提高学历和业务水平的有效途径。学习者也可以通过正式注册进入网络课程教学系统的“教学”区，经过登录、身份确认，获得完全个性化的学习环境，即拥有个人的信箱、笔记本、课程表、指导教师、讨论组、公告栏等，在网上查阅信息、听讲课程、完成作业练习或进行考试，整个学习过程都在网上进行，既方便又实用。学习者可以知道自己的学习效果和进度，还可以与老师、同学交流，不上课的时候还可以在网上温习课程内容，或者做一些互动式练习。

学习者只要进入 E-Learning 系统，就很容易找到合适的网站、相关网页和所学课程，网页上不仅有学期设置、课程安排、学习重点，还有相关搜索链接，用来选择学习的内容。在 E-Learning 系统中，学习者可以按照自己的日程表有效地安排学习时间，根据自己的实

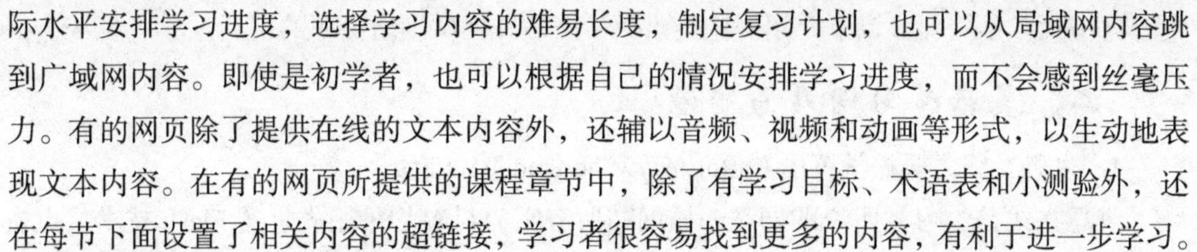

际水平安排学习进度，选择学习内容的难易长度，制定复习计划，也可以从局域网内容跳到广域网内容。即使是初学者，也可以根据自己的情况安排学习进度，而不会感到丝毫压力。有的网页除了提供在线的文本内容外，还辅以音频、视频和动画等形式，以生动地表现文本内容。在有的网页所提供的课程章节中，除了有学习目标、术语表和小测验外，还在每节下面设置了相关内容的超链接，学习者很容易找到更多的内容，有利于进一步学习。

2．合作学习

合作学习是指师生、生生之间的合作与互动，体现了学生的主体性和教师的主导性。在 E-Learning 模式中，学习的主体性表现为学习的积极性和主动性；教师的主导性表现为正确引导和启发学生进行学习。在 E-Learning 环境下，教师要培养学生获取知识的能力，向学生推荐方便快捷获取信息的 E-Learning 途径，教他们“怎样学”，具体地说，就是教学生如何查询和获取所需的信息和知识，如何处理、分配和使用信息，因此师生之间的合作与互动显得特别重要。师生关系是民主型合作者，互相进行思想交流、信息沟通和情感联络，成为共同进行学习探究、共同提高的伙伴。

教师可以利用局域网和广域网，设计和指导学生开展 E-Learning 活动，传授在网上 E-Learning 的操作技能，如收发邮件、选择学习内容、求教各种学习问题等，帮助他们熟悉 E-Learning 的各个环节。教师还可以在线辅导答疑，批阅作业或试卷，监控学生的学习并及时给予反馈。师生之间、同学之间可以在网上交互讨论，发表意见和观点。鼓励学生迅速、如实地把学习的情况反馈给老师，有不明白的地方，还可以在网上与老师和其他同学即时讨论。每上完一个章节，应安排学生做个小测验，然后根据学生的答题情况及时给予评估，或调整课程进度和学习内容，并针对知识难点或要点做进一步详细的讲解和强化练习。

研究表明，基于在线方式的 E-Learning 能够利用信息技术实现多种互动和协作环境，学习效果比传统课堂的互动效果要好得多。

3．资源共享

E-Learning 系统体现了开放、平等、交流与共享的原则。学习者在 E-Learning 中不仅是简单地从网上获得知识或单向地享用 E-Learning 系统中的知识和信息，还可以对各种信息进行加工、处理、修改和重新组合，或发表自己的看法，或把最好最新的知识资源添加到网络资源库中，促进信息的共享和增值，加快知识更新和知识转化的速度。由此可见，E-Learning 系统是在网络上建立交流的学习平台，学习者可以在这个平台上交流与共享知识，从中获取更多的信息。

据统计，互联网信息资源 90% 以上都是各种外文信息，其中英语占 82.3%，而且网上分布着不计其数的国内外英语教学网站，能用作英语学习和教学的资源可谓取之不尽、用之不竭。特别值得一提的是，近年来国内涌现出了一大批专门以英语教学为主要目标的中文网站，这些网站内容丰富、功能繁多，丝毫不逊色于国外同类站点。访问网站、登录网页就可以阅读电子新闻报刊、专业参考辞书，查阅教案和教参，下载语法、听说、阅读、写作等方面教学资料。以下介绍一些英语教学网站并提供网络资源的网址。

二、英语学习网站与资源

1. 洪恩在线之轻松学英语 (http://www. hongen. com/eng/)

洪恩在线是学习视听说的网站，该网站所有听力材料均采用先进的Flash技术，点击按钮后当即听到原汁原味的英语，录音采用正常语速，声音清晰。每日推出的英语新闻采用中英对照的方式，并附有解释，颇具特色。洪恩已推出免费网校，分为高考冲刺班、中考冲刺班、高中同步课堂、初中同步课堂、商务英语班等多个班级，网友可自由注册入学。新近改版的轻松英语则提供更人性、更精美的界面，更全面、更仔细的学习课程。

2. 世博英语 (http://www. 360abc. com)

该网站是国内一家专业英语学习网站。它开设各类英语教程，传授英语知识，开办英语社区，解决各种疑难问题，并提供各层次的英语听力材料，适合初学者和中、高级英语学习者。该网站为英语教师平时进修提供各种类型的资料。下载网上的资源都是免费的。主要栏目有：

（1）听力宝库：慢速英语、标准英语、TOEFL 听力、听力万花筒；

（2）学习资料：商务英语、万花筒、教程典藏、英语演讲、科技英语；

（3）在线课程：世博英语课程、新概念英语、Easytime 英语广播；

（4）英语考试：考研英语，四、六级英语，TOEFL 考试等；

（5）中西文化：影视美语、欧美音乐。

3. 傲文英语 (http://www. etlt. com. cn)

傲文英语是一家议价收费的英语听力网站。成为“听力通”的正式用户就可以完全享受网站提供的丰富资源。该网站的听力材料大多数是美国或英国英语，适合各个层次的英语学习者，特别适合中学生训练英语听力。网站提供的“听力通”软件设计巧妙，可以进入听写、查看原文，中文和注释等状态；可以对播放点设置进行反复听写；软件还能录音，与原文对照，校正自己的发音；软件还有视频窗口，对有视频的语料进行播放；软件把听力材料分为多种类型，查找方便。

4. 旺旺英语 (http://wwenglish. org/org. htm)

该网站是面向英语初学者和中、高级学习者的综合性英语学习网站，设“每日发音”“每日一句”“每日一词”“每日听力大挑战”“每日大声开讲”“中英双语杂志”“天天模拟考”“英语语法学习”“英语超级模仿秀”和“天天背诵小段落”等栏目，还为网友提供了很多学习教程，网上的语言知识和语言技能方面的资源特别适合用作中学英语课堂教学的材料。这些资源都可以免费下载。

5. 英语在线 (http://www. vipabc. com)

英语在线亦称英语 ABC，它是我国大中学校英语教师、英语专业博士生、硕士生发起的英语学习网站。它是一个免费网站，为广大英语学习者提供英语学习空间。

以上是一些综合型网站，下面是一些功能型网站：

(1)听力特快(http://www. listeningexpress. com/)。

(2)英语听写实践网站(http://www. tingxie. com/main. htm)。

(3)英语之声(http://www. english. ac. cn)：该网站提供最新的各方面听力资料。

(4)袁老师英语课堂(http://www. mryuan. net)：该网站主要用于语言教学。

(5)词禧(http://www. english-word. com)：这是指导英语词汇学习的免费服务网站。

三、英语教学网站与资源

(一)英语城

Englishtown是英语教师培训网站，它创建于1997年，是世界上最大的英语培训组织-EF教育的一个独立分支机构，也是全美唯一得到授权认证的外语教学类专业网站。该网站提供最有效的完整的网上英语教学，为包括初级、高级各层次学习者提供免费的自修课程和收费的教师指导课程，所有的课程都是全美大学认可的。Englishtown的中文分站与清华大学合作进行远程网络教学。网站注重灵活性与娱乐性，学员可以根据自己的需要自主地安排学习时间，实行全天候外教实时授课，专家随时与学员保持网站联系咨询，耐心细致地为学员解答疑问、批改作文。网站允许免费试用。

(二)写作网站

写作网站(http://www. urich. edu/-writing/web. html)是一个写作教学网站，主要是指导学习者各个层次的写作要领与方法，包括如何打腹稿、列提纲、设计篇章结构；如何提纲挈领，突出中心思想和注意段落衔接、行文流畅；如何理论和论证；如何修改初稿，更正病句、错别字和标点符号；如何理清思路并形成自己的写作风格；如何引用参考文献和有效使用现有的资料等。这些指导与点拨有助于辅导写作教学和提高教师英语写作水平。

(三)有声新闻网

有声新闻网是听力教学主要资料来源，为英语教师提供大量真实的教学材料，十分有用。

1. 世界新闻评论(http: //mrc. twsu.edu/ielc-lab/wnr/)

世界新闻评论网每天提供有声新闻，每两个月提供一次大量的可供下载的有声新闻资料。平时，学生听一篇新闻，可以先回答一些多项选择问题，再看新闻的文字材料。该网站视听结合，是听力训练的好场所。

2. 英国新闻网(http：//www. britfm. com)

该网站中每条新闻既有声音，又有文字，它不只提供RealAudio版本，还提供MP3版本，在版权许可的范围内可以下载，以备后用。

3. “听世界”网站(http://www. icanlisten. com)

“听世界”于2002年3月开通，是一家以英语新闻为主的听力网站。可以在线收听VOA和BBC的英语实况广播节目英语。在网站首页中列出美国VOA、英国BBC、澳大利亚 ABC、加拿大 CBC、新西兰 RNZI 等 14 家电台。网页还列有“慢速英语”和“常速英语”。

（四）网易教育频道

网易教育频道 (http：//www. 163. com/education/endex. html) 是英语考试辅导网站，其中提供高考信息和大量的试题。有趣的是，每套试题都是定时进行，到时结束，让答题者有亲临考场的感觉。每套还备有答案和讲解，在考后给以评分和指导，是高中生备战考试最好的武器，也是教师重要的试题资料库。

（五）中国外语教学网

中国外语教学网 (http://www. chinatefl. com/) 提供各种丰富的教学与学习资料，包括教学实践活动和学生课外自修练习等。网上有舒适友好的环境，吸引了成千上万的英语教师和学生做客。

（六）网络英语

网络英语 (http://www.1s． js. cn/enjoyenglish/index htm) 站点有英语教学、名著选读、英语学校、英文报刊、下载中心，GRE 考试、TOEFL 考试，在线广播，资料精编等网页，是英语教师的好去处。

（七）英语教学与研究网

英语教学与研究网 (http://call. suda. edu. cn) 网站的主要栏目有在线课程、学生项目、专家顾问、在线英语角、学生电子墙报、听力资料和在线技术支持等，是英语教师教学与研究的得力助手。

（八）全球英语

全球英语 (http://www. GlobalEnglish) 是收费的英语教学网站，提供高质量、有效的网上英语课程，同时还提供免费聊天、交互式学习计划工具、网上杂志、游戏及其他免费活动，适合于英语教师和学生。

（九）其他教学资源站点

1．阅读

http://depts. gallaudet. edu / englishworks/ reading/main/index htm

http://www. readingmatrix. com/

http://literacynet. org/cnnsf/archives. htm/

2．报刊

http://www. 21stcentury. com. cn/index. php (《21 世纪报》)

http://www. chinadaily. com. cn/(《中国日报》)

http://www. es123. com/wz/

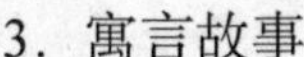

3．寓言故事

http://www. umass. edulaesop/contents. html

4．词汇

http://depts. gallaudet. edu/englishworks/reading/main/vocabulary. htm

http://132. 208. 224. 131/ListLearn/2000_quiz_menu. htm

5．语法

http://depts. gallaudet. edu/englishworkslgrammar/main/index. htm

http://ccc. commnet. edu/grammar/

6．教案

http://www. lessonplansearch. com/

http://www. teachnet. com/lesson/index. html

四、英语电子工具书与百科全书

（一）英语电子词典

1.《东方词圣》

《东方词圣》总词条近 700 万，包含几乎所有各类专业词汇，二十二万例句。使用方便，功能齐全，主要有：

英汉双解。鼠标取词就能弹出英文解释。在取词弹出的窗口中显示中、英文解释对照。

生词摘录。鼠标取词后只要再点击一下，就能将该生词存入笔记本，以后可以用多种手段进行复习。

词频显示。常用的 3 万单词按统计使用频率值（常用程度）分成 20 级，鼠标取词时即能显示频率值，使常用词或生僻词一目了然。

万能查询。在指定范围内（比如，小学范围，中学范围，大学范围等）查找拼写相近的词、相同词根的词、易混淆的词。例如，只要输入“b??t”，那么就能查出“boot”，“boat”，“beat”等词；“t*ab?e”能查出所有 t 打头，中间有 ab，以 e 结尾，ab 和 e 之间还有一个字母的单词。

模糊查询。能帮助学习者查找想要的却拼写不来的单词。比如，如果听到 accelerate 这个单词，却不知道它的意思和正确拼写，即便输入 akcelerate，该词典也能找到 accelerate。

批量存词。该词典能同时保存拼写相近的易混词、相同词根词，与某个中文词相对应的多个英文词，以及某单词的反义词、同义词。

2．金山词霸

金山词霸是国内首部集英英、英汉、汉英、汉汉四向解释于一体的全能词典软件，具有复制、朗读、打印、保存等功能。它收录了《美国传统辞典》英汉双解版、《美国传统辞典》英文版、《现代英汉综合大辞典》等大型词典。用户可以自己设定取词词典，快捷翻译中英单词。

金山词霸提供全文检索方式，用户在输入所要查寻的单词后，通过全文检索的方式，就可以查到不同词典中对此词的解释。全文检索功能就像 google 一样，同时还可以实现联合检索查例句。如果知道一句话中的几个关键单词，但却不懂得如何将它们写成通顺地道的句子，用户只需将所有关键单词输入，使用全文检索功能，词霸将自动在所有词典中搜索，找到例句，或者是最接近的句子。词霸还支持英文单词的模糊查询，并提供拼音、偏旁部首两种查询方式。仅“take”一个单词的解释有 72 条，51 个短语和习惯用语，双语解释内容更多。通过这种全文检索功能，用户将会在学习单词的同时掌握其用法，省时、高效地完成英语学习。

金山词霸的独到之处是模糊查找，即单词记不准也能查。如果输入 ba*(* 代表所有字符)，你就可以看到所有以 ba 开头的单词，从中选出所需要的单词；输入 ba???(? 代表一个字符)，词霸会在左边的索引条中列出所有以 ba 开头的后面是 3 个字母的单词。

金山词霸还是有声词典，它采用有声双解查词国际顶尖的 TTS 全程语音技术，纯正美音，可以轻松流畅地朗读整句、整段乃至整篇文章，对纠正发音很有帮助。

如果配合金山快译的翻译引擎，用户可以实现更多翻译功能。在词霸中鼠标指到哪，整句就会翻到哪。此外，词霸还设计“搜索因特网”、“获取今日新闻”、“界面风格（设置）”以及“选择界面语言”等按钮。

（二）《大英百科全书 CD 98》

《大英百科全书 CD98》是大英百科全书公司推出的，全套 3 张光盘，包含 32 卷印刷版的全部内容，并提供多媒体信息和快速搜索服务。它分为“快速阅览”“知识深义”以及“知识大纲”“索引”等组成部分。“快速阅览”占 10 卷，由十多万个短条目组成。“知识深义”占 19 卷，有几千个长条目，有些条目就是一本书；“知识大纲”占 1 卷，它将人类的知识分门别类，以便有心学习某个课题的人按照这个分类按部就班地系统阅读“快速阅览”和“知识深义”中的有关内容。“索引”占 2 卷，罗列了大量西方学术著作。该书的搜索引擎别具匠心，用户可以键入一个问题，让系统搜索答案。《大英百科全书 CD98》目前已建立了自己的网站。

（三）微软 Encarta 98 多媒体百科全书

Encarta 98 是全球最为畅销的电子百科全书，收录了完整的 29 巨册 Funk & Wagnalls Netcv En. cyclopedia 百科全书内容，内容涵盖生物科学、生命科学、地理、历史、社会科学、哲学、艺术、语言、运动、比赛、嗜好及宠物等范畴，是英语教学随手必备的百科全书。Encarta 已经成为站点，它将百科全书的丰富的科学和文化知识和现实生活相联系，不断修改和更新，它是教师、学生、家长及大众的知识宝库，其影响力已经走向世界。

微软 Encarta 网址：encarta. msn. com，现在市面上可以买到 Encarta 2000 的产品。

外语教育越来越普及，英语作为一门特殊的课程，正经历着由线性教育向网状教育的发展。研究显示，信息技术在英语教学中的应用能够使教学形式更加生动活泼、直观有趣；节省课堂教学时间，增加了有限时间内的授课量，提高了教学效率；使学生的听觉、视觉等感官同时接收信息，多元化的信息通道带来全方位的信息刺激，强化了记忆效果；提供逼真的言语交际环境，有利于教与学双向交互；大量的信息储备资源，可以满足个性化学习的需求。

信息化教学必须有设备的支持。学校应该购置一定数量、能适应多媒体网络教学的计算机和相关的软件设备。在此基础上，英语教师是最主要的因素。信息化教学的设计与实施需要高素质的教师。因此，英语教师必须具备以下一些条件：

1．能够使用计算机和教学软件

以互联网为媒介的英语教学与电化教学手段不同，它要求教师不仅具备一定的信息应用技术（如文字处理和操作技能），而且还要会使用现成的软件、制作多媒体课件，以及能排除一些在操作中偶发的故障。如果遇到一些很简单的计算机问题就束手无策，势必影响课堂教学。

2．有比较强的处理信息的能力

面对网上排山倒海、浩瀚无边的信息浪潮，教师应保持冷静的头脑、具备独立分析与判断的能力，根据教学的需要，去伪存真，去粗取精，有选择地采集、处理和利用信息，而不盲目地照搬。

3．明确课堂教学目的

明确教学目的是成功地将信息技术应用于英语教学的第一步。教师应根据课程要求明确每节课的教学目的，制定切实可行的教学目标和详尽的实施计划，同时考虑学生的个人特点和学生的实际需要，弄清为什么要上网，通过网上哪些教学活动预期达到什么样的教学目的。无目的地把信息技术应用于教学是不会取得理想的效果的。

4．善于把信息技术与英语教学整合

如何将网上进行的教学活动和其他形式的教学活动有机地整合是能否成功地将互联网应用于英语教学的关键之一。这里“整合”是指网上活动和其他各种形式的教学活动因搭配巧妙、安排得当而相辅相成、和谐一致，实现优质的教和大容量高效率的学。要解决信息技术与课程教学整合中的实际问题，教师应熟悉互联网的基本功能，其中哪些活动能够为现阶段的英语课堂教学所用，利用这些功能可以设计哪些网上的教学活动，这些活动分别具有哪些长处和局限性，哪些网上活动宜与哪些课堂活动搭配方可取得最佳教学效果。

5．转变角色

信息技术将促进新型教师角色的形成，促使教师由信息的传播者或知识的呈现者转变为学习的指导者、活动的组织者和学生的帮助者。教师应该指导学生形成良好的学习习惯、掌握网络技术获取所需的信息；运用网络资源设计和组织交互性学习活动；帮助学生建立学习目标，监控学生的学习情况，及时发现学生的困难并尽可能及时地向他们提供必要的帮助。信息教育技术会大大节省人力资源，有的教师将从教学前线转向后方，去建构更具特色的教育平台，成为信息技术的管理者和服务者。

6. 正确认识媒体的功能

媒体的传播功能并不等于其在教学中的作用，二者之间不能画等号。教学与媒体是主次的关系，媒体只是诸多教学要素中的一个要素，它必须服务于教学。如果本末倒置，过分迷信或夸大媒体的功能与作用，不考虑教学的实际情况，为了使用媒体而使用媒体，不仅浪费人力和物力，而且难以取得应有的教学效果。

数字化教育的诸多优点对传统教育会造成一定冲击，给传统教育机构带来变革。但是，提倡信息化教学并非意味着否定传统教学的方式。把现代教育技术与传统教育教学方式对立起来的认识是不可取的，信息技术不可能完全取代传统的教育模式，而是信息技术与传统教育共同发展。运用信息技术辅助教学是未来教学的趋势，英语教师还需要掌握基本的教学技能，如口头表达能力、板书、简笔画等。况且，对发展中国家以本族语人为主体的英语教师来说，传统的教学技能在课堂教学中占据主导地位。实际上，有的教学活动不需要现代化教学条件（如电化设备或多媒体计算机），只需要黑板、粉笔、纸笔、图片和其他简单的条件；大部分教学活动甚至既不需要黑板、也不需要纸笔或其他辅助条件。这种无辅助教学方式仍然是我国广大偏远地区英语教师最需要的。

第四节　大数据时代教师的自身发展

互联网技术的发展带来了数据、信息的爆炸式传播，同时带来了存储技术的革新，当今世界已然迎来了大数据时代，这对整个社会都产生了巨大的影响。这种影响在教育领域有着更为明显的表现。大数据技术不仅革新了人们的教育思维，影响着学校的教育模式，还突破了传统教育的局限，使学习不再局限于课堂、受制于教师，而且能够通过线上学习获得世界上一流大学的一流课程。在不久的将来，网络、合作、交互、实验等将成为人们学习活动的关键词。

作为涉及面最广的一门课程，大学英语在大数据时代的影响下，从以往的单一明晰变得更加复杂多元化，这无疑为大学英语教师带来了巨大的挑战。教师如何能更好地承担起大数据时代下的大学英语教学工作是一个迫切需要解决的问题。本章就对这一问题进行深入探讨。

一、大数据时代与英语教育

（一）大数据的概念

要了解什么是大数据，首先必须弄清什么是“数据”。数据并非是简单的数字，而是对数字及其相关信息进行选取、加工处理、分析等过程的综合描述。例如，一个学生考试得了 80 分，这个分数和学生的英语基础、学习动机、课堂表现、所使用的教材以及教师的教学水平等所有因素加在一起，构成了一个大数据。

全球知名咨询公司麦肯锡指出：今天，数据已经渗透到每一个行业领域中，成为重要的生产因素，对社会生活、经济等各个方面都产生着巨大的影响。美国互联网数据中心将“大数据”这一概念定义为：“通过高速捕捉、发现、分析，从大容量数据中获取价值的一种新的技术架构。”其特点包括以下四个方面。

（1）更大的容量 (volume)。

（2）更高的多样性 (variety)。

（3）更快的生成速度 (velocity)。

（4）更大的价值 (value)。

可以说，“大数据”是互联网、云计算之后，IT 领域又一次技术性变革，它使海量数据的交换、整合、分析成为可能，这为人们学习新知识、创造更大的价值提供了巨大的帮助。

（二）大数据时代的英语教育

大数据时代的到来对传统教育的冲击是悄无声息却又深刻透彻的。标准化的课堂、班级，固定的教学时间，统一的教材等，都会随着大数据技术的应用而发生改变。和传统数据相比，大数据具有信息量大、数据分析者转变为普通用户、可视化的展现方式等特点，使教育环境、学习环境、实践环境等都发生着改变，促进了个性化学习、弹性学制等新的学习、教育方式的产生与发展。

在大数据时代，教育资源更加丰富，学习机会更多。学生不仅可以在课堂上学习有关知识，还可以根据自己的兴趣爱好，利用电脑、手机以及一些搜索、学习、社交软件及时获得各方面的信息，开展更广泛的学习。这对我国的英语教育提出了巨大的挑战：传统英语教学如果不紧跟时代变化，墨守成规，就会丧失吸引力，教学效果就无法得到保证。英语教师如果依然简单地解释词汇、语法，将眼光局限在课本、课堂上，就无法跟得上时代的脚步，教学效果更无从谈起。因此，大数据时代的英语教师必须转变教育观念，坚持以学生为中心，尊重学生的学习习惯，激发学生的学习兴趣，引导他们挖掘更多的语言资料开展个性化学习，这样英语教学才能更好地发挥作用。

二、大数据时代对大学英语教师发展的挑战

“大数据”是最近几年新兴的一个概念，进入人们的认知领域不久，很多教师并不知道什么是大数据，也不清楚大数据时代会对大学英语教育、教师产生怎样的影响。因此，我国大学英语教师在大数据时代正面临着众多挑战。

（一）大数据技术方面的挑战

进入大数据时代以后，教育不再是以往仅靠经验、理念运作的科学，而转变成一门实证学科。传统教育中，教育决策者、执行者仅靠个人喜好或经验来设计教育环境、布置实

验场景、采集管理数据等，但在大数据时代下，这些都必须有一定的数据支撑方能走得更远。如果教师连基本的计算机、互联网和常用软件都不会用，就很难获得足够的教学资源，很难打开视野，提高教学质量。

（二）教师职能转变的挑战

传统的大学英语教学中，教师是课堂的主宰者，教师讲什么，学生就学什么。但在大数据时代，教师必须转变自己的角色和职能，这样才能顺应时代，提高教学质量。

1. 学习资源方面

大数据时代为人们提供了海量的信息，学生要想获取学习资源是一件十分容易的事情，因此教师不再是拥有资源的权威者或专家。在这种情况下，要想保证教学活动的顺利展开，教师必须从资源提供者转变为资源整合者，要根据学生的个性特点、实际需求，收集、分析、处理适合学生的学习资源，然后将这些资源提供给学生，指导学生学习。

2. 教学方式方面

在不缺乏学习资源的情况下，学生对英语学习的兴趣和方法是决定学习效果最重要的因素。因此，大数据时代下的英语教师应该从传统的填鸭式教学转变为启发式教学，从学生学习的决定者转变为组织者、引导者、评价者、监督者，要激发学生的学习兴趣和动机，传授学生科学的学习方法和策略，加强学生合作学习、自主学习的意识和能力。要做到这一点，教师自己首先必须树立终身学习的意识，不断更新自身知识。

（三）学生主体变化带来的挑战

今天，我国的大学英语教育面临两个重要的问题：① 大学生的英语水平和高中优秀学生的英语水平差别不大；② 学生的个性化需求越发明显。大数据时代的到来为这些问题的解决提供了条件。利用大数据技术，教师首先要了解学生的个性特征、学习习惯，然后才能够更准确地判断出什么样的学习方式最适合学生，从而有针对性地指导学生的学习。

（四）教学设计带来的挑战

传统大学英语教学的教学设计是建立在课堂、课本基础之上的统一教学。进人大数据时代以后，由于学习资源的普及，课堂教学必须从单一的知识讲解向特定情景下的语言运用转变，教师必须引导学生结合网络资源、社会现实，通过独立思考、小组讨论等对所学内容有一个更加深入的理解，最终能够利用英语解决实际问题。这就意味着，教师在做教学设计时，必须考虑学生的个体差异，设计出不同的辅导方案，这样才能使每位学生都能学有所得。

（五）教学评价带来的挑战

以往，英语教学评价的方式主要是作业和考试，评价结果的准确性往往受教师经验和学生发挥效果的影响。大数据时代下，教学评价不能以一次考试“定胜负”，而应该走向多元化。教师通过对大量数据的归纳发现教学活动和学生学习的实际状况，分析教与学的得失，从而调整自己的教学，最终提高教与学的质量。

三、大数据时代下大学英语教师发展的路径

调查发现，我国大学英语教师存在学历偏低、研究能力较弱、基础课程教学任务过重、女性教师多等问题，与此同时，教师们还面临着职业发展困境和选择发展路径等问题。而大数据时代导致的学生主体和教学内部变化进一步加重了大学英语教师的负担，只有选择正确的发展路径，教师才能更好地承担大学英语教育这一工作。

（一）整合英语资源，开展个性化教学

《国家中长期教育改革和发展规划纲要（2010 - 2020 年）》指出，“关注学生不同特点和个性差异，发展每一个学生的优势潜能”。因此，个性化教学是我国大学英语教育未来发展的一个主要方向。具体来说，教师必须深入了解学生的英语基础、学习特点和个性特点，为学生整合资源，有针对性地指导学生学习。这就要求教师必须掌握大数据技术，采用合理的分析方法为学生提供个性化教学，从而使学生对英语学习产生更加浓厚的兴趣，最终提高自身的英语水平。

（二）改进课堂教学，提高应用能力

在大数据时代，不仅学习资源更加丰富，学习途径也更加多元化，学生、家长、社会对大学英语课堂的期望越来越高。对此，大学英语教师应该做到以下几点。

（1）充分掌握学生的相关数据，在数据分析的基础上改进课堂教学模式。

（2）广泛采用交际教学法和任务教学法，加强听、说、读、写、译方面的训练，提高学生的英语应用能力。

（3）坚持以学生为中心，增强学生的主人翁意识，使他们化被动接受为主动学习，全身心地投入到课堂学习中来。

（4）注意学生学习兴趣的培养，充分调动他们的学习积极性。

（5）注意培养学生的英语思维能力和英语文化意识，提高他们的跨文化交际能力。

（三）顺应教改趋势，做好分化转型

不同的学生有着不同的个性、年龄、智力水平、学习潜力等内在特质，这些因素决定了他们的教学内容、教学方法、教学手段等的择取。因此，个性化教学的实施必然要打破以往统一、通用的授课模式，转而走上分化教学的道路，即“基础英语（必修课）+ 英语技能强化课程（选修课）+ 专门用途英语（选修课）”。

（1）基础英语的授课内容与现在通用英语教学相同，不同的是，授课时间大大缩短，只有两个学期左右。当然，这个时间并不固定，每个学校可根据实际的生源状况进行调整。

（2）英语技能强化课程，顾名思义，就是专门针对听、说、读、写、译五项技能的提高开设的课程，目的是重点提高单项技能，学生可根据自己的需求进行选择，建议开设 1 ~ 2 个学期。

（3）专门用途英语是专业领域的英语课程，同时教授专业知识和英语知识，致力于提高学生用英语学习专业知识、解决专业问题的能力。学生可根据自身需要进行选择，建议开设 1 ~ 2 个学期。

以上三种课程的设置也给大学英语教师以明确的提示，作为大学英语教师，他们必须不断提高自身素质，不仅要能上基础英语课，还要能上专门用途英语课，这样才能适应学生多元发展的需要。

（四）参加培训研修，提高教学科研水平

面对大数据时代的挑战，教师必须正视目前存在的种种问题，不断提高自身修养，要多参加专业培训提高专业素养，参加学术会议开阔视野，参加专题研究提高科研能力，另外还要锻炼自己运用大数据分析和解决问题的能力、开展新型课堂教学的能力，实现综合素质的全面提升，以适应未来大学英语教学改革发展的方向。

参考文献

[1] 秦杰，贺文发. 高效外语课程与教学改革探索[M]. 北京：光明日报出版社，2015.

[2] 莫琼，黄炜. 大学外语教学改革与实践研究[M]. 昆明：云南大学出版社，2012.

[3] 李森，陈晓端. 课程与教学论[M]. 北京：北京师范大学出版社，2015.

[4] 裴娣娜. 现代教学论基础[M]. 北京：人民教育出版社，2015.

[5] 夏侯富生. 英语课程与教学论[M]. 北京：科学出版社，2013.

[6] 傅瑞屏. 英语课程与教学论[M]. 广州：广东高等教育出版社，2014.

[7] 崔刚. 中国环境下的英语教学研究[M]. 北京：清华大学出版社，2014.

[8] 于志浩，柴香菊，陶珍利. 文学视角下的英语教学研究[M]. 北京：中国书籍出版社，2016.

[9] 金寒丹. 基于语言文化差异的英语教学研究[M]. 北京：中国水利水电出版社，2014.

[10] 段忠玉，林静. 翻转课堂模式中的英语案例教学研究[M]. 北京：中国书籍出版社，2016.

[11] 刘润清. 中国高校外语教学改革现状与发展策略研究[M]. 北京：外语教学与研究出版社，2003.

[12] 邓春晖. 多媒体技术及应用[M]. 北京：北京大学出版社，2002.

[13] 付宇明，吕梦雅. 多媒体创作[M]. 北京：机械工业出版社，2001.

[14] 桑新民主编. 步入信息时代的学习理论与实践[M]. 北京：中央广播电视大学出版社，2000.

[15] 胡礼和. 网络与多媒体的教育应用[M]. 北京：华中师范大学出版社，1999.

[16] 张静. 现代英语教学的理论、实践与改革研究[M]. 北京：中国水利水电出版社发行部，2016.

[17] 李颖. 高校全英语教学模式(EMI)的超学科研究[M]. 北京：中国社会科学出版社发行部，2014.

[18] 黄洁芳. 课程改革情境下高校英语教师认知发展研究[M]. 北京：新华出版社，2017.

[19] 刘宏刚. 社会阶层视角下的英语学习动机实证研究[M]. 北京：高等教育出版社，2017.

[20] 张蔚磊. 大学英语教师绩效评估研究[M]. 北京：高等教育出版社，2016.

[21] 张楚廷. 教学论纲[M]. 北京：高等教育出版社，1999.

[22] 杨治良等．记忆心理学[M]．北京：华东师范大学出版社，1999.
[23] 查有梁．教育建模[M]．南宁：广西教育出版社，1998.
[24] 皮连生主编．学与教的心理学[M]．北京：华东师范大学出版社，1997.
[25] 李秉德主编．教学论[M]．北京：人民教育出版社，1991.
[26] 夏洋．中国英语学习者课堂学业情绪影响机制研究[M]．北京：中央编译出版社，2016.
[27] 陶沙．英语语言学宏观研究[M]．北京：中国水利水电出版社发行部，2016.
[28] 张家政．文化哲学视域下的大学英语教学改革研究[M]．北京：科学出版社，2016.
[29] 陈金平．基于学生视角的独立学院大学英语教学改革研究[M]．武汉：武汉大学出版社，2014.
[30] 张喜华、郭平建主编．信息化背景下大学英语教学改革研究[M]．北京：北京交通大学出版社，2017.
[31] 范国睿．共生与和谐[M]．北京：教育科学出版社，2011.
[32] 宋改敏．教师专业成长的学校生态环境[M]．重庆：重庆大学出版社，2011.
[33] 朱枫．外语教学研究与科研设计[M]．南京：南京大学出版社，2010.
[34] 陈坚林．计算机网络与外语课程的整合[M]．上海：上海外语教育出版社，2010.
[35] 张红玲．网络外语教学理论与设计[M]．上海：上海外语教育出版社，2010.
[36]（英）伍德沃德 (Woodward)，如何巧妙设计英语课堂[M]．北京：外语教学与研究出版社，2009.
[37] 王守仁．高校大学外语教育发展报告[M]．上海：上海外语教育出版社，2008.
[38] 鲁子问．英语教学方法与策略[M]．北京：华东师范大学出版社，2008.
[39] 左焕琪．英语课堂教学的新发展[M]．北京：华东师范大学出版社，2007.
[40] 胡瑞霞．大学英语教学改革与创新研究[M]．北京：中国书籍出版社，2016.
[41] 赵明仁．教学反思与教师专业发展[M]．北京：北京师范大学出版社，2009.
[42] 王桂波．教师职业技能训练教程[M]．北京：清华大学出版社，2008.
[43] 王鉴．课堂研究概论[M]．北京：人民教育出版社，2007.
[44] 赵炳辉．教师学[M]．北京：中国科学技术出版社，2007.
[45] (美)约翰·杜威．经验与教育[M]．北京：人民教育出版社，2005.
[46] 郑金洲．教师如何做研究[M]．上海：华东师范大学出版社，2005.
[47] 李雯．教学改革背景下的大学英语教学研究[M]．北京：水利水电出版社，2016.
[48] 冯智文．网络环境下大学英语教学改革创新实践研究[M]．北京：外语教学与研究出版社，2011.
[49] 赵海燕．中国国情下高校英语教育改革研究[M]．北京：首都经济贸易大学出版社，2016.
[50] 郝建君．大学英语教学改革及教师发展研究与探索[M]．沈阳：东北财经大学出版社

有限责任公司，2015.

[51] 束定芳．中国外语教学理论研究[M]．上海：上海外语教育出版社，2009.

[52] 基于多模态话语理论的外语教学模式构建[M]．北京：北京理工大学出版社，姜毓锋，2015.

[53] 李娅玲．中国外语教育政策发展研究[M]．北京：北京大学出版社，2012.

[54] 鲁子问等．英语教学设计[M]．北京：华东师范大学出版社，2008.

[55] (法) 施韦泽 (Schweitzer)．文化哲学[M]．上海：上海人民出版社，2008.

[56] 邹广文．当代文化哲学[M]．北京：人民出版社，2007.

[57] 陈胜云．文化哲学的当代发展[M]．南昌：江西人民出版社，2007.

[58] 教育部高等教育司．大学英语课程教学要求[M]．北京：外语教学与研究出版社，2007.

[59] 蔡基刚．大学英语教学[M]．上海：复旦大学出版社，2006.

[60] 单岩，崔瑶．基于需求分析的大学英语学习策略研究[M]．北京：水利水电出版社，2015.

[61] 袁平华．大学英语教学环境中依托式教学研究[M]．北京：社会科学文献出版社，2014.

[62] 訾韦力．应用语言学理论在英语教学实践中的应用研究[M]．北京：中国轻工业出版社，2015.

[63] 高越，张秀英．英语教学与翻译研究[M]．杭州：浙江工商大学出版社，2015.

[64] 孙旭春．网络环境下大学英语听说教学研究——理论、模式与评价[M]．昆明：云南大学出版社，2015.

[65] 徐璐．课堂英语教学中的任务型动机研究[M]．上海：上海交通大学出版社，2016.

[66] 王蔷．英语教师行动研究[M]．北京：外语教学与研究出版社，2014.

[67] 王春岩．多媒体与网络技术在大学英语教学中的能为与不能为[J]．中共山西省委党校学报，2004(02).

[68] 王燕．学生与文本有效互动的新途径——评价理论视阈下的大学英语精读生态化课堂[J]．赤峰学院学报(汉文哲学社会科学版)，2012(05).

[69] 师琳．建构主义视角下的大学英语网络教学生态环境研究[J]．外语电化教学，2012(03).

[70] 杨永祥．生态语言学视角下的英语专业语法教学[J]．佳木斯教育学院学报，2012(04).

[71] 孙先洪，任连奎．网络博客与大学英语写作教学整合研究——以写作生态理论为视角[J]．外语电化教学，2012(02).

[72] 任丽．多媒体环境下大学英语口译教学的生态化思考[J]．外语电化教学，2012(02).

[73] 周颖．网络教育生态系统中的英语教师生态位探究[J]．外语电化教学，2012(02).

[74] 袁秀丽，林艳蕾．略论生态理论指导下的外语教学改革[J]．淮北职业技术学院学报，

2012(01).
[75] 刘忠，严燕．论生态学视野中的外语教师课堂生态位[J]．教育与职业，2011(33).
[76] 陈丽华．构建生态化大学英语写作课堂教学实践[J]．湖南科技学院学报，2011(11).
[77] 李宏．大学英语写作“生态化教学”[J]．中国校外教育．2011(20).
[78] 张彪，李菊仙．网络多媒体环境下大学英语生态课堂构建[J]．楚雄师范学院学报，2011(09).
[79] 王守仁，王海啸．我国高校大学英语教学现状调查及大学英语教学改革与发展方向[J]．中国外语，2011(05).
[80] 李芳媛．计算机网络环境下大学英语课程生态化探索[J]．外语电化教学，2011(04).
[81] 刘金玲．基于“云计算”环境的翻转课堂学习探究[J]．计算机时代，2014(02).
[82] 沈书生，刘强，谢同祥．一种基于电子书包的翻转课堂教学模式[J]．中国电化教育，2013(12).
[83] 杨九民，邵明杰，黄磊．基于微视频资源的翻转课堂在实验教学中的应用研究——以“现代教育技术”实验课程为例[J]．现代教育技术，2013(10).
[84] 曾明星，周清平，王晓波，蔡国民，董坚峰．软件工程专业“翻转课堂”云计算教学平台探讨[J]．现代教育技术，2013(08).
[85] 张新明，何文涛，李振云．基于QQ群+Tablet PC的翻转课堂[J]．电化教育研究，2013(08).
[86] 黄燕青．翻转课堂中微课程教学设计模式研究[J]．软件导刊，2013(06).
[87] 张红艳，龙荣培．试析翻转课堂在国内本土化实践过程中的挑战[J]．文教资料，2013(14).
[88] 白雪晴．大学生英语选修课意向调查[J]．甘肃联合大学学报（自然科学版），2012(S4).
[89] 兰艳，谢家萍．美国教师的“翻转课堂”体验[J]．中小学信息技术教育，2012(09).
[90] 张金磊，王颖，张宝辉．翻转课堂教学模式研究[J]．远程教育杂志，2012(04).
[91] 黄小强，柯清超．cMOOC的构成要素及其结构模型[J]．远程教育杂志，2014(06).
[92] 徐葳，贾永政，阿曼多·福克斯，戴维·帕特森．从MOOC到SPOC——基于加州大学伯克利分校和清华大学MOOC实践的学术对话[J]．现代远程教育研究，2014(04).
[93] 杨玉芹．MOOC学习者个性化学习模型建构[J]．中国电化教育，2014(06).
[94] 范逸洲，王宇，冯菲，汪琼，李晓明．MOOCs课程学习与评价调查[J]．开放教育研究，2014(03).
[95] 牟占生，董博杰．基于MOOC的混合式学习模式探究——以Coursera平台为例[J].现代教育技术，2014(05).
[96] 谭姣连，徐晓东．用视频转变学生的学习方式[J]．中国远程教育，2013(11).
[97] 李曼丽．MOOCs的特征及其教学设计原理探析[J]．清华大学教育研究，2013(04).
[98] 王颖，张金磊，张宝辉．大规模网络开放课程(MOOC)典型项目特征分析及启示[J].

远程教育杂志，2013(04).

[99] 王萍．大规模在线开放课程的新发展与应用:从cMOOC到xMOOC[J]．现代远程教育研究，2013(03).

[100] 李青，王涛．MOOC:一种基于连通主义的巨型开放课程模式[J]．中国远程教育，2012(03).

[101] 付晓丹．多模态大学英语教学模式优化研究[J]．中国电力教育，2014(08).

[102] 王秋芳.多模态理论视角下大学英语教学的改革分析[J]．长春教育学院学报，2013(24).

[103] 文旭，莫启扬.大学英语教材:问题与思考[J]．外语学刊，2013(06).

[104] 苏晓丽．大学英语教学中多模态认知教学模式：问题与策略[J]．吉林省教育学院学报(下旬)，2013(08).

[105] 张德禄，丁肇芬．外语教学多模态选择框架探索[J]．外语界，2013(03).

[106] 周文娟．基于“云”资源的英语泛在生态学习研究[J]．外语电化教学，2012(04).

[107] 冯霞，陈坚林．高校外语信息资源建设及利用研究[J]．现代教育技术，2012(06).

[108] 胡洁雯．网络环境下构建外语课程生态平衡的原则和模式[J]．教学与管理，2012(36).

[109] 康淑敏．教育生态视域下的外语教学设计[J]．外语界，2012(05).

[110] 胡洁雯，李文梅．生态式课堂评价在大学英语教学中的实证研究[J]．长春大学学报，2012(09).

[111] 张蔚磊．美国21世纪初外语教育政策述评[J]．外语界，2014(02).

[112] 王蔷．深化改革理念 提升课程质量——解读《义务教育英语课程标准（2011年版）》的主要变化[J].课程·教材·教法，2013(01).

[113] 龚献静.致力于建立国家语言资源和人才储备库——二战后美国联邦政府高校外语教育政策述评[J].外语教学与研究，2012(04).

[114] 戴曼纯.以国家安全为导向的美国外语教育政策[J].外语教学与研究，2012(04).

[115] 程晓堂.语言学理论对制定我国外语教育政策的启示[J]．外语教学与研究，2012(02).

[116] 翟舒．利用多媒体网络技术辅助大学英语教学[J]．佳木斯大学社会科学学报，2005(01).

[117] 郑新民，蒋群英．大学英语教学改革中“教师信念”问题的研究[J]．外语界，2005(06).

[118] 陈文存．论外语教学中的理念[J]．外语界，2005(06).

[119] 葛莉．浅谈多媒体英语教学之利弊[J]．长春理工大学学报（社会科学版），2005(01).

[120] 龚嵘．大学英语自主式课堂教学模式中教师角色探微[J]．外语界，2006(02).

[121] 叶小文．略谈“家国情怀”[J]．中央社会主义学院学报，2015(04).

[122] 文秋芳．构建“产出导向法”理论体系[J]．外语教学与研究，2015(04).

[123] 刘紫春，汪红亮．家国情怀的传承与重构[J]．江西社会科学，2015(07).

[124] 赵俊亚．全人教育的优势及对高等教育的启示[J]．教育与职业，2015(02).

[125] 翟立伟，李菁菁．PBL视角下的大学英语教学模式研究[J]．现代交际，2014(12).

[126] 李正栓，李迎新．美国高校批判性思维的培养对中国英语教学的启示[J]．中国外语，2014(06).

[127] 蔡基刚．从通用英语到学术英语——回归大学英语教学本位[J]．外语与外语教学，2014(01).

[128] 郝钦海．影响学习者自主的社会文化因素及其启示[J]．外语界，2005(06).

[129] 杜鹃，于洋．基于特征的生态英语教学效率评价方法探究[J]．外语学刊，2012(05).

[130] 张明兰，马星宇，杨苏．国际化人才培养目标下的生态化大学英语教学模式探索[J]．吉林工程技术师范学院学报，2012(08).

[131] The Flipped Classroom: Transforming Education at Byron High School. Fulton, Kathleen. THE Journal, 2012.

[132] Before You Flip,Consider This. Jonathan Bergmann, Aaron Sams. The Phi Delta kappan, 2012.

[133] A Revision of Bloom’s Taxonomy: An Overview. Krathwohl, D.R. Theory into Practice, 2002.

[134] 10 Reasons to Flip. Kathlean P Fulton. The Phi Delta Kappan, 2012.

[135] How Khan Academy Is Changing the Rules of Education. Clive Thompson. http://www.wired.com/magazine/2011/07/ff_khan, 2011.

[136] The flipped classroom. Tucker B. Education Next, 2012.

[137] the Flipped Class: What It is and What It is not part 1of 3. Jon Bergmann,J erry Overmyer, Brett Wilie. http://www.thedailyriff.com/articles/the-flipped-class-conversation-689.php, 2012.

[138] The Flipped Classroom: Online Instruction at Home Frees Class for Learning, Education. Jac de Haan. http://www.techwithintent.com/2011/08/time-shifting-instruction, 2012.

[139] Online Prelectures: An Alternative to Textbook Reading Assignments. Homeyra R Sadaghiani. Physics Teacher The, 2012.

[140] Excerpt: How to implement the "flipped classroom". Jonathan Bergmann,Aaron Sams. eSchool News, 2012.

[141] Relevance Theory and translation: Translating puns in Spanish film titles into English[J]. Francisco Javier Díaz-Pérez. Journal of Pragmatics, 2014.

[142] Pragmatically motivated null subjects in English: A relevance theory perspective[J]. Kate Scott. Journal of Pragmatics, 2013.

[143] “ou Can Stand Under My Umbrella”: Immersion, CLIL and Bilingual Education. A

Response to Cenoz, Genesee & Gorter (2013) [J]. Christiane Dalton-Puffer, Ana Llinares, Francisco Lorenzo, Tarja Nikula. Applied Linguistics, 2014(2).

[144] Assessment instruments for primary CLIL: the conceptualisation and evaluation of test tasks[J]. Ute Massler, Daniel Stotz, Claudia Queisser. The Language Learning Journal, 2014(2).